Peter Heintel / Ewald E. Krainz

Projektmanagement

Peter Heintel/Ewald E. Krainz

Projektmanagement

Eine Antwort auf die Hierarchiekrise?

4. Auflage

Die Deutsche Bibliothek – CIP-Einheitsaufnahme
Ein Titeldatensatz für diese Publikation ist bei
Der Deutschen Bibliothek erhältlich

1. Auflage 1988
.
.
3. Auflage 1994
4. Auflage November 2000
Nachdruck 4. Auflage 2001

Alle Rechte vorbehalten
© Betriebswirtschaftlicher Verlag Dr. Th. Gabler GmbH, Wiesbaden 2000

Lektorat: Ulrike M. Vetter

Der Gabler Verlag ist ein Unternehmen der Fachverlagsgruppe BertelsmannSpringer.
www.gabler.de

Das Werk einschließlich aller seiner Teile ist urheberrechtlich geschützt.
Jede Verwertung außerhalb der engen Grenzen des Urheberrechtsgesetzes ist ohne Zustimmung des Verlags unzulässig und strafbar. Das gilt insbesondere für Vervielfältigungen, Übersetzungen, Mikroverfilmungen und die Einspeicherung und Verarbeitung in elektronischen Systemen.

Die Wiedergabe von Gebrauchsnamen, Handelsnamen, Warenbezeichnungen usw. in diesem Werk berechtigt auch ohne besondere Kennzeichnung nicht zu der Annahme, dass solche Namen im Sinne der Warenzeichen- und Markenschutz-Gesetzgebung als frei zu betrachten wären und daher von jedermann benutzt werden dürften.

Umschlaggestaltung: Schrimpf und Partner, Wiesbaden
Satz: Publishing Service R.-E. Schulz, Dreieich
Druck und buchbinderische Verarbeitung: Wilhelm & Adam, Heusenstamm
Gedruckt auf säurefreiem und chlorfrei gebleichtem Papier
Printed in Germany

ISBN 3-409-43201-9

Inhalt

Vorwort IX
Einleitung 1

Teil I: Projektmanagement — warum und wie 7

1. Gründe für Projektmanagement — die Hierarchiekrise 9

Der notwendige Bewußtseinsschub und die Systemabwehr ... 9
Projektmanagement verhilft zu höherer Organisationsbewußtheit 12
Entscheidungsprobleme in der Hierarchie — der Rückgriff auf Gruppen 14
Fachliche Kompetenz und hierarchische Position sind zweierlei 17
Formale Regelungen lösen das Problem nicht 19
Projektmanagement als Alternative 21

2. Einwände gegen Projektmanagement 24

Die formale Ebene 24
Die organisatorische Ebene 28
Die Kompetenzebene 30
Einführungsprobleme 31

3. Anwendungsbereiche von Projektmanagement 34

Die Organisation als Motiv für Projektmanagement 34
Innovationen als Motiv für Projektmanagement 36
Spezielle Aufgaben als Motiv für Projektmanagement 37

4. Arten von Projektmanagement 41

Identität: Das untergeordnete Projektmanagement 43
Differenz: Das abgespaltene Projektmanagement 47
Integration: Widerspruchsmanagement an den „Matrixknoten" 51

5. Konsequenzen für das Organisieren von Projektmanagement 57

Teil II: Sozial- und Organisationsdynamik im Projektmanagement 63

1. Zum systematischen Widerspruch von Gruppe und Organisation 69

Menschheits- und individualgeschichtliche Bedingungen 70
Emotionale und sozialstrukturelle Folgen 72
Unser historischer Standort 75

2. Das Element Projektgruppe 78

Die Projektgruppe und die Organisation 78

Erscheinungsformen von Projektgruppen 80
Emotionale und sozialstrukturelle Probleme von Projektgruppen 83

Die Projektgruppe als Motivationsmittel 86

Hierarchie motiviert nicht wirklich 87
Was wirklich motiviert, ist die Gruppe 90

Die Bedeutung von Projektgruppen für Entscheidungen und Führungsaufgaben 92

Defizite hierarchischer Entscheidungsprozesse 92
Konsequenzen für Führungskräfte 96

Grundsätzliches zur Sozialpsychologie der Gruppe 98

Der Einsatz von Gruppen im Projektmanagement 101

Wichtige Gruppenphänomene im Projektmanagement 104

Gruppen als Entscheidungsorgane 108

Zur Entscheidungsfähigkeit von Gruppen 108
Verschiedene Entscheidungsarten − qualitative Unterschiede 110
Konsensentscheidungen 113
Vor- und Nachteile von Gruppenentscheidungen 116

3. **Intergruppenprozesse im besonderen und allgemeinen** 122

Projektmanagement, informelle Gruppen und Gewerkschaft . 122
Prozesse zwischen Gruppen und das Delegationsproblem 133
Systemreflexion im Projektmanagement 141

Teil III: Schulung, Beratung und Kostenfragen 149

1. Notwendige Kompetenzen für Projektmanagement 151

2. Beratung von und im Projektmanagement – Fallbeispiele . 164

Theoretische Vorbemerkung 164
Einführung zu den Fallbeispielen 170
Systemische Beratung in einem Großprojekt
(Alfred Janes / Herbert Schober) 174
Neue Technologie – alte Organisation *(Alfred Janes)* 200
Konfliktintervention *(Bernhard Pesendorfer)* 212
Strategisches Personalmanagement – ein internes
Entwicklungsprojekt *(Barbara Heitger / Gerardo Drossos)* ... 218
Das „REORG"-Projekt *(Alfred Wimmer)* 229

3. Zur Wirtschaftlichkeit von Projektmanagement 234

Die Frage nach den Kosten 234
Direktnutzen 237
Umwegrentabilität 239
Gesamtwirtschaftlichkeit 242

Anmerkungen 246

Weiterführende Literatur 248

Stichwortverzeichnis 249

Die Autoren 253

Vorwort zur 4. Auflage

Die Zeit, die seit der ersten Auflage dieses Buches vergangen ist, hat der Aktualität des Themas keinen Abbruch getan, im Gegenteil: Projekte zu machen gehört heute zum Alltag der meisten Organisationen in der Wirtschaft. Die Anwendungsfelder sind dabei vielfältig. Der technologische Fortschritt in der Entwicklung neuer Produkte, Maschinen und technischer Gerätschaften vollzieht sich idealerweise ebenso in Projekten wie die Entwicklung und Implementierung neuer Softwareprodukte in Banken oder Versicherungen. Informationstechnologie spielt generell in den Organisationen eine starke Rolle und wird dadurch häufig zum Angelpunkt von projektgetriebener Organisationsentwicklung.

Seit vielen Jahren beraten wir Entwicklungsprozesse von Organisationen und leiten als Trainer inner- und überbetriebliche Seminare. Ein erheblicher Teil unserer professionellen Aufmerksamkeit gilt dabei Projekten. Als Sozialwissenschaftler fühlen wir uns aber auch in der Pflicht, Probleme ein wenig grundsätzlicher zu durchdenken, als dies im allgemeinen üblich ist, wenn man sich nur als Anwender versteht. Dennoch richtet sich das vorliegende Buch an Anwender – an Projektmanager, Projektmitarbeiter und Führungskräfte in Unternehmen, in deren Zuständigkeitsbereich Projekte gemacht werden, weiter an alle jene Personen, die als interne Consultants oder als Unternehmensexterne Projekte beratend unterstützen und begleiten.

Je nach Unternehmensziel beziehungsweise je nach Art der Aufgabe sind Projekte von unterschiedlich langer Dauer und binden personell unterschiedlich viel an Ressourcen. Das reicht von ein paar Wochen Teilzeitbeschäftigung für drei bis fünf Personen bis zu mehrjährigen Fulltime-Verpflichtungen für Kernmitglieder eines Projektteams, an das eine Reihe von Teilprojektleitern und Projektmitarbeitern angeschlossen ist, deren Personaleinsatzpläne wochen- oder monatelange Involvierung vorsehen. Dementsprechend unterschiedlich groß sind die finanziellen Beträge, die auf dem Spiel stehen. Während sich bei der Optimierung interner Arbeitsabläufe durch neue Softwarelösungen sowohl der Aufwand wie das erreichte Rationalisierungspotential oft in eher überschaubaren Grenzen halten, geht es in der Bearbeitung von Kundenaufträgen im Anlagenbau etwa, wo z. B. Großbauten, Kraftwerke oder rohstoffverarbeitende Fabriken erreicht werden, um Summen in Millionen- und Milliardenhöhe.

Immer mehr versuchen auch traditionelle Unternehmen, deren Aufgabenverfolgung projektförmiges Arbeiten nicht von vornherein nahelegt, ihre interne Entwicklung, ihre organisationsbezogenen Veränderungsprozesse und die Lösung spezifischer Probleme mit Hilfe von Projekten zu realisieren. Mittlerweile hat das Projektemachen auch außerhalb der Wirtschaft, im Nonprofit-Bereich, Fuß gefaßt. Zunehmend verbreitet sich die Idee, Problemstellungen projektförmig in Angriff zu nehmen, auch in der öffentlichen Verwaltung, im Gesundheitswesen, im Sozialwesen und im Bildungssystem. In Projekten arbeiten schließlich auch jene Freiwilligen-Organisationen, die politische Zielsetzungen verfolgen und, verglichen mit Projekten in Unternehmen, in einem organisatorisch diffus strukturierten gesellschaftlichen Raum operieren.

Was macht man nun eigentlich, wenn man Projekte macht? Definitorisch liegen die Dinge klar. Ein Projekt ist eine einmalige Aufgabe, hat einen Anfang und ein Ende, die Projektmitarbeiter sind bereichsübergreifend, „interdisziplinär" zusammengesetzt. Bei der Entwicklung neuer Maschinen müssen schon im Forschungs- und Entwicklungsbereich mehrere technische Disziplinen zusammenarbeiten – Maschinenbauer, Elektriker, Elektroniker, Chemiker u. a. m. Um die Marktnotwendigkeiten abzubilden, müssen Marketing und Verkauf mitwirken, und was die technische Realisierbarkeit der Produktion am Übergang vom Prototyp zur Serienfertigung betrifft, müssen Leute aus der Produktion mitreden. Auch sollte gehört werden, was der Einkauf zu sagen hat. Und schließlich können bei international operierenden Unternehmen firmenpolitische, strategische und rechtliche Gesichtspunkte von Bedeutung sein, was die Auswahl von Standorten, Partnern und Lieferanten anbelangt.

Man sieht, die Dinge können ein hohes Maß an Komplexität annehmen. Und ein Projektmanager soll das alles managen. Ursprünglich vom Thema Konfliktmanagement ausgehend bemerkten wir, daß unsere Auskunftspersonen auf die Aufforderung, Konflikte zu beschreiben, zunehmend Konfliktfälle berichteten, die mit Projekten zu tun hatten.

Einmal stimmte etwas mit dem Klima in der Projektgruppe nicht, dann schützte der Auftraggeber „sein" Projekt zu wenig, oder der Auftraggeber änderte auf halbem Weg den Auftrag, dann mischten sich irgendwelche Linienmanager auf ungebührliche Weise ein und behinderten damit den gedeihlichen Fortgang des Projekts, dann dominierte ein Unternehmensbereich alle anderen, oder zwei Vorstände bekriegten sich mit parallel aufgesetzten rivalisierenden Projekten, oder die vom Projektergebnis betroffenen internen oder externen Kunden waren mit der erarbeiteten Lösung nicht einverstanden und stellten Nachforderungen. Und immer schwang bei unseren Auskunftspersonen, wenn sie solches berichteten, das Gefühl mit, daß sie in ihrer Steuerungsverantwortung irgend etwas falsch machten.

Den Betroffenen in Leitungsfunktionen (Projektleitung oder im Management der Firma) legt sich damit fast zwangsläufig die Frage nach Verfahren, Techniken und Werkzeugen nahe. Hätte man nur eine ideale Planungsmethode, könnte es keine Probleme mehr geben. Letztlich müßte das Projekt bei entsprechend guter Planung wie von selbst laufen. Je nach Unternehmenskultur wird diese Vorstellung mehr oder weniger akribisch zu realisieren versucht, man arbeitet z. B. mit einer Fülle von Checklisten, legt höchsten Wert auf genaueste Dokumentation, ununterbrochen muß irgend etwas ausgefüllt werden, um interne und übergeordnete Controller zufriedenzustellen. Und man verhält sich so, obwohl man im Grunde weiß, daß dies keineswegs Probleme der vorher genannten Art erspart. Mit schöner Regelmäßigkeit ist zu beobachten, welche Erleichterung Betroffene im Zuge eines Erfahrungsaustauschs verspüren, wenn sie bemerken, daß sie mit ihren Problemen nicht allein sind, auch nichts „falsch" machen, sondern mit offensichtlich systembedingten Gegebenheiten zu tun haben.

Die Suche nach den optimalen Werkzeugen erweist sich somit zu einem guten Teil als illusionär. Zweifellos kann man sich auch beim Planen geschickter und weniger geschickt verhalten, tatsächlich aber haben wir es hier mit einer Aporie zu tun, einer Ausweglosigkeit. Man muß den Weg planen, den Plan auf dem Weg immer wieder revidieren und gegebenenfalls neu schreiben. Alle, die von vornherein gerne wissen möchten, wohin die Reise geht, macht das naturgemäß nervös. Wenn sich diese Nervosität in höheren Managementebenen findet, kann das dazu führen, daß per Hierarchie Eingriffe in die Projektabläufe erfolgen, die dennoch die gewünschte Beruhigung nicht herzustellen vermögen oder sogar Schäden verursachen.

In Unternehmen, die mit Projekten arbeiten, herrscht vielfach die Vorstellung, Projektmanagement könne man gewissermaßen additiv zu den bestehenden Organisationsabläufen dazufügen, ohne daß es hier weitere Komplikationen geben würde. Projektmanagement sei eben eine jener neuen Management-by-Techniken, wie sie in einer gewissen Regelmäßigkeit aufkommen (und wieder vergehen). Zwischenzeitlich ist klar, daß man die Dinge so nicht sehen kann. Projektmanagement hat sich nicht nur gehalten, sondern ist auch keine Technik im wörtlichen Sinn, Projektmanagement ist vielmehr eine umfassendere Form des Denkens und Managens, stellt reflexiv das hierarchische System zur Disposition und hat nicht nur mit direkt operativen Kraftanstrengungen zu tun, sondern darüber hinaus mit der Herstellung gemeinsamer Nachdenkprozesse.

Normalerweise sind Unternehmen hierarchisch strukturiert. Die Hierarchien können flacher sein oder ausdifferenzierter, und man kann sich auch als Netzwerk von Ressourcenträgern verstehen. Dennoch ist nüchtern zu konstatieren, daß allen Versuchen zum Trotz, Organisationen „hierarchiefrei" gestalten zu wollen, Hierarchie als Struktur nicht zu vermeiden ist. Gleichzeitig ist zu sehen, wie sich die Hierarchie als Struktur in der Verfolgung ihrer Ziele selbst behindert. Deshalb sprechen wir von „Hierarchiekrise". Der Linienaufbau wirkt sich hinderlich auf notwendige Querkommunikation aus, und hierarchisch Höherstehende wissen in fachlichen Details weniger als die ihnen untergebenen Spezialisten. Projektmanagement soll nun nicht nur diese Defizite des hierarchischen Systems kompensieren, sondern verlangt, um selbst arbeitsfähig zu werden, eine wesentlich hierarchiefreiere Atmosphäre.

Für einen in der Hierarchie angesiedelten Auftraggeber ist der Projektleiter als „Auftragnehmer" persönlich Garant für den Projekterfolg. Im Sinne des hierarchischen Systems ist dies eine einfache Aufgabenerteilung. Nun weiß aber jeder, daß der Projektleiter zwar eine wichtige Steuerungsfunktion ausübt, aber nicht die eigentliche Projektarbeit macht. Diese wird von einer Projektgruppe getragen (bei großen Projekten auch von einer Hierarchie von Gruppen: Steuerungsgruppe, Kerngruppe, Teilprojektgruppen), die sich aus Experten unterschiedlicher Fachrichtungen zusammensetzt. Damit diese vernünftig zusammenarbeiten können, brauchen sie eher egalitäre Strukturen als hierarchische. Die Richtigkeit fachlicher Beiträge aus unterschiedlichen Disziplinen kann nicht hierarchisch entschieden werden. Könnte man dies, bräuchte man ja gar kein Projekt, sondern könnte die Angelegenheit gleich in der Linienorganisation belassen.

Damit aber entsteht ein System im System: Projekt heißt, daß eine Gruppe (oder auch mehrere Gruppen) in einer hierarchischen Organisationsumgebung arbeitet. Die Erfahrung lehrt, daß das System Gruppe und das System hierarchische Organisation nicht von vornherein in der Lage sind, friedlich zu koexistieren, sondern sich in einem dialektischen Widerspruchsverhältnis befinden. Gruppen werden von der Hierarchie eingesetzt, um besondere Leistungen zu erbringen, brauchen aber dafür einen Freiraum, um dazu überhaupt erst in die Lage zu kommen. Sie müssen „zusammenwachsen", „sich finden", intern inhaltliche Differenzen entwickeln und die daraus resultierenden Konflikte lösen. Die hierarchische Erwartung an Projektgruppen sieht meist nicht vor, daß sich Gruppen gegenüber der Hierarchie freispielen. Gewissermaßen modulhaft gedacht stellt man sich vor, daß man die entsprechenden Fachleute nur zusammenzustellen braucht, damit das Projekt funktioniert. Umgekehrt erlebt man oft, daß Projektgruppen sich gerne gegen den Rest der Organisationswelt abschotten und mehr als notwendig und sinnvoll ihrer Eigendynamik erliegen.

Erfahrenere Unternehmen haben hier bereits gelernt, daß es Sinn macht, Projektgruppen dabei zu unterstützen, arbeitsfähig zu werden. Zunehmend werden unter Heranziehung externer Moderation Teambildungs- und Kickoff-Veranstaltungen durchgeführt. Bei hinlänglich langer Laufzeit eines Projekts macht es auch Sinn, zur Halbzeit eine Standortklausur durchzuführen, bei der Rückschau auf den abgelaufenen Prozeß gehalten und die Ausrichtung auf die nächste Etappe vorgenommen werden können. Die dafür entstehenden Kosten werden im Projektbudget vorgesehen. Gute Projekte erkennt man daran, wieviel bei Projektgruppen in die Teamentwicklung investiert wird.

Das Widerspruchsverhältnis von Projektgruppe und hierarchischer Organisation gleicht einer wechselseitigen Immunreaktion, die wir mit dem Begriff „Systemabwehr" bezeichnen. Die zweifellos exponierte Lage eines Projektleiters besteht nun darin, daß er seine Aufmerksamkeit in zwei Richtungen lenken, gewissermaßen Innen- und Außenpolitik betreiben und die Ansprüche der Organisation gegenüber der Gruppe mit jenen der Gruppe gegenüber der Organisation vermitteln muß. Dies erst verdient eigentlich den Namen Management. Vielfach verstehen sich Projektleiter ja in erster Linie als oberste Fachkräfte, womit sie das Mißverständnis bezüglich ihrer Rolle oft mit ihren Auftraggebern teilen, denen sie verantwortlich sind.

Der Einmaligkeitscharakter von Projekten bildet einen weiteren Kontrast zu dem, was man in einer Linienorganisation gewohnt ist. Dort wird ja versucht, so viel wie möglich zu standardisieren und die Dinge so auf Dauer zu stellen, daß möglichst wenig Veränderung passiert. Bei Projekten läßt sich dagegen weniger leicht etwas routinisieren, umso wichtiger ist es, Feedback zu institutionalisieren. Wo hierarchische Steuerung nicht mehr möglich ist, empfiehlt es sich, über Feedbackschleifen das nötige Wissen zu generieren, mit dem man zu adäquaten Einschätzungen und Entscheidungen kommen kann. Dies gilt sowohl für die Beziehung zwischen einem Projektleiter und seiner Projektgruppe, wo Feedback im Rahmen von Statusmeetings möglich ist, als auch für die Beziehung zwischen einem Projektleiter und seinem Auftraggeber, wo im Rahmen von Milestone-Sitzungen mit dem Auftraggeber oder (bei entsprechend hoher Komplexität) einem Lenkungsausschuss die Lage besprochen werden kann.

Im Interesse, die Dinge weniger kompliziert haben zu wollen, beobachten wir immer wieder auf allen hierarchischen und funktionalen Ebenen Versuche, die Verhältnisse hierarchisch zu „entkomplizieren". Die verbreiteteste Form davon ist das Werkzeug-Denken. Nicht nur Unternehmen, in denen vor allem Techniker am Werk sind, neigen dazu, auch nichttechnische Probleme technisch bewältigen zu wollen. In den meisten Organisationen geistert die Vorstellung von der Organisation als einer großen Maschine herum. Man spricht von „Rädchen im Getriebe" oder von „Sand im Getriebe" – lauter Maschinenmetaphern. Auch die häufig angefragten „Tools" (die ohnehin meist nicht mehr sind als auszufüllende Formblätter, Schemata und Diagramme) entspringen dieser Denkwelt. Nun gibt es in Organisationen zweifellos technomorphe Prozesse, dennoch „ist" eine Organisation als ganze keine Maschine. Im übrigen „ist" eine Organisation als ganze auch kein Lebewesen, wie häufig kritisch gegen das Maschinendenken eingewendet wird, auch wenn es in Organisationen durchaus biomorphe Prozesse gibt (vgl. dazu die Rede von „Lebenszyklen" oder „Produktgenerationen"). Die Dinge werden nicht besser, wenn man eine falsche Metaphorik gegen eine andere falsche Metaphorik auswechselt.

Das Werkzeug-Denken und die Planungsillusion wird durch einen großen Teil der einschlägigen Managementliteratur gefördert. Immer dort, wo Rezepte angeboten werden, denen zu folgen sei, kehrt durch die Hintertür wieder die Hierarchie ein, und manch einer sucht Sicherheit in Formalismen. Die eigentliche Musik spielt jedoch woanders. Dementsprechend haben wir im vorliegenden Buch auch keine Rezepte gegeben, mit denen man angeblich Schwierigkeiten vermeiden kann, wir fangen an der Stelle an, warum es durchaus in Kenntnis und bei Anwendung aller denkbaren „Tools" dennoch zu Schwierigkeiten kommt, ja kommen muß. Weitaus weniger verbreitet als das Maschinen- und Werkzeug-Denken ist das Denken in sozialen Systemen und sozialen Prozessen. Unseres Erachtens ist dies jedoch die spezifische und im Grunde unerläßliche Qualifikationsnotwendigkeit von Projektmanagern. Diese müssen wissen, was sozialsystemisch gesehen eine hierarchische Organisation ist und worin der Unterschied zu Projektgruppen besteht, um in der Lage zu sein, die im Projektverlauf notwendige Systemreflexion leisten zu können.

Der sprichwörtlichen Quadratur eines Kreises nicht unähnlich überwindet gelungenes Projektmanagement die Hierarchie, ohne sie „sozialromantisch" abschaffen zu wollen, zielt auf die Entwicklung von „Organisationsbewußtsein" und lebt in der Differenz zwischen gewachsener Linienorganisation und der Überwindung der durch sie verursachten Schwächen. Es versteht sich von selbst, daß man hier nicht schematisch vorgehen kann, sondern daß Projektmanagement für jede Organisation, ja für jedes Projekt immer neuerlich maßgeschneidert und „verträglich" gemacht werden muß.

Das Schwinden von Sicherheit beim Planen, Entscheiden und Steuern angesichts enger werdender Märkte, steigender Komplexität und undurchschaubarer Verflechtungen führt unserer Beobachtung nach dazu, daß sich Führungskräfte immer mehr für die historischen und gesellschaftlichen Hintergründe ihrer Tätigkeit interessieren. Mit diesem Buch versuchen wir, dem zunehmenden Theorie- und Einsichtsbedürfnis Rechnung zu tragen. Wir gehen in drei Schritten vor. Zunächst diskutieren wir Möglichkeiten und Grenzen von Projektmanagement angesichts einer immer deutlicher werdenden Krise der Hierarchie; im zweiten Teil untersuchen wir die Leistungsfähigkeit von Projektgruppen und ihre Bedingungen; im dritten Teil, in dem wir Kolleginnen und Kollegen mit Fallbeispielen zu Wort kommen lassen, wird beschrieben, was im Anwendungsfall auf ein Unternehmen zukommt.

Traugott Lindner, Gerhard Schwarz und Norbert Fett danken wir für sachdienliche Hinweise; viele Anregungen verdanken wir auch den Kolleginnen und Kollegen von der Österreichischen Gesellschaft für Gruppendynamik und Organisationsberatung (ÖGGO), die einen wesentlichen Teil unserer intellektuellen Umgebung ausmachen und einen *brain trust* bilden, dem wir uns verbunden fühlen.

In mehreren verstreut erschienenen, nachstehend angeführten Aufsätzen, auf die wir hinweisen möchten und die ergänzend zum vorliegenden Buch gelesen werden können, haben wir einzelne Aspekte, die für das Projektmanagementthema von Bedeutung sind, weiterverfolgt und ausgearbeitet.

Klagenfurt, Oktober 2000 *Peter Heintel*
Ewald E. Krainz

Einleitung

Es gibt einige Bücher über Projektmanagement, in denen man klare Definitionen, Abgrenzungen, Ratschläge, Hinweise auf Gefahren, Durchführungspläne und dergleichen findet. Ohne den Wert solcher Bemühungen schmälern zu wollen – die theoretische Klarheit, Glätte und Ordnung in der Modellbildung ist eines, die Wirklichkeit in den Organisationen in Politik, Wirtschaft, öffentlicher Verwaltung und Forschung ein anderes. Wirklichkeit läßt sich nicht zwingen; sie verhält sich immer wieder ungeplant und stört die besten aus- und vorgedachten Pläne, Konzepte und Modelle. Unsere Absicht in diesem Buch ist nun nicht, Definitionen zu verbessern oder Rezepte zu perfektionieren, wir setzen vielmehr gerade bei der Differenz zwischen theoretischer Einsicht und praktischer Wirklichkeit an, womit wir uns von einer Reihe von Veröffentlichungen auf ähnlichem Gebiet unterscheiden. Nicht, daß nicht Regeln über Planungen, Entscheidungen und Abläufe sinnvoll wären; es wäre aber technokratisch kurzschlüssig, sie vorweg festzusetzen. Das „Störpotential" der Organisationswirklichkeit, das heißt der emotionalen und sozial-strukturellen Umgebung eines Projekts, läßt sich nicht durch Ablaufpläne eliminieren.

Unser Zugang zum Thema macht auch eine formale Begriffsdefinition unmöglich; sie wäre eher hinderlich als eine Hilfe. Den Zweck, in unsicherem Terrain Sicherheit für Denken und Handeln zu schaffen, könnte sie nicht wirklich erfüllen. Der stringenten Einführung von Projektmanagement ebenfalls hinderlich ist ein mittlerweile inflationärer Projektbegriff, der unterschiedslos alles mögliche als Projekt bezeichnet, das nur irgendwie aus dem Alltagskram herausragt. Für Sinnvolles wie Unsinniges Projekte einzusetzen, macht Projektmanagement diffus, praktisch wertlos, wenn es nicht sogar dadurch diffamiert wird.

Das Problem ist keines der Terminologie, sondern der organisatorischen Praxis. Übereinstimmung besteht weitgehend darin, daß Projektmanagement dort als Organisationsform verwendet werden soll, wo die alltäglichen Anforderungen entsprechende Organisation vor zusätzliche Probleme gestellt ist. Automatisch wird es damit zu einem Instrument, das seine Existenz der Schwerfälligkeit oder Untätigkeit bestehender Organisation verdankt. Im Projektmanagement wird daher dem jeweiligen Unternehmen, zumal wenn Projekte gut laufen, ständig dessen partielles Defizit vor Augen geführt. Dieser Umstand ist so konflikträchtig, daß Projektmanagement niemals als bloß zusätzliches Instrument aufgefaßt werden kann, das sich harmonisch einordnen ließe. Es geht vielmehr um einen bewußtwerdenden System- und Organisationswiderspruch: Projektmanagement deckt die Schwächen unserer bestehenden hierarchischen und bürokratisch-funktionalen Arbeitsorganisation auf.

Unsere auf Funktionsspezialisierung, Aufgabenteilung, Kompetenzabgrenzungen und Einzelentscheidungen beruhende hierarchische Organisationsform ist komplexen Aufgabenstellungen und Entscheidungsmaterien nicht gewachsen. Sie kämpft ständig und aussichtslos gegen den „Verlust des Ganzen". Wenn in Projekten Personen aus verschiedenen Abteilungen, quer durch die Hierarchie und aus verschiedenen Fachdisziplinen zusammengezogen werden, dann führt dies der Idee nach wohl zu einer komplexitätsangemessenen Synthetisierung, zugleich aber wird organisatorisch ein Widerspruch zur Hierarchie etabliert. Projektmanagement ist daher das Management dieses Widerspruchs; es ist sowohl Indiz wie auch Bewältigungsform einer universellen Krise unserer bisher entwickelten hierarchischen Arbeits- und Problemlösungsorganisation. Arbeitsteilung hat die Menschen auseinandergeführt, Projektmanagement muß sie problembezogen wieder integrieren.

An die glatte instrumentelle Integrierbarkeit von Projektmanagement zu glauben wäre illusionär. Management von Projekten bedeutet nicht nur, den immanenten Ablauf von Projekten zu führen, zu steuern und zu kontrollieren, sondern und vor allem die Handhabung des mit der Einrichtung von Projektmanagement etablierten Widerspruchs, das flexible Eingehen auf Umgebungsdeterminanten. Jede Organisation, jedes Unternehmen hat seine spezifische individuelle Eigenart, ist ein spezifisches, emotional-sozialstrukturelles Gefüge; ebenso ist jedes Projekt einzigartig. Durch Verfahrensregelungen, Modelle, Ablaufpläne eine Eliminierung von Störungen anzustreben, wäre eine abstrakte Zwangsmaßnahme, die weder dem Unternehmen noch dem Projekt angemessen ist und zu folgenreichen Fehleinschätzungen führen kann. Das ist auch der Nachteil von Handbüchern, die man in zahlreichen Unternehmen finden kann: sie sind abstrakt — es sei denn, sie wurden „am Fall", das heißt im Rahmen eines Projekts und für dieses entwickelt.

Der Widerspruch zwischen Projektmanagement und bestehender hierarchisch-bürokratisch-arbeitsteiliger Organisation ist also der Ausgangspunkt der hier angestellten Überlegungen. Sie laufen weniger darauf hinaus, „wie man's macht", sondern entfalten schrittweise, worauf man sich sozial- und organisationspsychologisch gesehen einläßt, wenn man Projektmanagement einrichtet. In Verbindung mit diesen Überlegungen ergeben sich allerdings auch verschiedene Empfehlungen und Anregungen, die aber — im Unterschied zu „Kochbüchern" — an Problemlagen entwickelt und von dort abgeleitet werden. Obwohl wir Projektmanagement für einen notwendigen Schritt in der Entwicklung unserer Organisationen halten, brechen wir darüber in kein Hurra-Geschrei der Anpreisung aus; Projektmanagement ist nicht der „Heuler der Saison". Je nach Entwicklungsstand eines Unternehmens, je nach Anforderungen und Kompetenzgrad des Managements ist zu entscheiden, ob Projektmanagement überhaupt sinnvoll ist, wie weit man sich darauf einlassen soll, wie es „maßzuschneidern" ist.

Eine zentrale Kategorie für unsere Überlegungen ist die „Systemabwehr". Soziale Systeme haben im allgemeinen einen bestimmten „Konservatismus", eine Art von Veränderungsresistenz. Organisationen sind tendenziell für die Ewigkeit gebaut, entwickeln ein eigenes Leben, eine Kultur, eine Individualität, Erscheinungsformen, denen sie einen beträchtlichen Teil ihres Energieeinsatzes (die Schätzungen gehen bis zu 60 Prozent) widmen. In diesem Sinn sind sie jedenfalls weit davon entfernt, eine bloß sachlogische und auf Aufgaben bezogene Einrichtung zu sein; sie sind bis zu gewissem Grad sich selbst Zweck. Dazu kommt, daß das, was das „eigentliche" Leben einer Organisation ausmacht, vielfach unbewußt ist, von Tabus umgeben, daher nicht gesteuert werden kann (wenn darauf eingewirkt wird, dann ebenfalls nicht bewußt, eher zufällig), nicht in der Verfügung der Organisation selbst ist. Wenn Manager das Gefühl haben, daß „nichts weitergeht", so als wate man knietief durch Honig, merken sie die Macht dieses kollektiv unbewußten Bereichs von Organisationen.

Das kollektiv Unbewußte reagiert sensibel auf kleinste Veränderungen in Unternehmen, und zwar abwehrend. Beste Absichten erzeugen Sand im Getriebe. Die Einrichtung von Projektmanagement ist keine kleine Veränderung, sie ist eine neue, alternative, konkurrierende Sozialstruktur in der hierarchischen Organisation, ein schwerer Eingriff ins Organisationsleben; Individuen werden neu „verkabelt", die Energieströme umgelenkt. Die Systemabwehr ist mehr als nur eine (noch ziemlich rationale) Skepsis gegenüber einer undurchschaubaren Neuerung, sie ist eine gebündelte, emotionale, „instinktive" Reaktion der Organisation, geäußert durch bestimmte – einen oder mehrere – ihrer Teile, gleichzeitig oder im Prozeß eines Projektablaufs nacheinander; sie kann die wunderlichsten Gestalten annehmen.

Gegen die Systemabwehr gibt es kein Rezept. Hat sie sich erst formiert, hilft nur der Ausstieg aus dem Projektablauf und eine Reflexion der Gesamtsituation. Wir meinen allerdings, daß die Selbstreflexion des Projekts nicht erst im Krisenfall einsetzen, sondern kontinuierlich, projektbegleitend erfolgen sollte und daher institutionalisiert gehört. Eine prozeßbegleitende Selbstreflexion im Projektmanagement schafft unserer Ansicht nach erst eine brauchbare und tragfähige Projektkultur. Hierarchien fördern das nicht gerade, Prestigewünsche oder Ängste sorgen eher für Vertuschung als für Aufhellung von Wirkungszusammenhängen. Projekte im einzelnen und Projektmanagement im ganzen brauchen Reflexionszeiten, in denen sie sich der ablaufenden sozialen (weniger inhaltlichen) Prozesse bewußt werden können. Hierarchie und die von ihnen geformten Einstellungen bezeichnen so etwas gern als Leerlauf und lassen es höchstens in der Ausbildungsabteilung zu, wenn diese stark genug ist, Reflexion innerbetrieblich unter einem plausibel klingenden Titel als Schulungsmaßnahme zu verkaufen.

„Organisationsbewußtsein" ist eine weitere zentrale Kategorie unserer Überlegungen; es ist − so unsere Behauptung − für Projektmanagement unerläßlich. Probleme, die in der hierarchischen Organisation nicht gelöst oder verdrängt werden, tauchen plötzlich in Projekten auf und werden dort ausagiert oder ausgebadet. Durch die prozeßbegleitende Selbstreflexion von Projekten und in Auseinandersetzungen mit der Systemabwehr können beide Teile lernen, das Projektmanagement und die bestehende hierarchische Organisation. Ständig muß der Widerspruch zwischen diesen beiden Organisationsformen gehandhabt und daher reflektiert werden, Projektmanagement muß sozusagen im Differenzbewußtsein leben. Wenn es gelingt, die von der Hierarchie etablierten Reflexionstabus („du sollst dir kein Bildnis machen...") organisationsweit und wirksam zu durchbrechen, kommt dies einer Verflüssigung erstarrter Strukturen gleich, die eine sinnvolle Organisationsentwicklung in Gang bringen kann.

Projektmanagement ist ein folgenreicher Eingriff in ein bestehendes Sozialsystem; für die Bewältigung dieser Folgen ist Projektmanagement zu rüsten. Dafür sind bei Führungskräften wie bei Mitarbeitern Kompetenzen notwendig, die von der Hierarchie eher verhindert werden und für das Projektmanagement erst entwickelt werden müssen. Nur zum Teil sind diese Kompetenzen durch Schulungen entwickelbar. Seminare sind „exterritorial", stellen eine eigene Wirklichkeit dar, die zwar durchaus lernträchtig gemacht werden kann, aber eben nicht diejenige Wirklichkeit ist, um die es eigentlich geht. Projektmanagement muß sich prozeßabhängig laufend qualifizieren und − *learning by doing* − die Kompetenzen entwickeln, die es braucht. Dazu gehört die Entwicklung eines „Gespürs" für die eigenen Lernbedürfnisse und dafür, ob Beratung von außen zugezogen werden soll. Im Projektmanagement gehen Schulungs- und Beratungsbedarf gleitend ineinander über. In eigenen Abschnitten beschreiben wir, welche Kompetenzen im Projektmanagement notwendig sind, und lassen Kollegen zu Wort kommen, die aus ihrer Beratungspraxis Fallbeispiele darstellen.

Teil I:

Projektmanagement – warum und wie

1. Gründe für Projektmanagement – die Hierarchiekrise

Warum gibt es Projektmanagement? Die einfachste Antwort lautet: Projektmanagement ist notwendig, weil es Aufgabenstellungen für Organisationen gibt, die nur durch Projektmanagement effizient lösbar sind. Einmal sind dies Aufgabenstellungen, für deren Bearbeitung die bestehenden Organisations- und Entscheidungsformen zu umständlich und zu schwerfällig sind, zum anderen ist Projektmanagement notwendig, wenn es um interdisziplinäre oder organisationsübergreifende Tätigkeiten geht, also ein gemeinsamer kompetenter Vorgesetzter oder eine vorgesetzte Koordinationsstelle fehlt. Der historische Beginn von Projektmanagement wird mit Großvorhaben in Raumfahrt und Rüstung zusammengebracht, wo Ziele erreicht werden sollten, die keiner einzelnen bestehenden Institution zuzuordnen waren. Der Staat als Auftraggeber mußte sie zu einem gemeinsamen Vorgehen erst zusammenstellen. Inzwischen hat sich die Größenordnung von Projekten verringert. Bereits mittlere Firmengrößen werden mit Problemen und Zielsetzungen konfrontiert, die nach altem hierarchischen Muster nicht oder nur sehr schwer gelöst werden können.

Der notwendige Bewußtseinsschub und die Systemabwehr

Zwar wurden in Organisationen immer schon Beratungs- und Entscheidungsgruppen quer durch die Hierarchie eingerichtet, manchmal „ergaben" sie sich informell; beim wirklichen Projektmanagement geht es jedoch darum, diese Führungs- und Steuerungsmittel bewußt einzusetzen und dafür stabilere und offizielle Organisationsformen zu finden. Das grundsätzlich Neue an der gegenwärtigen Situation, in der sich unsere Organisationen befinden, ist ein unseres Erachtens notwendiger „Bewußtseinsschub". Damit ist weniger gemeint, daß sich mittlerweile ein eigener und recht unübersichtlicher Angebotsmarkt von Beratungsmethoden, Managementmodellen und Schulungsansätzen entwickelt hat, der eher verwirrt als hilft und in dem man sich zurechtzufinden hätte, die Situation ist viel grundsätzlicher als neu anzusprechen, nämlich als Krise der hierarchischen Organisation.

Bisher konnten sich Unternehmertum und Management einerseits auf ihren „Instinkt", ihre Erfahrung und Übung, andererseits auf wirtschaftliche „Sachzwänge" und die Hierarchie verlassen. Vor allem letztere sorgten für die Anleitungen, was in welcher Zeit unter welchen Bedingungen zu tun, zu produzieren, zu organisieren war. Entscheidungen und Handlungsabläufe waren in ihrem Bedingungsgefüge viel klarer bestimmt und einsichtig. Natürlich gab es auch unerwartete Spitzenleistungen ebenso wie Fehlentscheidungen mit „letalen" Konsequenzen. Es bestand aber kein größerer Zwang für das Management, „selbstreflexiv" über die eigene Tätigkeit und ihre Bedingungen nachzudenken und genauer zu überlegen, was denn Management eigentlich ist, wie man selbst am besten führt, ob man sich mehr Organisationskompetenz aneignen soll. Wurde früher Management eigentlich nur von der Spitze (Vorstand, Geschäftsleitung) und vielleicht noch von der zweiten Ebene verlangt, geht es jetzt „hinunter" bis zu Meistern und Vorarbeitern.

Daß richtiges Management „Gefühlssache" sei, wie oft zu hören war (und noch ist), verweist auf eine Ratlosigkeit, auf ein Ungefähr. Mit unserer „Instinktsicherheit" ist es nicht weit her, Gefühl und Instinkt lassen uns im Stich, sobald es um komplexere Zusammenhänge geht. Die inhaltliche „Auffüllung" des Begriffs Management und vermutlich seine Etablierung als Begriff überhaupt hängen mit der Komplexitätszunahme eng zusammen. Es gibt nun also eine „Verbreiterung" von Management bis in untere Hierarchieebenen, die aber verunsichernd wirkt, weil sie Entscheidungsprozesse komplizierter macht, Ansprüche auf Selbständigkeit unter den Mitarbeitern erhöht, damit Konfliktpotentiale vervielfacht – lauter Dinge, die in der früheren „patriarchalischen Exekutionshierarchie" undenkbar waren. Das obere Management wird von solchen Prozessen vielfach recht unvorbereitet getroffen. Plötzlich sollen alte Handlungsmuster und Verhaltensformen nicht mehr gelten, man soll seinen Führungsstil ändern, zusätzlich motivieren, sich auf neue, wissenschaftlich empfohlene Methoden einlassen usw.

Es ist durchaus verständlich, daß gegen solche Ansprüche von innen und außen Abwehren aufgeboten werden, welche die „innenpolitischen" Auseinandersetzungen in Organisationen prägen. Hier eine kleine Phänomenologie: Die „starken Alten" versuchen zu beweisen, daß alles „neumodischer Quatsch" ist und die bewährten Methoden immer noch die besten sind. Die „listigen Alten" mimen Anpassung, torpedieren aber, bewußt und unbewußt, wo sie können, oft sogar von ihnen selbst gewünschte und mitinitiierte Veränderungen. Um ihr Prestige fürchtende Autoritäten besuchen irgendwo heimlich Managementkurse, um sich zu informieren oder sich mit Gegenargumenten zu bewaffnen. Wissenschaftsgläubige übernehmen ein Modell nach dem anderen, lassen es aber schnell verschleißen, weil sie sich der Mühe konkreter Anpassung entziehen. Die „Jüngeren" verwenden alles Neue als Kampfmittel gegen die Alten, um ihnen Inkompetenz nachzuweisen. Es sind dies Erscheinungsweisen jener „Systemabwehr", von der wir bereits einleitend sprachen, Phänomene also, mit deren Auftreten quasi naturwüchsig zu rechnen ist, unabhängig von den konkreten, beteiligten Personen.

Die Skepsis, die wissenschaftlichen Modellen „richtigen" Managements entgegengebracht wird, teilen wir übrigens – wenn auch aus anderen Gründen. An technische Wissenschaften und Abläufe gewöhnte Manager haben erfahrungsgemäß eine Neigung, das auf dem Reißbrett Entworfene gleich in die Praxis umzusetzen. Einer der sichersten Wege, neue Managementmethoden rasch „umzubringen", ist der Versuch, sie streng nach dem Modell im Betrieb durchzuführen. Organisationen sind sensible Sozialverbände, in denen man keine störungsfreien Laborbedingungen schaffen kann. Das eigentliche Problem ist die Umsetzung; gute Modelle lassen sich relativ rasch bilden, mit „Rezepten" kommt man aber nicht weit.

Projektmanagement verhilft zu höherer Organisationsbewußtheit

Die beschriebenen Abwehren sind verständlich. Sie sind aber auch schädlich, verhindern sie doch die Selbstreflexion der Organisation und damit eine höhere Bewußtheit. So lange es geht, wollen Manager ihren Betrieb nicht genauer durchleuchten. Sie wollen tun, nicht zuschauen und nachdenken. Wenn aber der Problemdruck zunimmt, muß etwas geschehen, und selbst bei Auffassungsunterschieden im Management kann auf die Dauer niemand Freude daran haben, wenn neu eingeführte Methoden scheitern. Sich ständig Beratung von außen einzukaufen ist nicht nur teuer, Beratung kann auch nicht allgegenwärtig sein. Es bleibt also Organisationen nichts anderes übrig – pathetisch gesagt: bei Strafe des Untergangs – , als sich neue Kompetenzen anzueignen, um dann bewußter handeln zu können. Wir schlagen vor, diese Kompetenzen „Organisationsbewußtheit" zu nennen: Man muß Schwierigkeiten und Konflikte aufgreifen und analysieren lernen, muß über die „Sozialgesetze" von Gruppen und Organisationen einigermaßen Bescheid wissen und sich über die strukturellen, organisatorischen, sozialen und emotionalen Bedingungen von Verhaltens- und Handlungsweisen informieren. Das bewährte Verfahren, bei jedem Problem einen Schuldigen zu suchen, Organisationsprobleme also bequemlichkeitshalber zu individualisieren, würde dann allmählich der übergeordneten Frage nach Ursachen in Gesamtumgebungskonstellationen weichen.

Wir müssen heute zur Kenntnis nehmen, daß unsere Institutionen und Organisationen nicht mehr aus sich selbst vernünftig sind, daß „Charisma" nicht mehr genügt, sie zu führen, daß sie nicht mehr durch Sachzwänge gesteuert werden, daß sie globalere und komplexere Probleme als früher lösen müssen und dafür in Aufbau, Funktion und Arbeits-Organisation nicht mehr geeignet sind. Das „mythologische Zeitalter" der Organisation ist vorbei; aufgrund der Einsicht in die Notwendigkeit, Probleme nicht mehr anders als durch bewußte Eingriffe, „eingreifendes Denken" lösen zu können, ist die Aufklärung des Menschen bei ihm selbst und seinen Organisationen angelangt.

Projektmanagement ist eine Managementmethode, die genau an dieser historischen Bruchstelle operiert. In alte Unternehmensstrukturen eingeführt, kann es gar nicht funktionieren, wenn man sich nicht über den Bedingungsrahmen im klaren ist. Wie in allen Bruchsituationen treten zwangsläufig Schwierigkeiten und Konflikte auf; vor ihnen zurückzuschrecken und zu resignieren, wäre aber der Weg zurück. Die einzige Möglichkeit, voranzukommen, sehen wir darin, die Ursachen von Schwierigkeiten zu analysieren, sich mehr Wissen über die strukturellen Voraussetzungen zu verschaffen und sich damit mehr Handlungskompetenz anzueignen. Daß man aus wissenschaftlichen Modellen so wenig greifbare Handlungsanweisungen bekommt, liegt nicht nur am eingeschränkten Charakter von Modellen. Zusätzlich ist jeder Betrieb, jedes Unternehmen, jede Organisation für sich genommen ein eigenes Individuum mit eigener Geschichte, Kultur, Struktur, mit eigenen „Krankheiten" und Abwehrformen. Bei der Einführung neuer Managementmethoden ist gerade auf diese individuellen Besonderheiten Rücksicht zu nehmen, denn sie setzen sich am meisten zur Wehr.

Was die eigene Individualität einer Organisation konkret ausmacht, ist ihr selbst weitgehend unbewußt und läßt sich wohl nie restlos bestimmen, weil sie zu komplex und obendrein zeitlich im Fluß ist. Sie und ihre „Angehörigen" schwimmen sozusagen in einem „kollektiv Unbewußten", das immer dann stückweise klarer wird, wenn Widersprüche und Friktionen auftreten. Projektmanagement muß mit diesem und gegen dieses besondere Individuelle von Organisationen arbeiten; daher wird es dort bei näherer Analyse auch bewußter. Das Wissen darüber, was dieses Bewußtlos-Individuelle einer Organisation ausmacht, ist nicht ein Monopol der Führungsspitze. Das Wissen darüber „steckt im Apparat" selbst und verteilt sich über viele, insbesondere über Normsetzer, -wächter und *opinion-leader*. Daher muß es bei Analysen, bei denen es ja auch auf die Abschätzung von „Verträglichkeit" und Widerstandspotential ankommt, immer wieder „abgefragt" werden; so kann sich eine Organisation ständig selbst *feedback* geben, was gerade beim Einführen neuer Methoden günstig ist.

Die Entwicklung einer höheren Organisationsbewußtheit tut also not, und Projektmanagement ist, soll es funktionieren, ein Mittel dazu. Allein dies wäre schon ein ausreichender Grund, sich darauf einzulassen, neben den operativen Verbesserungen, die Projektmanagement ermöglicht. Wir meinen, daß es vor allem die Ökonomie ist, die zu Organisations- und Institutionsveränderungen zwingt. „Idealistische" Forderungen (zum Beispiel nach Humanisierung der Arbeitswelt) und ideologische Wunschvorstellungen gibt es zwar auch immer wieder und gelegentlich sogar kleine Versuche, ihnen zu entsprechen, langfristig funktionieren diese Versuche aber nur dann, wenn sie zur Ökonomie wenigstens nicht in Widerspruch geraten.

Entscheidungsprobleme in der Hierarchie – der Rückgriff auf Gruppen

Insbesondere in Krisenzeiten ist es notwendig, Entscheidungen zu optimieren und qualifizierten Mitarbeitern, gleichgültig, in welcher hierarchischen Position sie sich befinden, die beste Einsatz- und Entfaltungsmöglichkeit zu bieten. Die übliche, hierarchisch geordnete Entscheidungs- und Kompetenzaufteilung widerspricht sehr oft diesen Notwendigkeiten; der normale Instanzenweg bei Entscheidungen bewirkt Informationsverwirrung oder -verdünnung, verschafft den zuständigen Stellen jedenfalls nicht die bestmöglichen Entscheidungsunterlagen. Fehlentscheidungen oder Überhaupt-nicht-Entscheidungen häufen sich. In Hochkonjunkturen, in gesichertem Wirtschaftswachstum läßt sich dies verkraften und noch rechtzeitig korrigieren, in schwierigen Zeiten kann schon eine einzige Fehlentscheidung über eine wichtige Materie existenzgefährdend sein.

Projektmanagement ist daher auch Krisenmanagement. Der hierarchisch-bürokratische Apparat ist strukturbedingt zu schwerfällig, um auf Schwierigkeiten und Neuentwicklungen des Marktes, der Konkurrenz, der Rohstoffsituation, der Währungsverschiebungen schnell und flexibel zu reagieren. Wichtige Entwicklungen können so verschlafen werden. Die Herstellung eines neuen, marktgerechten Produktes nimmt heute zum Beispiel manchmal so viel Zeit in Anspruch, daß aufgrund unvorhergesehener Entwicklungen die ursprünglichen Planungen und Zielsetzungen überholt werden und das Produkt bereits veraltet ist, wenn es auf den Markt kommt. Organisationen sollten also flexibler reagieren können.

Vorstände und Geschäftsleitungen allein sind damit im allgemeinen überfordert, auch wenn traditionell alle Hoffnungen des Managements auf sie projiziert werden. Daraus resultierende Enttäuschungen wirken sich schädigend auf die innerbetriebliche Zusammenarbeit aus. Je mehr Unsicherheiten die Außenanforderungen, je mehr Widersprüche die Umweltsituation aufweist und dementsprechend, je komplexer die Innenorganisation wird, desto untauglicher werden die hierarchischen Organisationsformen. In einem wichtigen Punkt ist Hierarchie gegenwärtig allerdings noch unverzichtbar: in der Definition übergreifender Probleme und der Steuerung ihrer Bearbeitung. (Daß sie sich dabei oft selbst im Weg ist, steht auf einem anderen Blatt.) Obwohl die meisten wichtigen Probleme nur in bereichs-, sparten- oder abteilungsübergreifendem Zugang optimal zu lösen sind, dominiert in Organisationen die Tendenz zu Abteilungsegoismen, die letzte Reservate für Sicherheit darstellen und ein einigermaßen akzeptables Betriebsklima ergeben. Abteilungsübergreifende Probleme werden oft wie eine „heiße Kartoffel" hin und her geschoben, und dann plötzlich, irgendwo, von irgendwem irgendwann zum Erstaunen aller entschieden. Daß diese Mischung aus Zufalls- und „Hau-Ruck"-Management der Entscheidungsqualität nicht förderlich ist, wird kaum jemand bestreiten.

Die angeführten Aspekte zeigen ein verlustreiches Organisationsgeschäft, das man sich ökonomisch immer weniger leisten kann. Der Zwang zu alternativen Organisations- und Entscheidungsformen lenkte das Augenmerk bald auf Gruppen. Aus Erfahrung, Erprobung und wissenschaftlichen Experimenten weiß man, daß gelungene Gruppenarbeit Entscheidungen optimieren kann. Daß Gruppen im Labor und unter guten Voraussetzungen in der Regel ausgezeichnete Leistungen erbringen können, heißt noch nicht automatisch, daß sie dazu auch in Hierarchien imstande wären. Dennoch zeichnet sich bisher keine bessere Alternative ab; wir müssen flexiblere Organisationsformen auf Gruppenbasis einrichten und den damit zugleich eingerichteten Widerspruch zur bisherigen Hierarchie bestmöglich managen lernen.

Je wichtiger Entscheidungen sind, um so weiter oben müssen sie in Hierarchien getroffen werden. Wir haben aber bisher noch keinen Betrieb kennengelernt, in dem sich die verantwortlichen Entscheidungsträger nicht über Informationsmangel beklagt hätten. Das verwundert allerdings auch nicht weiter, denn Informationskomplexität (und damit Organisationskomplexität) und das im System der Hierarchie liegende Prinzip der Einzelentscheidung widersprechen einander. Neben dem offiziellen Instanzenweg eröffnen sich Verantwortliche daher mehr oder weniger offizielle, zusätzliche Informationswege (informelle Wege, ad hoc eingesetzte Kommissionen), die ihnen die für ihre Entscheidung notwendigen Unterlagen vorbereiten sollen. Paradoxerweise wird das Irreguläre damit zum Regelfall, oder: Hierarchie unterläuft die selbst aufgestellten Regeln, was natürlich immer Unruhe auslöst. „By-passing", das Überspringen von hierarchischen Ebenen, die „Nichteinhaltung des Dienstwegs", wirkt für die Betroffenen immer bedrohlich, weil ihr Recht auf Autorität und ihre Position dadurch in Frage gestellt werden.

Die Mitgliedschaft in ad hoc eingesetzten Kommissionen ist oft augenblicksgebunden und zufällig; trotzdem oder deshalb kann nicht verhindert werden, daß viel in sie „hineinphantasiert" wird; so wird nicht selten eine Bestellung von den nicht Ernannten als besondere „Gnade" und Auszeichnung interpretiert, was Neid und Eifersucht hervorbringt, während sich die Kommissionsmitglieder eher „vergattert", das heißt, wie zum Appell gerufen vorkommen.

Zusätzlich werden im innerbetrieblichen „Stellungskrieg" Informationen als Macht-und Manipulationsmittel eingesetzt; „Monopolisierungen" von Informationen dienen einerseits der Aufrechterhaltung hierarchischer Machtpositionen, andererseits der Absicherung von Organisationseinheiten sowie deren Einflußbereichen. Unliebsame Kollegen kann man „verhungern" lassen, Vorgesetzten kann man die eigene Kompetenz (gegenüber deren Inkompetenz) nachweisen, und Untergebenen teilt man gerade so viel mit, daß sie Befehle ausführen können, sonst aber auf die Vorgesetzten angewiesen bleiben. – Keine guten Voraussetzungen für kooperative Entscheidungen.

Fachliche Kompetenz und hierarchische Position sind zweierlei

Vor allem in größeren Betrieben gibt es viele Organisationseinheiten, die zu koordinieren sind. Bei der Entwicklung neuer Produkte genügt es nicht, die Forschungs-und Entwicklungsabteilung damit zu beauftragen, denn diese muß wissen, was der Verkauf über den Markt zu sagen hat, die Produktionsabteilung muß bekanntgeben, was kostenrealistisch zu produzieren ist, und dafür wären wiederum jene heranzuziehen, die über Maschinen am besten Bescheid wissen, die Meister. Man kann Produktentwicklung natürlich auch hierarchisch zu koordinieren versuchen, indem zum Beispiel der Vorstand die Informationen aller Abteilungen oder Bereiche einholt, dann selbständig die Entscheidungen trifft und anschließend die Abteilungen beauftragt, dies und jenes zu tun. Ein solches Vorgehen hätte zwei Nachteile. Erstens trifft das bereits Gesagte zu, es gibt die Unsicherheit bezüglich der Qualität und Vollständigkeit der Informationen (meistens versuchen nämlich die Abteilungen, ihre speziellen Anliegen gegenüber den anderen ins beste Licht zu rücken, damit sich ihr Standpunkt durchsetzt). Zweitens werden die „Befehle" von oben nicht immer gerne angenommen, es gibt Verwunderung, was „die da oben" entschieden haben; oder die Konkurrenz zwischen Abteilungen wird angeheizt und das Klima vermiest, weil sich vielleicht schon wieder die Abteilung X durchsetzen konnte, wohl einen besseren Draht zu einem starken Vorstandsmitglied hat; es hat auch keinen Sinn mehr, die Leiter anderer Abteilungen nach dem Warum zu befragen, weil die Entscheidung schon getroffen wurde. Ein solcher Ausgangspunkt legt Projektmanagement nahe, weil für abteilungsübergreifende Entscheidungsprobleme Projektgruppen auf direktem Weg Informationen austauschen, koordinieren und die beste Lösung für alle suchen können.

Die Technologie und ihr rasanter Fortschritt sowie die Spezialisierung von Wissenschaft und Arbeitsprozessen unterlaufen das traditionelle hierarchische Prinzip der Autoritätsabstufung. In Gestalt von Fachleuten, Experten auf ihrem Fachgebiet, gibt es sozusagen „Autoritäten" auf allen hierarchischen Ebenen. Hochschulabsolventen, die in

Führungspositionen eingestellt werden, müssen feststellen, daß sie von der konkreten Praxis eines Betriebes nicht sehr viel wissen und bei Personen (etwa Meistern) eine Zeitlang „in die Lehre" gehen müssen, die ihnen hierarchisch unterstellt sind. Die Hierarchien in „gesunden" Betrieben können es sich nun nicht mehr leisten, auf diese Experten, dieses spezialisierte Fachwissen, das quer durch die Hierarchie gestreut ist, zu verzichten. Also muß man für bestimmte Entscheidungsmaterien quer durch die Hierarchie Entscheidungsgruppen bilden, in denen die normale Positionierung in der Hierarchie vorübergehend „vergessen" werden soll, damit man zu bestmöglichen Lösungen gelangt. Die hierarchische Ordnung von Organisationen ist eine zunehmend schlechte Form der Vernetzung fachlicher Kompetenzen. Projektmanagement ist die organisierte Reaktion auf dieses Organisationsdefizit.

Wir erleben gegenwärtig die fortschreitende Trennung zwischen fachlicher Kompetenz und Entscheidungsmacht in Organisationen. Verantwortung für wichtige Entscheidungen müssen Menschen übernehmen, die die fachliche Kompetenz dafür (insgesamt jedenfalls) eigentlich nicht mehr haben. Was bleibt, ist die formale und juristische Verpflichtung. Erstens verstärkt diese Trennung Entscheidungsunsicherheiten, Ängste und Konflikte, zweitens stehen wir vor einem Rechtsproblem. Bei Recherchen über folgenreiche Fehlentscheidungen gibt es besonders bei komplexen Materien nahezu unüberschaubare Verweisungszusammenhänge, der Ball wird ständig weitergespielt, im Kreis herum, und ein Schuldiger wird oft nur aus „Systemgründen" gefunden. Einer muß schuld sein, sonst müßte man an den Grundstrukturen des Systems rütteln. Obendrein befriedigt dies das kollektive Strafbedürfnis. Weitreichende, wirtschaftlich sich katastrophal auswirkende Fehlentscheidungen können ohnehin nicht durch die Anklage von Einzelpersonen wiedergutgemacht werden. Milliardenverluste lassen sich nicht durch Pfändung von Vorstandspensionen aufwiegen.

Die strukturbedingte Unfähigkeit, Einzelentscheidungen kompetent zu treffen, und die daraus entstehende Verunsicherung führen tendenziell zu Verantwortungsabschiebungen und zum Mißbrauch von Gruppen als Entscheidungskollektiven, wobei es darum geht, Prozesse zu vernebeln und Zuordnungen zu verwirren (nach dem Prinzip „keiner kann dingfest gemacht und zur Verantwortung gezogen werden"). Entscheidungen zu treffen bedeutet, sich zu exponieren, man wird als Person deutlich, greifbar und auch kritisierbar. Vielen ist es in Organisationen lieber, sich in der Anonymität einer Gruppe oder des Apparates verbergen zu können. So bleiben oft gerade die wichtigsten unternehmenspolitischen Entscheidungen liegen und werden dann panikartig getroffen, wenn es schon fast zu spät ist; daß Entscheidungen „unter Druck" zustande gekommen sind, soll dann deren mangelnde Qualität entschuldigen.

Formale Regelungen lösen das Problem nicht

Informationsunsicherheit und Fehlentscheidungen führen zu verstärkten Bemühungen, die Situation wenigstens organisatorisch in den Griff zu bekommen. Da es über Hierarchie und Einzelentscheidung kaum noch möglich ist, durchschlagende Erfolge zu erzielen, wird oft die Bürokratie verstärkt; man formalisiert Entscheidungsabläufe und „differenziert" durch „Schrifttum" Kontrolle und Anweisungen. Selten kommt es dadurch zu einer Verbesserung der Situation. Erstens zeigt Bürokratie die bekannte Tendenz, sich personell und formell zu verselbständigen. Der Zweck, wofür sie da ist, tritt in den Hintergrund, und sie rechtfertigt ihre Existenz durch die Perfektionierung ihrer Selbstreproduktion, was eine Flut von Papieren, Rundschreiben, Formularen hervorbringt. Dies verwirrt zweitens die Informations- und Kontrollsituation nun völlig. Eine Führungskraft braucht allmählich mehr Zeit, sich in den bürokratischen Verfahren auszukennen und „richtig" zu bewegen (auch zu unterscheiden, was wichtig ist und was sofort in den Papierkorb wandern kann), als sie für die Ausübung fachlicher und führungsorientierter Tätigkeiten zur Verfügung hat. Wir kennen keine Beispiele dafür, daß Entscheidungen durch Intensivierung bürokratischer Kontrolle optimierbar gewesen wären. Wohl aber wird im allgemeinen die Fähigkeit eingeübt, Regelungen zu umgehen oder sie oberflächlich der Routine zu unterwerfen und damit noch jenes Rests von Sinn zu entleeren, den sie am Reißbrett vielleicht gehabt haben mögen. Obwohl funktionale Bürokratisierung in größeren Betrieben zweifellos notwendig ist, löst sie gerade das genannte Problem nicht; sie ist kein Mittel zur Erhöhung von Entscheidungssicherheit.

Je höher in der Hierarchie, desto mehr werden die Gründe für Entscheidungen „anonymisiert", wenn nicht überhaupt die Auskunft darüber ganz verweigert wird. Die Berufung auf höhere Einsicht und größeren Überblick verleiht dann Entscheidungen, über deren Inhalt und Zustandekommen sich alle wundern, einen geheimnisumwitterten Nimbus. Dann beginnt vielleicht die Suche nach mutmaßlichen „Einflüsterern", Phantasien und Verdächtigungen werden gehegt. Tatsächlich gibt es diese verdächtigen Personen mit der „Direktleitung" oft gar nicht, es handelt sich einfach um Einzelentscheidungen aus schlecht koordinierter Informationslage. Das Argwöhnen hält die Entscheidungen weiter im Anonymen und verstärkt das hierarchische Gefälle. Angehörige und Belegschaft eines Betriebes zermartern sich den Kopf darüber, welche Entscheidungen von den Hierarchen schon getroffen und welche Zielsetzungen für das Unternehmen insgeheim schon festgelegt worden sind, ohne daß man davon weiß; kaum erträglich der Gedanke, daß es solche Entscheidungen und Zielsetzungen vielleicht gar nicht gibt!

Die Intransparenz der gesamten Entscheidungssituation wird dem Anschein nach durch formal-demokratische Instanzen „bekämpft". Sie gelten als der zuständige Ort von Entscheidungen, obwohl jeder weiß, daß Entscheidungen entweder schon längst gefallen sind oder gar nicht fallen sollen. Dieses in Wahrheit pseudodemokratische Vorgehen wiederum führt zu einer indirekten Entwertung aller Entscheidungsinstanzen. Die Macht informeller Systeme muß hier wachsen. Gegenüber der Hierarchie haben sie den Vorteil, unkomplizierter informieren und entscheiden zu können; ihr Nachteil ist nicht bloß das permanente Außerkraftsetzen der offiziellen Organisation, was diese schwächt, sondern auch die Unsicherheit darüber, ob in den informellen Gruppen immer die „richtigen" Leute sitzen. Wenn wichtige Kompetenzen nicht integriert sind, ist es mit der Qualität von Entscheidungen nicht besser bestellt, ungeachtet dessen, daß sie unkomplizierter zustande gekommen sind. Aber für informelle Gruppen ist das schaurig-schöne Gefühl aktiver Geheimbündelei in der Regel vorrangig.

Großunternehmen sind nicht mehr durch die Spitze (allein) koordinierbar. Es gehört zu den größten kollektiven Illusionsbildungen der Gegenwart, daß die Untergeordneten zäh daran glauben (zum Beispiel an die Allmacht des Vorstandsvorsitzenden) und die Spitze sie in diesem Glauben beläßt. Diese Illusionsbildung fördert die Verdrängung der Hauptprobleme nach oben (insbesondere als „Rückdelegation" bekannt) und die permanente Selbstbeschneidung von Kompetenzen. Die Spitze wird dadurch immer mehr veranlaßt, Entscheidungen, die wirklich andernorts getroffen werden könnten, zu übernehmen, was dort und da wiederum den Unmut hervorbringt, sie mische sich zu sehr ins Tagesgeschehen ein.

Projektmanagement als Alternative

Die Hierarchie braucht zu ihrem Überleben heute Mitarbeiterqualifikationen, deren Ausbildung sie selbst in ihrem alltäglichen Betrieb eher verhindert als fördert. Das ist der Widerspruch, in dem Hierarchien heute stehen und der sie mittlerweile beträchtlich irritiert. Forderungen nach Verantwortungsbereitschaft, Risikofreude, Selbständigkeit, Engagement wirken aufgesetzt und abstrakt angesichts jahrelang geübter Praxis bloßen Exekutierens von Aufträgen, wobei man vielleicht ständig eigene Ideen zugrunde gehen sah oder sich damit den Mund verbrannte. Was sollen Forderungen nach Kooperations-und Kommunikationsfähigkeit, wenn man es gelernt hat, im Karrieredruck und Aufstiegszwang Kollegen stets als Konkurrenten und potentielle Feinde zu betrachten; was soll man mit Forderungen nach Kritikfähigkeit anfangen, wenn schon bei geringsten Andeutungen der Chef beleidigt reagiert? Wir wissen inzwischen, daß die gewünschten (und im übrigen auch für das Überleben der Hierarchie notwendigen) Qualifikationen nur in einer anderen Organisationsatmosphäre entstehen können, in der ein anderes Klima zum Tragen kommt. Gut funktionierende Gruppen initiieren so ein Klima, und gut laufende Abteilungen organisieren sich ohnehin immer nach dem Widerspruch: Hierarchie nach außen – Kollegialität im Inneren. Projektgruppen erweitern diese Organisationsform. Vorhandensein oder Nichtvorhandensein ebenso wie die Möglichkeit zur Entwicklung von Mitarbeiterqualifikationen hängen wesentlich an der Organisationsstruktur. Daher muß auch mit Organisationsmaßnahmen gearbeitet werden, wenn Veränderungen angestrebt werden. Individuelle Qualifikationsschulungen sind dafür zwar eine gute, aber nicht ausreichende Voraussetzung.

In größeren Unternehmen (hinter denen geballt öffentliches Interesse steht) erwächst dem Management in der Gewerkschaft eine „Konkurrenzhierarchie". Sie hat von vornherein wenig mit der funktionalen Hierarchie, dem Unternehmenszweck, der Produktion und dem Verkauf zu tun, so daß es oft schwer wird, diesen Zweck ihnen gegenüber zu vertreten. In modernen Großunternehmen überschneiden einander so viele Interessenhierarchien und Interessensphären (Management und Gewerkschaft sind nur die offiziellen, daneben gibt es noch zahlreiche inoffizielle, halboffizielle, informelle, auch illegale, wie sich immer wieder herausstellt), daß die Durchsetzung einer rein profitorientierten, klassisch-kapitalistischen Betriebsorganisation illusionär geworden ist. Das kann man nun je nach Standpunkt begrüßen oder bedauern. Tatsache aber ist – und das sind die für das Thema Projektmanagement interessanten Folgen – daß auch diese verschiedenen Hierarchien und ihre Interessen koordiniert werden müssen.

Es kann zum Beispiel von großem Nachteil sein, wenn man im Projektmanagement ein Projekt Personalentwicklung einrichtet und nicht von Anfang an versucht, den Betriebsrat mit einzubeziehen. Oft wird in sach- und inhaltsbezogenen Projektgruppen peinlich vermieden, über die „anderen" (politischen, gewerkschaftlichen...) Interessen und deren unbestreitbare Bedeutung zu sprechen. Man tut so, als arbeitete man am reinen Unternehmenszweck, was sich spätestens dann als betriebliche „Lebenslüge" herausstellt, wenn Entscheidungen gefällt werden sollen; daraufhin ausgehandelte Kompromisse verändern die Ergebnisse so sehr, daß sie die beschlußfassende Projektgruppe oft nicht mehr wiedererkennt. Es hat daher wenig Sinn, diese „außerfachlichen" Interessen verschämt zu verschweigen. Wenn vermieden wird, über derlei Interessen zu reden, oder wenn nicht wenigstens für das Wahrnehmen von Projektgruppeninteressen zu anderen Hierarchieinteressen „Kontaktpersonen" nominiert werden, verlagern sich die Interessenkonflikte in die Arbeit der Projektgruppe selbst hinein. Diese spiegelt dann die äußere Organisationswirklichkeit wider: Offizielle und inoffizielle Hierarchien lähmen sich gegenseitig; während sich die einen „abstrampeln", bauen die anderen insgeheim schon an den Gegenstrategien.

Viele der angebotenen Managementstrategien erweisen sich in den beschriebenen Situationen als zu kurzatmig; oft isolieren sie einen bestimmten Unternehmenszweck und versuchen eher formal und technisch, Strategien zu dessen Verfolgung klar zu machen. Was hilft zum Beispiel *management by objectives*, wenn im Vorfeld von Zielvereinbarungsstrategien überhaupt noch nicht geklärt wurde, wer wessen Ziele in welchen Entscheidungsformen festsetzen darf und soll. Der hier meist eintretende Rückgriff auf die funktionale Hierarchie verschiebt nur das Problem, und irgendwie festgesetzte Zielsetzungen spotten jeder Vereinbarungsidee. Oder was nützt „strategische Planung", wenn die planenden Projektgruppen im oben beschriebenen Sinn vorgehen und damit nicht wirklich funktionieren?

Der Schluß, den wir aus der gesamten Betrachtung der augenscheinlichen Hierarchiegrenzen ziehen, ist folgender: Projektgruppen als Informations- und Entscheidungsinstanzen sind jene alternativen Organisationsformen in Hierarchien, die am ehesten deren Strukturprobleme zu lösen imstande sind, was grundsätzlich bestimmte Friktionen erzeugt. Projektgruppen, ihre Zusammensetzung, ihre Lebensdauer und Aufgabenstellung, ihre Konflikte mit der Hierarchie, ihre Probleme, mit anderen Gruppen zusammenzuarbeiten, sind daher selbst eigene Aufgaben, die in einem organisatorisch klar ausgewiesenen Projektmanagement thematisiert und bewältigt werden müssen.

2. Einwände gegen Projektmanagement

Der Einsatz von Projektmanagement kann verschiedene Nachteile und Schwierigkeiten mit sich bringen, die vorher wohl überlegt werden sollten. Richtig angewandt gibt es zwar keine Gründe gegen Projektmanagement; hier liegt aber gerade der Punkt: Richtige Anwendung heißt nicht, nur einige formale Bedingungen erfüllen oder Regeln einhalten. Die Berücksichtigung der besonderen Individualität jedes Unternehmens, das Akzeptieren und Beachten des Organisationswiderspruchs und der neuen psychosozialen Dynamik sowie der Umgang mit der Systemabwehr stellen neue und spezifische Anforderungen an das Management, die durch vorherige Festlegung von Regeln und Abläufen nicht bewältigt oder außer Kraft gesetzt werden können. Projektmanagement ist zunächst als Situation wirksam, als Organisationsbedingung. Als Instrument formt es sich selbst erst in seiner Anwendung. Im wesentlichen lassen sich Einwände in bezug auf drei voneinander abgrenzbare Ebenen vorbringen, die wir im folgenden diskutieren werden: die formale Ebene, die organisatorische Ebene und die Kompetenzebene.

Die formale Ebene

Der formalen Ebene wird in der einschlägigen Literatur am meisten Augenmerk geschenkt. Es finden sich umfangreiche Darstellungen darüber, so daß wir es uns ersparen können, formale Aspekte des Projektmanagements hier wiederzugeben. Hervorzuheben, daß unklare Zielsetzungen oder diffuse Aufgabenstellungen Projektverlauf und -erfolg gefährden, scheint uns überdies in der Theorie – in der Praxis ist alles schon dagewesen – ein wenig trivial. Der Umstand, daß diesem Bereich die meiste Aufmerksamkeit gewidmet wird, ist selbst untersuchenswert – wir stoßen hier auf das „Kochbuchproblem". Zweifellos läßt sich der formale Bereich am leichtesten beschreiben, inhaltlich ausfüllen und festlegen, und schon vor jedem Projektbeginn kann eine Reihe formal abstrakter Empfehlungen gegeben werden; wegen ihrer konkreten Unbestimmtheit riskiert man dabei wenig. Dennoch ist die Tatsache nicht zu übersehen, daß der formale Bereich sehr hoch bewertet wird. Es gibt viel mehr Bücher, die sagen, „wie es geht", als solche, die die Gesamtsituation thematisieren. Die Gefahr von Hand- und Rezeptbüchern liegt aber gerade in ihrer Anwendung, die den fördernden und hemmenden Hintergrund der jeweiligen Organisationssituation ignoriert. Die Nicht-Effizienz oder Ergebnisschwäche in einem Projektmanagement resultiert nicht selten aus der rigiden Anwendung vorgefaßter Regeln, die sich wie ein Korsett um den Ablauf gelegt haben und zusätzliche sinnvolle Maßnahmen nicht mehr gestatten.

Obwohl eigentlich auch aus dem Alltagsmanagement bekannt ist, wie wenig man vorweg regeln kann, wie oft man situativ agieren und reagieren muß, wie nichtssagend oder wenig aussagefähig Organigramme sind, vergißt man dieses Wissen, sobald es um neue Methoden geht. Da will man ein sicheres Instrumentarium, das bei buchstabengetreuem Gebrauch den Ablauf steuert und zu effizienten Ergebnissen führt, ein Modell, aus dem sich alle Schritte für die Zukunft ableiten lassen. (Unschwer erkennt man die Patenschaft eines mathematisch-technischen Wissenschaftsverständnisses in der Modellbildung, das regelmäßig an der sozialen Wirklichkeit scheitert.) Niemandem ist zu verargen, auf „Nummer Sicher" gehen zu wollen, und man kann für diesen „technokratischen Kurzschluß" Verständnis aufbringen, wenn man die Rahmenbedingungen für die Einführung neuer Managementtechniken näher betrachtet.

Neue Managementtechniken verdanken ihren Ursprung ja gerade der Ineffizienz und Dysfunktionalität des alten Systems. Man würde an ihre Einführung gar nicht denken, käme man mit den alten Praktiken durch. Der Wunsch nach mehr Steuerungsmacht und größerer Sicherheit ist daher nur zu verständlich. Die neuen Methoden haben es nicht leicht: Sie müssen viel besser sein, die Unsicherheit überwinden und den gewissen Trotz des alten Systems aushalten, der alles Neue permanenten Bewährungsproben aussetzt. In unserer Geschichte haben wir ein Verfahren zur Herstellung größtmöglicher Sicherheit ausgebildet: Wir machen Pläne und Modelle und versuchen, unsere Zukunft nach ihnen zu gestalten. Sicher fühlen wir uns dort, wo wir etwas machen können, es durchschauen, planen, steuern, kontrollieren. Unser Wunsch nach Modellen und Deduktionen daraus entspringt der Angst vor Unbekanntem und dem Wunsch, die Zukunft zu beherrschen.

Dies ist zweifellos eine legitime Absicht auch für Projektmanagement: Es soll ja ein bestimmtes Ziel in gegebener Zeitspanne erreicht werden. In der Produktentwicklung soll zum Beispiel ein Produkt erzeugt werden, das bei seiner Fertigstellung den Markt dominiert. Man kann aber nicht schnurstracks aus dem Modell ins zukünftige Resultat springen; vielmehr liegt ein Weg dazwischen, der erst einmal gegangen werden muß und an dessen Rand immer wieder Unvorhergesehenes lauert, Wegelagerern vergleichbar. Wie man dem Unvorhergesehen begegnet, kann man vorher nie wissen; daher ist Weg-Anlegen und Weg-Gehen jeweils eine eigene Aufgabe. Der Wegweiser geht nie mit. So unangenehm das banale, immer wieder aber verdrängte Ergebnis daraus ist: Selbst in den einfachsten Projekten läßt sich der Zukunftsverlauf nicht vorwegnehmend bestimmen, die Unsicherheit bleibt. Ihr muß jeweils an Ort und Stelle, beim Auftreten von Unvorhergesehenem aktiv begegnet werden; sich hier auf die alten Regeln zu berufen, nützt nichts. Projektmanagement ist in diesem Sinn Prozeßmanagement, für dessen Bewältigung stets Reserven an Zeit und Organisationsmöglichkeiten vorhanden sein müssen. Stehen sie nicht zur Verfügung, ist zu überlegen, ob überhaupt ein Projekt eingerichtet werden soll.

Die Sicherheit, die mit Modellen verbunden wird, ist bei näherem Hinsehen trügerisch. Ihr hoher Formalitätsgrad und ihre Abstraktheit bekommen durch die projizierten Sicherheitswünsche sofort Inhalt. Daher können sie auch gefährliche Nebenwirkungen haben. Sie unterstützen den Aberglauben, daß man Erfolg haben wird, wenn man das Modell nur genügend kennt und dementsprechend anwendet. Formale Modelle haben verschwiegene, aber bedeutsame Nebeneffekte: Sie reduzieren Komplexität und sie disziplinieren. Projektmanagement behandelt meist komplexere Aufgaben und Entscheidungsmaterien. Es wird ja gerade deshalb eingerichtet, weil man mit den bisherigen Bewältigungsformen nicht mehr durchkommt. Also verlangt man zu Recht, daß Projektmanagement mit dieser neuen Komplexität fertig wird. Projektmanagement muß daher organisatorisch ein Gutteil der

Komplexität des Themas übernehmen und sich danach gestalten; dies macht die oft komplizierte und differenzierte Projektorganisation und den ineinander verschränkten Ablauf von Teil- und Unterprojekten aus. Nun gibt es aber immer mehr Komplexität als berücksichtigt werden kann, man würde ja sonst nie ein Ziel erreichen. Wie sehr Komplexität reduziert wird, was man ins Projekt integriert und was nicht, das sollte nicht insgeheim durch das Diktat eines Modells vorgenommen werden, weil dadurch Steuerungskompetenz aus der Hand gegeben würde.

Je komplizierter eine Aufgabe ist, um so mehr individuelle und kollektive Disziplin verlangt sie. Im Projektmanagement kann man sich die üblichen Leerläufe, die − damit das Leben abwechslungsreicher wird − mit Intrigen ausgefüllt werden, aber nicht leisten. Auf diese „Komplexität", eher eine „Kompliziertheit", soll verzichtet werden, und formale Modelle versuchen, dies durch Regeln, Verbindlichkeiten, Ablauftechniken zu gewährleisten. Sie sind sozusagen die Anfangsbefehle zu Disziplin und Selbstdiziplin. Auch wenn sie nicht immer befolgt werden können, manchmal auch zur falschen Zeit an falschem Ort gegeben werden, liegt darin etwas Wahres. Mit der Bewältigung von Komplexität ist eine eigentümliche Dialektik verbunden: nur wenn man sie auf der einen Seite reduziert, läßt sie sich auf der anderen bewältigen. Die Einführung von mehr Wissenschaftlichkeit in Managementmethoden dürfte diesem Widerspruch entspringen.

Es besteht in der Fachliteratur weitgehende Einigkeit darüber, daß Projektmanagement besondere Einstellungen von Mitarbeitern erfordert, daß man also mit „normalen" Verhaltensformen nicht durchkommt, sondern besondere Anstrengungen tätigen muß. Abgesehen davon aber, daß dabei etwas vorausgesetzt wird, was es erst zu entwickeln gilt, wird in Wirklichkeit über die Verhaltensformen hinaus ein tiefgreifender Organisationswandel thematisiert. Projektmanagement soll für das Ganze motivieren, das aber emotional meist negativ besetzt ist. Aus verschiedenen Zusammenhängen wissen wir, daß das Ganze, Gesamte, die Organisation oder Institution insgesamt für die meisten etwas sehr Fernes, Fremdes, Anonymes ist. Motivation hat nun wieder sehr viel mit positiver Emotionalität zu tun. Menschheits-

und individualgeschichtlich wird, wie wir noch sehen werden, diese Emotionalität im unmittelbaren Umgebungsbereich (Familie, Freundschaft, kleine Gruppen, Abteilungen) gebildet und läßt sich nicht leicht auf größere Zusammenhänge übertragen. Auf der anderen Seite ist es weltgeschichtlich hoch an der Zeit, zum Ganzen, zu größeren Zusammenlebens- und Organisationsformen ein emotional positiveres Verhältnis zu bekommen. Projektmanagement ist daher in einer historischen Umbruchsituation sowohl Symptom als auch Bewältigungsform, man würde es daher als bloßes Managementinstrument bei weitem unterbewerten [1].

Die organisatorische Ebene

Projektmanagement einzurichten hat nur dann Erfolg, wenn man dieser Ebene höchste Aufmerksamkeit zuwendet. Es muß über eigene, gesicherte Organisationselemente und -strukturen verfügen, die ihren Ort und ihre Zeit haben, und über deren Charakter und Eigenständigkeit man sowohl im Projektmanagement wie in der umgebenden Organisation Bescheid wissen muß. Jede diesbezügliche „Schlampigkeit" rächt sich. Die Systemabwehr der hierarchischen Organisation tendiert meist dazu, Ungenauigkeiten des organisatorischen Arrangements im oder im Verhältnis zum Projektmanagement zu fördern, und man muß im Projektmanagement selbst vorsichtig genug sein, dieser Verführung nicht zu erliegen. Die Verlockung dazu ist groß genug, lebt man doch als Projektmitglied auch in der alten Organisation. Es ist gar nicht so leicht, die nun notwendige „Organisationsschizophrenie" in sich produktiv zu nützen.

Daß Projektmanagement einer eigenen, selbständigen Organisation bedarf, ist inzwischen ausreichend begründet; es soll ihm doch gelingen, die Organisationsschwächen der funktional-bürokratischen Hierarchie organisatorisch zu überwinden. Daher kann nicht so getan werden, als sei dies ein informeller Managementspaziergang. Man kann sich nicht waschen, ohne naß zu werden. Will man sich auf keine neuen Organisationselemente einlassen, sollte man besser auf Projektmanagement verzichten, weil sonst die Nachteile überwiegen würden. Projektmanagement als alternative Organisationsform muß im Unternehmen einerseits transparent, andererseits offiziell „abgesegnet" sein. Es darf nicht der Eindruck entstehen, daß irgendwo irgendwelche „Geheimbündler" auf Wunsch irgendeines Vorstandes irgend etwas „ausbrüten". Für die Hierarchie ist es nicht immer leicht, diese Organisationsselbständigkeit anzuerkennen; sie gibt damit indirekt ihren Mangel zu und verliert an Einfluß und Macht. Sie muß aber zur Kenntnis nehmen, daß nur die organisatorische Selbständigkeit die notwendige Arbeitsfähigkeit ermöglicht (umgekehrt gibt man nur dann Einfluß und Macht wirklich ab, wenn man Selbstorganisation zuläßt).

Nachteile für und aus Projektmanagement können sich auf drei Organisationsebenen einstellen: Erstens im Verhältnis von Projektmanagement und Hierarchie, zweitens in der inneren Organisation des Projektmanagements, drittens innerhalb ihres wichtigsten Elementes, der Projektgruppe. Projektmanagement bringt kaum Vorteile, wenn sein Verhältnis zur Hierarchie nicht geklärt ist, immer wieder umdefiniert wird, so daß es sich ständig darin aufreibt oder zu viel Energie gebunden wird. Klare Organisation hält den Projektgruppen den Rücken frei. Projektmanagement kann nicht funktionieren, wenn es nicht auf gut arbeitende Gruppen als Grundelemente zurückgreifen kann. Unter welchen Bedingungen Gruppen gut arbeiten, unter welchen sie kontraproduktiv werden, wird noch ausführlich erläutert.

Die innere Organisation im Projektmanagement stellt hohe Anforderung an Leitung und Steuerung, wobei es nicht bloß um netzplantechnische Fragen geht, sondern vor allem um die Aufgabe, verschiedenste Gruppen immer rechtzeitig zu koordinieren. Dabei kommen bestimmte Gruppeneffekte bereits zum Tragen. Mit Gruppen kann beispielsweise nicht so verfahren werden wie mit einzelnen. Gerade wenn sie gut arbeiten, entwickeln sie ein selbstbewußtes Binnenleben, eine solidarische Kraft und Selbstüberzeugung, die nicht immer sehr kooperativ und kompromißbereit ist. Projektmanagement muß die Steuerung von Intergruppenprozessen leisten, ein ausgesprochen experimentelles Unterfangen. Es gibt kaum Regeln für den Austausch der Ergebnisse, für Präsentationen, Vertretungssysteme. Hier muß wohl noch vieles ausprobiert werden. Allerdings werden im Projektmanagement von Unternehmen Erfahrungen stellvertretend für unsere ganze Gesellschaft gesammelt; denn auch Politik und Verwaltung, ebenso die Bildungsinstitutionen kranken an ähnlichen Organisationsproblemen, und es liegt auch noch eher wenig an wissenschaftlich gesicherten Ergebnissen vor.

Die Kompetenzebene

Was Kompetenzen bedeuten, wird immer noch unterschätzt. Die meisten Probleme und Schwierigkeiten, die Projektmanagement zum Nachteil für die Gesamtfirma werden lassen können, resultieren aus Kompetenzmängeln. Von welcher Kompetenz reden wir? Hierarchieverhalten und Projektmanagementverhalten widersprechen einander und schließen sich manchmal sogar aus. Eine Gruppe von Gleichberechtigten zu leiten, ist etwas anderes, als einer Abteilung vorzustehen; den Widerspruch zur Hierarchie zu managen, etwas anderes , als in der Linie zu agieren; Gruppenprozesse zu steuern und Gruppenentscheidungen herbeizuführen, etwas anderes, als sich von Sachbearbeitern „zuarbeiten" zu lassen und Einzelentscheidungen zu treffen; auf Unvorhergesehenes plötzlich und sofort organisatorisch zu reagieren, etwas anderes, als bei Vorgesetzten rückzufragen, was getan werden soll. Kurzum: Projektmanagement setzt bei der Leitung und den Mitarbeitern eine eigene, besondere Managementqualifikation voraus. Mit dieser kann man von vornherein nicht rechnen. Man lernt sie nirgendwo, schon gar nicht in „normalen" Hierarchien. Projektmanagement kann dann zwar „von der Sache her" gefordert sein, scheitert aber an der bisherigen Unternehmenskultur und dem mit ihr verbundenen Qualifikationsstandard. Managementqualifikationen, insbesondere auf der hier angesprochenen sozialen und organisatorischen Ebene, lassen sich aber weder bloß theoretisch lernen noch anordnen. Projektmanagement kann nicht unter der Auflage in Gang gesetzt werden, daß ab sofort alle ihre Verhaltensformen ändern oder zumindest der neuen

Aufgabe anpassen. Im sozial-emotionellen Verhaltensbereich findet man die paradoxe Erscheinung, daß man längst etwas theoretisch eingesehen haben kann, ohne es praktisch zu können. Auf bloßer Einsicht aber läßt sich kein neues Management einrichten.

Wer wirklich – und nicht bloß zum Schein – daran denkt, Projektmanagement einzurichten, sollte zweierlei genau überlegen:

- In welchem Stadium der Hierarchie befindet sich das Unternehmen? Ist alles noch „patriarchalisch", autoritär geregelt, oder gibt es bereits Auflockerungen? Ist die Normkultur rigide auf Vorgesetzten-Untergebenenverhältnisse ausgerichtet, oder gibt es kollegialere Umgangsformen?
- Welche Managementqualifikationen können dementsprechend vorausgesetzt werden?

Danach, wie die Antworten ausfallen, wird sich richten, ob externe Beratung hinzugezogen und gezielte Schulungen durchgeführt werden sollen. Auf diese Ausgangslage ist bei der Projektorganisation Rücksicht zu nehmen: Wenn in Projekten die alte Hierarchietradition linear fortgesetzt wird, die Autoritäten von draußen bruchlos die Autoritäten im Projekt sind, wird die Einrichtung von Projektmanagement wahrscheinlich ihren Zweck verfehlen. Eingefahrene dysfunktionale Muster aber aufzubrechen, bedeutet Konflikte, Gefahr der Resignation, vor allem Zeit. Wird für die Berücksichtigung solcher Umstände nicht die nötige strukturelle Basis zur Verfügung gestellt, kann die Einrichtung von Projektmanagement von vornherein schief laufen und einen „Trümmerhaufen" hinterlassen, der nur mit großer Mühe wieder zu sanieren ist.

Einführungsprobleme

Einführungsphasen kommt immer eine besondere Bedeutung zu. Hier werden Weichen gestellt. Wenn später große Schwierigkeiten auftauchen, lassen sie sich analytisch meist bis zum Start zurückverfolgen, nach welchem sie einige Zeit latent geblieben sind, um aus gegebenem Anlaß manifest zu werden. Da Startprobleme von allen drei genannten Ebenen abhängen, können wir sie hier eigens besprechen. Projektmanagement ist ein gravierender Eingriff in die bestehende Organisation, kann ihr nicht angepaßt werden, liegt prinzipiell quer und ist daher insgesamt schwer zu verkraften. Man muß mit vollem Bewußtsein an diesen im Unternehmen eingerichteten Widerspruch herangehen. In der Literatur, aber auch der praktischen Reflexion vor Ort ist es weitverbreitet, den „Abstoßungswiderstand" der bisherigen Organisation zu individualisieren. Man spricht gern von Nichtbereitschaft, Voreingenommenheit, Unkenntnis, Angst vor Macht- und Statusverlust[2]. Sicherlich werden Widerstände immer von Personen ausgedrückt, zumal von solchen, die sich aufgrund ihrer Wesensart dafür besonders eignen. Dennoch ist dieses Erklärungsmuster zu einfach. Des öfteren kann man bemerken, daß trotz Wechsel von Personen (manchmal sogar trotz Generationswechsel) sich am Widerstand nicht viel ändert. Wir haben daher vorgeschlagen, von „Systemabwehr" zu sprechen; nicht um die Sache zu mystifizieren und zu anonymisieren, sondern um ihre über Einzelindividuen hinausgehende Macht zu betonen. „Organisation" bezeichnet als Begriff ein Ganzes, das mehr ist als die Summe seiner Teile. Die Art des Zusammenhanges dieser Teile ist eine eigene Wirklichkeitsebene, in die Individuen eingespannt und sozusagen „in Dienst genommen" sind.

Allgemein gesagt neigen alle sozialen Systeme zu einem ihnen eigenen Konservativismus. Man muß einfach zur Kenntnis nehmen, das Organisationen gegen Veränderungen Widerstand leisten, und die Einführung von Projektmanagement ist zweifellos eine Veränderung. Manche Autoren scheinen diesen Widerstand umgehen zu wollen, indem sie „Gewöhnungsphasen" vorschlagen, Vorbereitungszeiten, die sie bis zu zwei, drei Jahren ausdehnen. Wir können keine genaue Empfehlung geben, da zwei Bedingungen hier maßgebend sind: die Organisationskultur des Unternehmens und die Art des Projektes. Eine Vorbereitungsphase ist aber immer sinnvoll, um sich genau zu überlegen, was angesichts der bestehenden Bedingungen die Einführung von Projektmanagement bedeutet; man kommt dann sehr rasch auf Grenzen und zu erwartende Widerstände. Wir raten davon ab, sich naiv auf diesen Organisationswandel einzulassen.

Wir wollen an dieser Stelle noch einige Fehler bei der Einführung von Projektmanagement nennen:

- Man beginnt nur halbherzig an irgendeiner unwesentlichen Ecke, um die Sache einmal zu „erproben". Die Motivation ist ebenso flau, und der Verlauf entspricht vom Anfang an dem hier meist zugrundeliegenden unbewußten Wunsch, daß das Ganze ohnehin nichts taugt;
- man schafft zwar Projekte, nimmt ihnen aber von vornherein die „Luft", indem man ihnen kaum Zeit, Raum und Geld zur Verfügung stellt;
- man versucht, die eingesetzten Projekte möglichst bruchlos in die bisherige Organisation einzupassen, und unterdrückt alle organisatorischen Eigeninitiativen;
- man inflationiert die ganze Idee, indem man für alles, was nur irgendwie ein Problem ist, eine Projektgruppe gründet;
- man setzt Projektgruppen ein, weil es „modern" ist, und übergibt ihnen Aufgaben, die ohne weiteres von der bisherigen Linienorganisation zu bewältigen wären;
- Vorstand, Geschäftsleitung oder Unternehmensführung vermeiden eine eindeutige Entscheidung für Projektmanagement (man weiß ja doch nicht, was herauskommt, und möchte sich Rückzugsmöglichkeiten offenhalten) und überlassen nach diffusen Bereitwilligkeitserklärungen die Entscheidung den nächsten Ebenen;
- man springt ohne vorbereitende Überlegungen (Überprüfung der Organisationsveränderungen, des Qualifikationsbedarfs, der Kosten) ins Projektmanagement;
- man verläßt sich ausschließlich auf externe Experten und Berater und wähnt sie im Besitz des Idealmodells (Autoritätsverschiebung);
- man vermeidet es, die Auswahl der Projektmitglieder und der Projektleitung zu begründen, und fördert dadurch die Entstehung von Gerüchten.

Das sind nicht alle Fehler, die möglich wären, wohl aber diejenigen, denen wir am häufigsten begegnet sind.

3. Anwendungsbereiche von Projektmanagement

In der Anwendungsfrage kann man sinnvollerweise von drei (natürlich oft ineinandergreifenden) Bereichen ausgehen: von der Organisation, vom Innovationsgrad eines Vorhabens und vom Aufgabengebiet.

In der Literatur finden sich zwei entgegengesetzte Standpunkte: der eine reserviert Projektmanagement überhaupt nur für Projekte ab einer gewissen Größenordnung, der andere hält Projektmanagement auch schon für kleine Vorhaben anwendbar. Der Unterschied dürfte dadurch zustande kommen, daß auf der einen Seite mehr vom Aufgabengebiet, auf der anderen mehr von der Organisation ausgegangen wird. Stellt man das Aufgabengebiet in den Vordergrund, empfiehlt sich Projektmanagement für alle größeren Vorhaben, die komplex genug sind, um die bisherige Organisation zu überfordern oder wenigstens vor Probleme zu stellen; Projektmanagement wird eingesetzt, weil es gar nicht anders machbar wäre. Geht man von der Organisation aus und diagnostiziert hier Schwerfälligkeiten und Veränderungswünsche, so kann schon eine relativ kleine Initiative für Projektmanagement würdig erachtet werden. Beispiele: Wie kann im Fertigungsbereich die Kooperation zwischen Fertigung und Qualitätssicherung verbessert werden? Unter welchen Bedingungen kann in einem Zweigwerk eine autonome Werksleitung bei aufrechterhaltener Abhängigkeit von der „großen Mutter" eingerichtet werden?

Die Organisation als Motiv für Projektmanagement

Üblicherweise ist es das Aufgabengebiet oder Anwendungsfeld, das ins Zentrum der Überlegungen gestellt wird. Wir wollen diesen Bereich erweitern. Von der Organisation her gedacht ist Projektmanagement immer dann zu überlegen, wenn sie im kleinen und im großen den Anforderungen nicht genug entspricht. Das kann sich anhand einer Aufgabenstellung herausstellen, aber auch durch Erscheinungen wie Verschlechterung des Betriebsklimas, große Fluktuation, häufige Fehlentscheidungen usw. Projektmanagement leitet hier im ersten Schritt die Selbstreflexion der Organisation oder einer ihrer Subeinheiten ein und soll zu einer Diagnose, zu einem „Röntgenbild" der Schwierigkeiten, Brüche und Reibungsverluste führen.

Da uns die Entwicklung von „Organisationsbewußtheit", die permanente Selbstreflexion der Organisation, so bedeutsam erscheint, sind wir dafür, die Anwendungsfrage immer mit der Organisationsfrage zu verknüpfen. Die bloß anwendungsorientierte Auffassung von Projektmanagement geht daher an unseren Intentionen vorbei. Der von uns verlangten Selbstreflexion der Organisation wird im allgemeinen viel zu wenig Bedeutung beigemessen. Jeder weiß zwar um die Ineffizienzen und Dysfunktionalitäten, um Kooperationsmängel und Fehlentscheidungen; dieses Wissen wird aber selten organisatorisch fruchtbringend umgesetzt, sondern meist als Tratsch oder klagende „Begleitmusik" von Person zu Person weitergereicht – solange, bis irgendwo eine meist autoritäre Entscheidung fällt und jemand mit dem „eisernen Besen" kommt.

Sollen hingegen notwendige Organisationsveränderungen auf breiter Basis stattfinden und von den Betroffenen mitgetragen werden, muß über Probleme, Schwierigkeiten, deren Ursachen sowie über die Veränderungsstrategien eine gemeinsame Sichtweise und damit Öffentlichkeit hergestellt werden. Dies geht nicht ohne organisatorische Maßnahmen. Veränderungsengagierte Selbstreflexion, die individuelles oder „subkutanes" Kollektivwissen bleibt, ist wirkungslos. Da man sich in unseren Unternehmen noch keineswegs damit angefreundet hat, daß organisierte Selbstreflexion, ein selbstorganisiertes *feedback*, etwas sehr Wichtiges, Hilfreiches und Fruchtbares sein kann, weiß die alte Organisation auch nicht (oder will es nicht wissen), wie man kritische Selbstreflexion organisatorisch wirksam etabliert.

Im Projektmanagement besteht nicht nur die Chance, sondern auch die Notwendigkeit zu einer institutionalisierten Selbstreflexion. Zum Zweck einer gemeinsamen, selbstreflexiven Lage- und Problemanalyse bedarf es eines zeitweiligen Sichselbst-Betrachtens, eines Aus-sichselbst-Heraustretens. Projektmanagement steigt daher immer in irgendeiner Form aus dem normalen Organisationsablauf heraus. Unsere leistungsorientierte, einseitig technisch-funktionale Alltagsorganisation ist diesem Aussteigertum nicht günstig gestimmt. Alltagsstreß und Zeitdruck verhindern Selbstreflexion. Druck zu erhöhen und täglich neue Dringlichkeiten auszurufen, ist ein erfolgreiches Mittel einer Systemabwehr, die verhindern will, daß Bewußtsein über die Organisation entsteht (noch dazu ein solches, das Veränderungen nach sich zieht). Hektische Betriebsamkeit hilft, den Blick ins eigene Gesicht zu vermeiden. Als Berater wird man immer fündig, wenn man eine besondere Hektik in Betrieben als Symptom versteht und daraufhin untersucht, welche Organisationsmängel damit überdeckt werden. Bestimmte Arten oder Teile des Projektmanagements, etwa abteilungsübergreifende Gruppenbildung zur Problemanalyse, sind organisatorische Elemente, die helfen, den „Reflexionsausstieg" zu ermöglichen. Damit ist zugleich ein Schritt in Richtung Organisationsentwicklung oder -veränderung getan, denn jede Organisationsentwicklung bedarf einer „Gegenorganisation", die die Entwicklung in bewußtem Widerspruch trägt, anregt, beschleunigt und die Organisation damit konfrontiert.

Innovationen als Motiv für Projektmanagement

Der zweite Anwendungsbereich hängt mit dem Innovationsgrad einer Aufgabenstellung zusammen. (Historisch betrachtet ist dies der Grund für die Entstehung von Projektmanagement überhaupt). Projektmanagement ist immer dann sinnvoll einsetzbar, wenn es um die Entwicklung von etwas Neuem oder Anderem geht und man unsicher ist, ob die alte Organisation, die bisher ihre Dienste getan hat, für das Neue oder Andere tauglich ist. Bei großen, komplexen Aufgabenstellungen findet man hier leicht Zustimmung; es gibt aber durchaus auch „kleine" Aufgaben, bei denen Projektmanagement von Vorteil sein kann (neue Situationen stellen sich immer wieder, etwa durch die Umsiedlung in ein neues Haus, durch die Einführung eines neuen Kontrollformulars für Außendienstkilometer, die Teilung einer Abteilung oder die Schaffung einer neuen). Neue Aufgaben, Ziele, Forderungen sind immer Prüfsteine für bestehende Organisationen; so manches Ziel wird wegen ihrer Schwerfälligkeit nicht erreicht. Daher ist es sinnvoll, rechtzeitig zu überprüfen, ob die alten Schläuche für den neuen Wein noch taugen. Es kann eine spezielle Aufgabe von Projektmanagement sein, diese Sachlage zu überprüfen und herauszufinden, welche alternativen Organisationsbedingungen notwendig sind, um ein gestecktes Ziel optimal zu erreichen.

Im Sinne der Systemabwehr sind Innovationen nicht gerne gesehen, weil Systeme Veränderungen „nicht mögen". „Es muß etwas geschehen", heißt es oft, und lange Zeit wird dieser Imperativ vor sich hergetragen, ohne daß wirklich etwas geschieht. Neue Produkte zu entwickeln ist ein Prozeß, dessen Mühsal weniger in der Aufgabenstellung selbst liegt, sondern in der ständigen Bekämpfung des Widerstandes der alten Produkte und der ihnen entsprechenden Organisation. In Firmen, in denen ein Hauptprodukt dominiert, ist es oft fast unmöglich, „gegen" dieses Produkt, auch wenn es nur „zusätzlich" oder „nebenher" ist, neue Entwicklungen in Gang zu bringen. Die Gesamtorganisation wehrt sich in allen Strukturen dagegen. Im Forschungsbereich ist dies häufig der Fall, wenn es um Budgetierungen neuer Versuchsreihen geht. Neue Produkte werden mitunter bereits als „Bastarde" behandelt, die keiner will, bevor sie noch das Licht der Welt erblickt haben.

Spezielle Aufgaben als Motiv für Projektmanagement

Über die Aufgabengebiete als Anlaß zur Einrichtung von Projektmanagement ist man sich weitgehend einig, egal, ob sie im innerbetrieblichen Bereich liegen oder über den Betrieb hinausgehen. In Forschung und Entwicklung kommt man kaum ohne Projektmanagement aus, ebensowenig bei größeren Bauvorhaben, im Anlagenbau, bei Großreparaturen oder bei der Einrichtung von Fertigungsanlagen. EDV-Einsatz, Produktentwicklung, aber auch Straffung der Produktpalette oder umgekehrt Diversifizierung sind weitere Bereiche; auch die Entwicklung von Organisationsmaßnahmen wird hier schon zugeordnet, ebenso wie die Einführung von Bildungs- und Schulungsprogrammen sowie die Entwicklung von Maßnahmen für Projektstrategien und anderes mehr. [3] Als Grundsatz gilt hier: „Bei der Entscheidung, eine Aufgabe projektmäßig abzuwickeln, ist darauf zu achten, daß Form und Umfang von Projektmanagement, das dabei zum Einsatz kommen soll, in einem vernünftigen (wirtschaftlich sinnvollen) Verhältnis zur Komplexität, zur Größe, zur Bedeutung und zum Risiko dieser Aufgabe stehen".[4] Eine nicht immer leicht zu treffende „Vorentscheidung", die schon intimere Organisationskenntnis voraussetzt. Fehleinschätzungen hier haben schon so manches Projekt unvermutet „explodieren" lassen.

Wir stimmen auch mit der Ansicht überein, daß der „Anteil an innovativen Aufgaben, die mehr und mehr den Umfang von Projekten annehmen", ständig wächst und daß Projektmanagement dadurch immer wichtiger wird. [5] Dies heißt auch, daß unsere Unternehmen immer mehr mit Aufgaben konfrontiert werden, die den Unterschied zwischen organisatorischem, innovativem und gebietsmäßigem Anlaß von Projektmanagement zunehmend willkürlich machen; bei steigenden Anforderungen auf diesen Gebieten werden die Unterschiede gegenüber dem Routinebetrieb nur analytisch, heuristisch.

Die Einführung von computergestützter Fertigungs- und Kommunikationstechnik etwa ist heute längst keine Frage mehr von nur technischer Relevanz. Betriebliche Entscheidungs- und Planungsinstanzen sehen sich mindestens vor folgende sechs Fragen gestellt:[6]

- Die technisch-funktionale Frage: Was leisten die angebotenen Systeme tatsächlich, wie verläßlich und ausgereift sind sie?
- Die betriebswirtschaftliche Frage: Besteht die Chance einer Amortisierung der hohen Investitionskosten sowie einer angemessenen Rendite? Wieweit sind die verfügbaren Modelle der Investitions-und Kostenrechnung dazu brauchbare Instrumente? Wie

aufnahmefähig ist der Markt, für den, etwa mittels eines flexiblen Fertigungssystems, produziert wird?
- Die organisatorische Frage: In welchem Ausmaß ist es notwendig und möglich, die existierenden betrieblichen Abläufe, Arbeits-und Kompetenzzuteilungen an die neuen Technologien anzupassen?
- Die personalwirtschaftliche Frage: Sind die betroffenen Mitarbeiter und Führungskräfte im Hause imstande, die zu erwartenden qualifikatorischen und hierarchischen Veränderungen zu verkraften? Welche Veränderungen sind überhaupt zu erwarten? Sind möglicherweise erforderliche externe Qualifikationen am Arbeitsmarkt erhältlich?
- Die „sozialpartnerschaftliche" Frage: Wird es gelingen, oder wie wird es gelingen, sich bei den zu erwartenden Veränderungen die Unterstützung des Betriebsrates zu sichern?
- Die Systemfrage: Wie kann es gelingen, die sozialpolitischen, wirtschafts- und beschäftigungspolitischen Auswirkungen der neuen Technologien zufriedenstellend zu bewältigen?

Jede dieser sechs Fragen ist für sich genommen weder neu noch besonders aufregend. Die Brisanz der neuen Technologien liegt in deren Integrationspotenz. In einer bislang nicht dagewesenen neuen Qualität sind die Antworten auf alle genannten Fragen voneinander abhängig (wobei neben eher bekannten Verknüpfungen möglicher Antworten auch völlig neue auftauchen; so wird etwa bei der Inbetriebnahme einer voll ausgebauten computerintegrierten Fertigung die Frage vermutlich nicht mehr lauten, ob eine Spaltung der betroffenen Belegschaft in Arbeiter oder Angestellte sinnvoll ist, sondern ob sie faktisch möglich bleibt).

Die intensive Verwobenheit bisher isoliert gedachter und bearbeiteter Fragestellungen erzwingt förmlich angemessene Kommunikations- und Organisationsstrukturen. Projektmanagement wäre hier im Sinne der Integration der Fragen und Antworten vorzusehen. Wir stimmen daher dem Befund und der Prognose von Reschke und Svoboda[7] zu, wenn sie schreiben: „Das wachsende Tempo der Veränderung auf wirtschaftlichem, technologischem, politischem und sozialem Gebiet

(Verkürzung der Produktlebenszyklen, Technologie- und Wissensexplosion) sowie die zunehmende Komplexität fast aller Umweltsektoren (Internationalisierung des Marktes, Spezialisierung der Berufe) führen zu zunehmender Dynamik und Komplexität der 'Normalaufgaben' in den Unternehmen, woraus ständig neue und höhere Anforderungen an die Koordination entstehen. Es ist zu beobachten, daß die Grenze zwischen 'Sonderaufgaben' und 'Normalaufgaben' zunehmend fließend wird... Wir möchten die Prognose wagen, daß die Organisationsaufgabe der Zukunft nicht mehr darin bestehen wird, einzelne isolierte Projekte zu organisieren, sondern die organisatorische Integration einer Vielzahl von Projekten, die zeitlich parallel ablaufen, sicherzustellen. Bei einzelnen Projekten ist bei entsprechender Größe natürlich immer an eine lediglich temporäre Einrichtung und Wiederauflösung von Projektorganisationen im Rahmen einer gegebenen Trägerorganisation zu denken. Mit der zunehmenden Anzahl von Projekten, die zeitlich parallel ablaufen (Multi-Projektorientierung) und darüber hinaus auf verwandter technologischer Basis beruhen, ist eine organisatorische Integration nur noch über die permanente Institutionalisierung von Projektleitungsfunktionen sicherzustellen."

4. Arten von Projektmanagement

Die Artverschiedenheit von Projektmanagement liegt an den unterschiedlichen Verankerungen in den bestehenden Organisationen. Klassifizierungen oder Zurechnungen, was zu Projektmanagement gehört und was nicht, sind in gewissem Sinn willkürlich. Was in der einen Firma unter Projektmanagement läuft, segelt in der anderen unter anderer Fahne und ist unter Umständen das gleiche. Auch läßt sich nicht so verfahren, daß es eben bestimmte Arten von Projektmanagement gibt und man sich dann die aussucht, die einem am besten gefällt. Wenn Projektmanagement erstens mit der Verankerungsform und -möglichkeit in den einzelnen Betrieben zusammenhängt, wenn zweitens jedes Unternehmen seine eigene Individualität besitzt, ein besonderes Kultur- und Normensystem darstellt und hinsichtlich vorhandener Managementkompetenzen unterschiedlich weit entwickelt ist, wenn drittens Projektmanagement immer etwas Widersprüchliches, Neues ist und daher das Management eines Organisationswiderspruchs bedeutet, dann sind dies die Bedingungen, die die Unterschiedlichkeit, Angemessenheit und Leistungsfähigkeit von Projektmanagement ausmachen. Es lassen sich daher keine Empfehlungen geben; die beste Art von Projektmanagement ist jene, die aus dem notwendigen Widerspruch zur bestehenden Organisation den größten organisatorischen und inhaltlich-kreativen Nutzen zieht.

Zu wenig Widerspruch wird nicht genügend aktivieren und Projekte routinemäßig ablaufen, im schlechtesten Fall versanden lassen; zu viel Widerspruch bindet übermäßig Energie an ständiges Konfliktmanagement und zieht sie von den inhaltlichen Aufgaben, vom operativen Bereich ab.

Es hat wenig Sinn, in ein traditionsgebundenes, patriarchalisches Familienunternehmen von heute auf morgen eine Matrix-Projektorganisation einzuführen oder in hochentwickelten, komplexen Konzernstrukturen mit halb informellen Projektgruppen herumzupfuschen. Unterforderung ist ebenso zu vermeiden wie Überforderung. Jedes

Unternehmen muß sich bei Einführung von Projektmanagement genau überlegen, welche Form zunächst am besten zu ihm paßt. Es wäre naiv, Projektmanagement einfach im Warenhaus von der Stange kaufen zu wollen. Man muß schon genauer Maß nehmen. Wir halten es für vorteilhaft, die Einführung von Projektmanagement in Unternehmen selbst zum Projekt zu machen und an ihm erstmalig jene Erfahrung zu sammeln, die man später ohnehin gut gebrauchen kann. Bei dieser Gelegenheit kann man schon die eigene Organisation, ihre Bedingungen, Engpässe, Schwierigkeiten, aber auch ihre Funktionstüchtigkeiten besser kennenlernen. Mit diesen Kenntnissen kann Projektmanagement gezielter eingesetzt werden; man weiß besser, was zu einem paßt.

Die Einführung von Projektmanagement ist immer auch ein Anfang von Organisationsentwicklung; das muß man wissen, damit man dann nicht überrascht wird. Organisationsentwicklung ist eine heikle Angelegenheit, die nicht leichtsinnig in Gang gesetzt werden soll. Unsere Empfehlung, dem Beginn eines Projektmanagements eine Organisationsanalyse vorangehen zu lassen, entspringt der Kenntnis negativer Beispiele: es gibt Betriebe, die sich das Bewußtsein über sich ersparen wollen (es ergibt sich ja nicht nur Gutes, das Negative fällt immer zuerst auf) und im „Hauruck"-Verfahren irgendeine Form von Projektmanagement einführen. Bald gibt es erste Rückschläge, das Projekt paßt vorne und hinten nicht zur Organisationswirklichkeit, und um nun die versäumte Analyse nachzuholen, fehlen oft Kraft, Mut und Autorität; meist hat sich schon Resignation breitgemacht, die sich (systemgemäß) dagegen wehrt, das Mißlungene jetzt auch noch „durchzukauen". In anderen Fällen hängt oft einiges an Prestige am Projekt, was dazu führt, daß es wider alle Vernunft und trotz augenscheinlichem Mißerfolg bis zum bitteren Ende durchgezogen werden muß.

Wir haben Projektmanagement als bewußte Form des Organisierens bezeichnet, dessen Aufmerksamkeit besonders seinen organisatorischen Voraussetzungen, dem Verhältnis zwischen ihm und der restlichen Organisation zu gelten hat. In diesem Verhältnis lassen sich drei Arten unterscheiden, die, hinsichtlich Komplexität, Gewicht in der Organisation und Effekt zunehmend, organisationspsychologisch gesehen drei verschiedene Stufen der Systemabwehr beziehungsweise -akzeptanz darstellen. Diese drei verschiedenen Verhältnisse nennen wir Identität, Differenz und Integration. Identität heißt, daß seitens der Projektmanagement einrichtenden Organisation die Tendenz besteht, die Projekte zu „verschlucken", sie der bestehenden Organisation anzupassen und einen Widerspruch durch „Einverleibung" gar nicht aufkommen zu lassen. Im Differenzverhältnis besteht die Gefahr eines Dualismus, einer abstrakten Autonomie; Projekte erhalten große Eigenständigkeit, die aber keine Konseqenzen nach sich zieht, und laufen Gefahr, abgespalten zu werden. Erst im dritten Verhältnis zwischen Projektmanagement und bestehender Organisation wird versucht, den Systemwiderspruch zu integrieren und zu akzeptieren, wobei es „Rückfälle" in die früheren Stadien geben kann. Prozeßhaft gesehen beginnt eine Organisation zuerst mit Alternativen zu experimentieren, ohne großes Risiko, weil das Ganze leicht wieder abgeblasen werden kann; im zweiten Schritt setzt sie sich härteren Konflikten aus, macht Kraftproben und Tragfähigkeitsüberprüfungen von Strukturen und Abläufen; und zuletzt konstituiert sie bewußt Widerspruchsmanagement. Wir werden im folgenden versuchen, diesen drei Verhältnissen oder Entwicklungsstufen verschiedene Arten und Organisationsformen von Projektmanagement zuzuordnen. (Daß wir dabei vielleicht ideal-typisch vereinfachen, möge uns nachgesehen werden.)

Identität: Das untergeordnete Projektmanagement

Zur ersten Ebene gehören zunächst alle Projekte, die auf Grund einer größeren oder kleineren Überforderung der Linienorganisation spontan geboren werden und bei denen irgend jemand aus einer Fachabteilung von der Geschäftsleitung beauftragt wird (oder sich selbst anbietet), sich „darum zu kümmern". Projektinhalt und Ziel stehen nur vage fest, besondere Regelungen werden nicht vorgegeben. Der Projektbeauftragte wird auch nicht besonders autorisiert; er hat die diffuse Aufgabe, im Projekt „nach dem Rechten zu sehen" und von Zeit zu Zeit der Geschäftsleitung zu berichten; wichtigere Entscheidungen werden nach wie vor von ihr getroffen. Vorteile dieses ersten Schrittes (manchen freilich würden sich die Haare sträuben, diese Gehversuche als Projektmanagement zu bezeichnen) sind die Akzeptanz einer Schwäche der Linienorganisation, die Absicht, Projekte vorzusehen und nach Aufgabe und Inhalt zu bestimmen sowie die Anerkennung einer eigenen Funktion von Information und Projektfortgang. Zusätzlich hat die Geschäftsleitung relativ ungebrochene Einflußmöglichkeit, braucht sich also nicht davor zu fürchten, daß ihr etwas entgleitet.

Es gibt aber auch genügend Nachteile; das Angewiesensein auf guten Willen, auf informelle Kanäle, darauf, daß der Koordinator von allen akzeptiert wird; auf eine vorsichtig stützende, kluge Geschäftsleitung, die nicht ständig dreinredet, und überhaupt auf allgemeine Zustimmung zum Sinn des Projektes. Das Projekt lebt also unter der Bedingung einer äußerst weitgehenden, einseitigen Abhängigkeit. Der Koordinator ist spätestens dann überfordert, wenn ihm „Gnade" entzogen wird, aber auch dann, wenn das Projekt eine gewisse Größe zu übersteigen beginnt. Zweifellos lassen sich so gewisse Erfahrungen sammeln, für spätere Anwendungen Kompetenzen erwerben. Es ist günstig, sich Erlebnissen auszusetzen, die neben dem oder quer zum normalen Organisationsablauf stattfinden. Das Zusammenrufen einer Projektgruppe zum Austausch und zur Koordination der Informationen ist bereits ein starker, oft sehr lernträchtiger Eingriff. Überdies zeigt sich gleich, wie ernst die ganze Angelegenheit genommen wird: Gelingt es überhaupt, alle zusammenzubringen? Wie stark ist der Energieeinsatz? Was geschieht mit den Ergebnissen?

Ein nächster Schritt ist es bereits, eine Projektleitung offiziell zu konstituieren — behutsamerweise zunächst in einer Fachabteilung der bestehenden Organisation. Hier werden nicht nur Inhalt und Ziele festgelegt — erst damit ist Projektmanagement wirklich anerkannt — sondern auch eine Leitung autorisiert. Dieser werden für den Verlauf des Projektes einzelne spezielle Weisungsbefugnisse übertragen, für Aufgaben und Personen wird damit ein „Sonderstatus" erreicht. Projekte dieser Art erzielen erfahrungsgemäß dann Erfolge, wenn der Hauptanteil der im Projekt zu lösenden Aufgabe in der jeweiligen Fachabteilung liegt, und wenn der Projektleiter zugleich der Abteilungsleiter ist.

Wenn Projekte ab einer gewissen Größenordnung eine Abteilung übersteigen oder wenn nicht der Abteilungschef, sondern ein Mitarbeiter die Leitung innehat, wenn sich in jedem Fall das Konfliktpotential vergrößert, dann müßten andere Organisationsformen eingerichtet werden. In vielen Firmen werden Projekte größerer, das heißt eindeutig aus dem Liniensystem ausscherender Art vermieden, weil die Schwelle, die überschritten werden müßte, zu groß scheint, jedenfalls zuviel Angst macht. Projektmanagement ist bis hierher nichts wirklich anderes als die bestehende Organisation, sondern „systemadäquat", angepaßt, eben identisch. Die Führung sieht Projektmanagement vor, ohne daß die bestehende Organisation davon entscheidend betroffen wäre. Es werden keine neuen Organisationskonzepte eingeführt, Projektmanagement wird irgendwo untergebracht oder angehängt. So verstanden, kann Projektmanagement nur in geringem Ausmaß, eher nur für kleinere, meist fachspezifische Projekte angewendet werden.

Einen Übergang zur nächsten Stufe stellt die Einrichtung von Stabsstellen für Projekte und Projektmanagement dar. Sie sollen die gewohnten Funktionen der Linienorganisation mit dem Vorteil verbinden, mehrere Projekte betreuen und größere in Angriff nehmen zu können. Stabsstellen sind eine bewährte Einrichtung der alten hierarchischen Organisation; man kennt sich mit ihnen aus und muß die Organisation nicht allzusehr verändern. So harmlos ist aber dieser Organisationsschritt nicht, denn Stabsstellen sind ja generell die organisatorische Antwort auf ein Defizit der Linienorganisation; in sie wird oft zu Unrecht viel Macht hineinphantasiert. Wie weit ihr Einfluß wirklich geht, weiß man nie so genau, weder von oben noch von unten. Im Projektmanagement wären sie jedenfalls erste „Vermittlungsinstanzen" zwischen dem alten System und neuen Aufgabenstellungen. Was man ihnen inhaltlich aber an Macht einräumt, wird ihnen organisatorisch wieder weggenommen. Sie sind Koordinationsstellen, haben aber meist keine direkten Weisungsbefugnisse, auch kein Mitsprache- und Mitentscheidungsrecht; dennoch haben sie Einfluß auf Verlauf und Kontrolle nicht nur durch ihre koordinierende Funktion, sondern auch als „Briefträger" zur Geschäftsleitung, der sie Vorschläge für weiterführende Maßnahmen unterbreiten. Sie haben kaum Verantwortung für die Zielerreichung im Projekt, wohl aber Einfluß auf den Weg dorthin. Es kann schwerwiegende Folgen haben, wenn sie eine Entscheidung nicht rechtzeitig weitergereicht oder gar absichtlich verschleppt haben.

Formal-organisatorisch ist das Recht einer Stabsstelle auf den Zugang zu den Informationen beschränkt, die Entscheidungen liegen ohnehin fachlich im Projekt, geschäftspolitisch bei der Geschäftsleitung. Wir haben noch keine Stabsstelle kennengelernt, die sich mit dieser nach oben und nach unten loyalen „Kastratenrolle" auf Dauer zufriedengegeben hätte. Es liegt auch nicht im Wesen wichtiger Vermittlungsinstanzen, so bescheiden bleiben zu können. Meist werden Stabsstellen zum Ort informeller Projektentscheidungen, schon deshalb, weil faktisch in ihnen alle Informationen zusammenlaufen. Sie sind auch flexibler und reaktionsschneller als eine bei einer Projektentscheidung halbinformierte, mühsam zusammengetrommelte Geschäftsleitersitzung. Diesen Einflußzuwachs von Stabsstellen hatte der Erfinder nicht im Sinn. Es sollte ja alles bei der alten Linienorganisation bleiben. Wenn diese aber ihren Machtverlust „bemerkt", kommt es zu nicht immer schönen Reaktionen; Stabsstellen haben schon so manchen guten Manager „verschlissen". Oft werden auch informell getroffene Entscheidungen wieder annulliert, und es kommt zu den berühmten „Zick-Zack"-Kursen in Projekten, wo vor allem die Betroffenen ihre Motivation allmählich verlieren.

Wiederum sind diese Nachteile weder ausschließlich einem allzu ehrgeizigen „Stäbler" noch einer willkürlichen, machtbesessenen Leitung anzulasten. Strukturell gesehen haben wir es wieder mit (einer ganz legitimen) Systemabwehr zu tun, mit einem Versuch, den im Projektmanagement aufgebauten Widerspruch zur Hierarchie auszuschließen, das alte System wieder herzustellen. Daß dies auf Kosten neuer Projekte geht, ist zunächst naheliegend. Man kann nicht folgenlos und „ungestraft" neue Organisationselemente einführen und ihnen ihre Funktionsmacht ständig beschneiden wollen. Man kann den Widerspruch nicht einführen und ihn dann vergessen wollen oder ihn mit den Mitteln „alter Intriganz" zu bewältigen versuchen. Die anfänglichen Vorteile verkehren sich schnell ins Gegenteil, wenn man mit ihnen nicht ernst macht. „Ernst machen" heißt: Akzeptanz von Machtverlust in Hierarchien und Anerkennung einer Organisationsveränderung, was anscheinend so schwer ist, daß sich diese Form des Projektmanagements nicht weit verbreitet hat, nur für einzelne Projekte und in größeren Abständen, damit man die Geister, die man rief, auch wieder los werden kann.

Dies waren einige typische Beispiele für Arten des Projektmanagements mit jenem Verhältnis zur bestehenden Organisation, das wir Identität nannten. Ihr allgemeines Kennzeichen ist die Tatsache, daß so weit wie möglich vermieden wird, neue Organisationselemente einzuführen. Dazu gehört etwa auch, daß Projektgruppen zwar eingerichtet, ihnen aber kein „offizieller" Status verliehen wird. So kann man Firmen finden, in denen sich allerlei Projektgruppen herumtummeln, ohne daß deren Stellung in der Organisation auch nur annähernd geklärt wäre, ein Umstand, der Projektgruppen manchmal zu beschäftigungstherapeutischen Spielwiesen degradiert.

Differenz: Das abgespaltene Projektmanagement

Das zweite Verhältnis zwischen Projektmanagement und Restorganisation haben wir Differenz genannt. Sie beginnt bereits in zunächst harmlos scheinenden Versuchen, einen „Systemdualismus", eine Verdoppelung, eine Parallelisierung zu etablieren. Die Idee ist, bewährte Organisationsformen nun auf das Gebiet des Projektmanagements zu übertragen und sozusagen eine Parallel-Hierarchie auf Zeit einzurichten. Damit hätte man den Schwächen der bisherigen Organisation etwas entgegengesetzt und dies obendrein mit alten Mitteln versucht, so daß nicht zuviel Unruhe ins System kommt. Man glaubt, die Anlässe für Organisations- und Verhaltensänderungen möglichst gering halten zu können, wenn man die Projektorganisation analog zur bestehenden Hierarchie einrichtet. Die Systemabwehr erscheint in diesem Fall auf zweierlei Weise: Erstens schafft sie einen Dualismus, indem Sie die neue Organisation von der alten abspaltet, damit möglichst wenig Berührungsprobleme auftreten; zweitens etabliert sie dort den gleichen Organisationscharakter, damit möglichst wenig beunruhigende Alternativerfahrung gemacht werden kann. Die neuen Probleme und Aufgaben sollen dabei so umgemodelt werden, daß sie mit den Mitteln alter Organisation zu bewältigen sind. Es werden sozusagen treue Erben eingesetzt, die die Aufgabe haben, neues Gut ins alte Haus hereinzubringen. Es ist allerdings nur eine Frage der Zeit, bis der Dualismus in Differenz umkippt, weil sich die neuen Inhalte beispielsweise nicht wie gewünscht verarbeiten lassen. Man hätte hier im Sinne der Erhaltung des alten Systems immer noch die Chance, bestimmte Teile der Wirklichkeit, auf die man sich eingelassen hat, willkürlich für irrelevant zu erklären. Dort, wo die Unsinnigkeit eines solchen Unterfangens offensichtlich ist, dort ist der Punkt, der Differenz entstehen läßt.

Die grundsätzlich positive Seite eines solchen Dualismus liegt in der organisatorischen Anerkennung von Projektmanagement und in der Risikobereitschaft des Systems, in sich diese Spaltung zuzulassen, zumal man weiß, wie schnell sich etwas verselbständigt, Reiche im Reich entstehen, Schattenkabinette aufgerichtet werden. Zwei Problemkomplexe werden aber strukturell sehr schwer bewältigt, wenn nicht weitere Schritte gesetzt werden: erstens das Integrationsproblem, zweitens die aufgabenbezogene Differenzierung des Projektmanagements. Wenn man Organisationselemente und -einheiten abspaltet, stellt sich über kurz oder lang die Frage, wie man sie oder ihre Ergebnisse wieder sinnvoll eingliedert. Nicht zu unterschätzen ist die sozial- und organisationspsychologische Seite: der Systemwiderstand des alten Systems äußert sich auch darin, daß Ergebnisse einer neuen Organisation mit besonderer Kritik und Skepsis betrachtet werden. Für Projektteams gibt es bei Präsentationen hier oft schwer zu verkraftende Überraschungen. Was ihnen sonnenklar und vernünftig erscheint, wird „ungerechtfertigt" und global kritisiert; die interne Zufriedenheit mit dem Ergebnis, dem Produkt eines vielfältigen Sich-Durchringens und Aneinander-Abarbeitens trifft auf unerwartetes Mißtrauen. Man sieht sich als braver „Erbe", kann es aber, siehe da, „den Alten" nicht recht machen. Für diese Art Projektmanagement ist daher wichtig, von vornherein Vermittlungs- und „Transmissionsinstanzen" einzurichten, die beständig die entstehende Kluft überbrücken helfen.

Wird die alte hierarchische Organisationsform auf das Projektmanagement übertragen, stellt sich ein weiterer Negativeffekt ein: Die Schwäche, die das alte System dazu gezwungen hat, Projektmanagement einzurichten, wird dort reproduziert. Viele Projektgruppen sind schon daran gescheitert, daß in ihnen „im Kleinen" dieselbe Hierarchie festgesetzt wurde, so daß es gar nicht zu einer wirklich funktionalen Gruppenbildung kam. In solchen Verhältnissen sinkt die Problembewältigungskapazität signifikant. Projektmanagement produziert dann günstigenfalls zweitbeste Lösungsvorschläge, und das alte System hat scheinbar recht behalten; man kann auf den modernen Schnick-Schnack verzichten, der mit viel Aufwand nur eine Maus hervorbringt. Will man also in Projekten bessere Ergebnisse verhindern, überträgt man möglichst genau die vorhandenen Organisations- und Verhaltensformen ins Projektmanagement. Wenn sich aber die Projektorganisation weiterentwickelt, führt dies wiederum zu Integrationsschwierigkeiten, die oft auf jeden einzelnen Mitarbeiter durchschlagen: Hat jemand einmal die „freie" und kommunikativ-fördernde Luft einer gut geführten und gut laufenden Projektgruppe geatmet, wird er bei seiner Rückkehr in die Hierarchie die „stickige" Atmosphäre besonders bemerken und entweder darunter leiden oder versuchen, Widerstand zu leisten. Daraus resultiert das für viele Betriebe nicht einsehbare Paradoxon: gerade gut eingerichtetes und arbeitendes Projektmanagement bringt der alten hierarchischen Organisation unerwartete Schwierigkeiten. Der Organisationswiderspruch ist − allen säuberlichen Trennungsversuchen zum Trotz − eingerichtet.

Im Differenz-Verhältnis von Projektmanagement und bestehender Organisation werden gewöhnlich Projektleitungsstellen, Projektteams auf Zeit, manchmal sogar ein eigener Projektbereich institutionalisiert. Manchmal wird nur die Projektleitung organisatorisch ausgegliedert, manchmal das gesamte Projekt. Beides erfordert organisatorisch transparente Regelungen; es muß geklärt werden, welchen Status die Projektleitung gegenüber den bestehenden Abteilungen hat, wie sie zu zusätzlichen Ressourcen kommt, deren Notwendigkeit vorher nicht absehbar war, und anderes mehr; es kann etwa nicht angehen, daß die erste aufreibende Aktivität eines Projektbereiches darin besteht, sich von den Fachabteilungen Räume zusammenzubetteln. Projektmanagement braucht im wörtlichen und übertragenen Sinn einen eigenen Raum. Wenn nach Ablauf des Projektes die Projektorganisation aufgelöst wird, sind auch für die Wiedereingliederung der Mitarbeiter in die Hierarchie rechtzeitig Festlegungen zu treffen. Wiedereingliederungen sind nicht unproblematisch, vor allem wenn Projekte lang dauern oder nicht zum gewünschten Erfolg geführt haben. Man kann als Triumphator oder als Verlierer wiederkommen; beide Rollen sind für das alte System und für die Betroffenen nicht leicht zu verkraften.

Was wir hier von positiver und negativer Seite dargestellt und diskutiert haben, wird gelegentlich als „autonomes" Projektmanagement bezeichnet. Das klingt zunächst positiv, hat aber auch zwei Seiten: Selbstbestimmung ist schön, kann aber auch heißen, daß sich niemand mehr um mich kümmert. Autonomie muß sowohl geschützt werden, als auch ihre Relation zum verbleibenden System haben; sonst wird sie abstrakt und rächt sich durch überzogene Selbständigkeit und eigenbrötlerische „Spinnereien". Das Autonomie-Problem beginnt schon bei der Rekrutierung. Es macht doch einen Unterschied, ob man sagt, „die Mitarbeiter des Projektes werden aus den bestehenden Abteilungen rekrutiert" oder — Personalmangel gibt es überall — „man nimmt den Abteilungen gerade die fähigsten Leute weg". Die alten Chefs haben kein Weisungsrecht mehr und müssen mitansehen, wie ihre Mitarbeiter einfach „fremdgehen". Rachegelüste sind da nicht auszuschließen (irgendwann kommen die Mitarbeiter ja wieder zurück). Auch wenn autonomes Projektmanagement noch so vernünftig klingt, irgendwelche Gefühle stellen sich wie angedeutet doch ein. Emotionen sind älter und stärker als die evolutionär spät entwickelte vernünftige Einsicht. Gerade weil das so ist, kann man über diese Situationen und Gefühle nicht einfach und technokratisch hinweggehen. Man muß sie zulassen, besprechen und für alle Seiten schützende Maßnahmen vorsehen.

Richtet ein Unternehmen hin und wieder einmal Projektmanagement dieser Art ein, ist die Unruhe in der Organisation noch einigermaßen zu verkraften. Anders wird es, wenn ein Projekt dem anderen folgt oder gar ständig mehrere parallel laufen. Dann stellt sich ein „Bumerang-Effekt" ein: die neue Organisation fällt der alten auf den Kopf. Chaotische Unübersichtlichkeit kann ausbrechen, wo Vorgesetzte nicht mehr wissen, wo ihre Mitarbeiter überall verpflichtet sind, zu welchem Anteil sie noch ihnen „gehören". Um den damit aufgerissenen Widerspruch fruchtbar werden zu lassen, müßte an dieser Stelle autonomes Projektmanagement in gesteuerte Organisationsentwicklung übergehen. Die zu beantwortende Frage ist, wie der Organisationswiderspruch am besten zu managen ist und welche Konsequenzen dies auch für die „alte" Hierarchie hat. Gerade wenn man die Vorteile des autonomen Projektmanagements (Konzentration der Kräfte auf eine Aufgabe) sieht und genießen will, muß man die Konsequenzen für die Gesamtorganisation beachten und verarbeiten lernen. Das ständige Kommen und Gehen, Auflösen und Neubilden von Gruppen erfordert eine Flexibilität der Organisation, die „gestandene Hierarchien" eher nicht mitbringen; hinzu kommen noch völlig neue Anforderungen an Personalpolitik, Schulung, Karriereplanung, Einsatzplanung, denen entsprochen werden muß. Insbesondere bei Projektbeginn wird von Mitarbeitern meist eine zusätzliche Arbeitsleistung verlangt, die neue Identifikationsformen mit dem Unternehmen voraussetzt. Woher diese neue Motivation nehmen? Wir konnten schon erleben, daß Projektgruppen mit einem gehörigen Arbeitsanteil zunächst in die Freizeit gegangen sind, weil sie sich nur in ihr psychologisch und praktisch aus dem Alltagsbetrieb herauslösen konnten.

Integration: Widerspruchsmanagement an den „Matrixknoten"

Das dritte Verhältnis zwischen Projektmanagement und bestehender Organisation haben wir Integration genannt. Es trägt dem Umstand Rechnung, daß weder „Verschlucken" noch Abspalten optimal sind. Vielmehr soll die gesamte Organisation so gestaltet werden, daß in ihr der Organisationswiderspruch selbst organisatorischen Platz hat und nicht mehr verdrängt werden muß. Pointiert gesagt: die Organisation ist sich selbst ständiges Projekt, das mittels Projektmanagement bewältigt werden muß. Damit wäre die Organisation permanent befähigt, auf neue, wichtige, komplexe und interdisziplinäre Problemstellungen mit neuen Managementmethoden und Organisationsformen zu reagieren. Wenn es stimmt, daß der Anteil der Routine- und Alltagsaufgaben immer geringer wird, oder anders gesagt: Wenn schon die Alltagsaufgaben einen Komplexitätsgrad aufweisen, der nur mehr durch Projektmanagement bewältigt werden kann, bedeutet dies für die Organisation einen Zwang zur Veränderung ihrer bestehenden Gestalt, ein Zwang, der letztlich zu unterschiedlichen Einrichtungen einer Matrixorganisation führt, also zu Versuchen, die klassische Hierarchie (Linienorganisation) mit Projektmanagement in einer Organisation zusammenzubringen, das horizontale und vertikale Prinzip zugleich gelten zu lassen.

Die Matrixorganisation ist der etablierte Organisationswiderspruch schlechthin. Zu ihrem einwandfreien Funktionieren brauchen Organisationen nicht nur einen transparenten und gut nachvollziehbaren Regelkanon, sondern auch und vor allem eine hohe und reife Organisationskultur, in der Widersprüche und Konflikte akzeptiert und konstruktiv bearbeitet werden. Dies heißt nun nicht, daß man sich in Matrixorganisationen gesondertes Projektmanagement überhaupt ersparen könnte. Immer wieder wird es Aufgaben geben, die herausgehoben werden müssen und deren Bewältigung zusätzlicher Organisationsanstrengungen bedarf. Allerdings müßten Matrixorganisationen für diese Zusatzaufgaben schon deshalb das beste Verständnis haben, weil sie ja selbst ständig mit zwei widersprüchlichen Organisationsprinzipien, dem horizontalen und dem hierarchisch-vertikalen, leben müssen und daher eine höhere Widerspruchstoleranz bereits entwickelt haben.

Ein Übergang zu dieser hohen Organisationsintegration ist die Institutionalisierung einer permanenten Projektabteilung, einer Projektleitungsstelle, die auf Dauer eingerichtet und für wechselnde Projekte zuständig ist. Mit dieser Einrichtung hat die Organisation grundsätzlich die Notwendigkeit von Projektmanagement anerkannt und vermeidet auf der Leitungsebene all die Probleme, die vorhin mit dem Thema

Auflösung und Neubildung angesprochen wurden. Hinsichtlich Erfahrungskonzentration und Spezialisierung gewinnt man mit einer solchen Projektabteilung auch Experten für Projektmanagement, die man als Berater für alles mögliche heranziehen kann und die bei hoher Professionalisierung als eigene Tochterfirma sogar Produkte entwickeln und anderen Firmen verkaufen kann. Mit der Ansammlung und Ausbildung von Spezialisten wird ein „Beratungspool" für alle möglichen Projekte der Firma aufgebaut. Die Leitung von Projekten muß dann nicht mehr von dieser Abteilung übernommen werden; sie kann vielmehr die Aufgabe übernehmen, jeweils wechselnden Projektleitungen Experten zur Verfügung zu stellen und sie in der Abwicklung zu beraten.

Abseits der genannten Vorteile kann diese Einrichtung von der Systemabwehr allerdings auch negativ genutzt werden: Die Projektabteilung dient als Alibi; alle Verantwortung wird an sie abgeschoben, und im übrigen läßt man sie allein „raufen". Die Firma kann sich vorsagen, daß sie ohnehin für Projektmanagement ist, sogar eine eigene Abteilung dafür geschaffen hat – damit hat es sich aber auch. Wir haben schon verschiedene Möglichkeiten gesehen, eine solche Abteilung arbeitsunfähig zu machen: Man überhäuft sie mit vagen Projektvorschlägen, überfordert sie mit inhaltlichen Aufgaben, für die andere zuständig sind, boykottiert sie bei der Zusammenstellung von Projektteams; vieles geschieht hier unbewußt und gar nicht mit deklarierter Absicht, sondern eben als Systemabwehr.

So gut und sinnvoll ein interner Beratungspool für Projektmanagement auch sein mag, es sind ihm – wie generell jeder innerbetrieblichen Beratung – Grenzen gesetzt. „Hauseigene" Berater kommen leicht in die Rolle von Besserwissern und „Obergescheiten", die von der Sache nichts verstehen, aber über Verfahren dominieren wollen. Auch hier ist eine gewisse reife Organisationskultur Voraussetzung, damit interne Beratung als Ressource angenommen werden kann.

Die dem Anspruch nach bestintegrierte Form des Projektmanagements ist das „Matrix-Projektmanagement", das sich wie schon angedeutet überhaupt zu einer Matrixorganisation verdichten kann. Es ist dadurch charakterisiert, daß Projektmitarbeiter in ihrer Abteilung bleiben und dort auch dem jeweiligen Abteilungsleiter unterstellt sind. Was allerdings das Projekt betrifft, an dem sie mitarbeiten, sind sie den Weisungen der Projektleitung unterstellt. Die Kompetenzen sind funktions- und projektbezogen aufgeteilt. Dadurch ergeben sich Doppel- oder Mehrfachunterstellungen, Kompetenzabgrenzungen oder -vermehrungen, die wir „Matrixknoten" nennen wollen und die das Leben der Organisation bestimmen.

Wenn es funktioniert, sind alle Vorteile klar: die Organisation erreicht höchstmögliche Flexibilität, ohne immer wieder neue Organisationselemente einzuführen. Sie hat die Problematik von Gruppenneubildungen und -auflösungen endgültig vom Hals, muß nicht ständig Vermittlungsinstanzen einrichten. Mitarbeiter behalten ihre fachliche „Heimat", was emotional wichtig ist, und im eifersuchtsfreien Idealfall wird die Dialektik von „Treue und Fremdgehen" akzeptiert; das eine wird nicht gegen das andere ausgespielt.

Die Schwierigkeiten des Matrix-Projektmanagements liegen im Widerspruchsmanagement an den Matrixknoten. Doppelunterstellungen sind weder für Vorgesetzte noch für Mitarbeiter leicht auszuhalten; außerdem können sie von beiden gegeneinander ausgenutzt werden. Der Abteilungsvorgesetzte droht etwa mit Loyalitätsentzug und macht die Heimat zur „Hölle", der Mitarbeiter entzieht sich seinem Chef, wo er kann, mit vorgeschützten Projektaufträgen. Das klassische hierarchische Verfügungsprinzip ist mehrfach unterwandert, was sowohl gegen die Hierarchie als auch gegen das Projektmanagement ausgenutzt werden kann. Für den Erfolg von Projektmanagement ist es daher entscheidend, welche Stellung und welches Ansehen es in einem Unternehmen genießt, wie etwa die Haltung des Vorstands dazu ist. Ist das Ansehen eher gering, läßt es sich durch die Matrixorganisation erst recht boykottieren (die Abteilungsleiter geben ihre Mitarbeiter in nur unzureichender Weise frei, belächeln deren Projekttätigkeit). Gibt es umgekehrt allzu emphatischen Projektmanagement-Fanatismus, kann es geschehen, daß die fachbezogene Alltagsarbeit leidet und der Abteilungsleiter resigniert.

Eine Matrixorganisation hat äußerst viele Facetten, die permanent durch „dunkle Kräfte" ausgenutzt werden können. Soll Matrix-Projektmanagement funktionieren, braucht man dazu ein hohes Maß an Reife, Organisationsbewußtheit und Unternehmensidentifikation. Das Widerspruchsmanagement an den Matrixknoten ist in erster Linie von den dort plazierten Mitarbeitern zu leisten; dafür müssen Vorbereitung, Schulung und begleitende Unterstützung organisiert werden. Es sollen hier nicht alle Widersprüche im Detail betrachtet werden. Allerdings sind wir an einem entscheidenden Punkt angelangt, an dem sich der Grundwiderspruch und die Schwierigkeit aller modernen, fortgeschrittenen Organisationsformen zeigt. Der Umgang damit ist für das Überleben von Projektmanagement von besonderer Bedeutung.

Klar ist jedenfalls, daß die verschiedenen Variablen und Kombinationen in einer Matrixorganisation zu einer neuen Unübersichtlichkeit führen, die sich sowohl in der Sache als auch im Gefühl auswirkt. Nun ist es zwar eine menschlich verständliche Reaktion, diese Unübersichtlichkeit bis ins Detail regeln zu wollen, um Konflikte zu bändigen oder gar nicht aufkommen zu lassen (bei Mehrfachunterstellung ist etwa von „Vortrittsregelungen" die Rede, die womöglich „schriftlich fixiert" [8] werden sollen), was aber nach unserer Erfahrung letztlich nicht geht und höchstens die bürokratische Schwerfälligkeit steigert. Es ist uns keine Matrixorganisation bekannt, der es gelungen wäre, durch schriftliche Regelungen das Matrixknotenproblem endgültig in den Griff zu bekommen. Andererseits geht es auch nicht mit Vertrauen allein, obwohl zugestandenermaßen Vertrauen um so notwendiger (nicht nur wünschenswerter) wird, je komplexer die Organisationen werden; man muß sich viel mehr auf andere verlassen können, ohne daß man genau weiß, warum dies auch berechtigt ist. Es gibt zu viele unterschiedliche Interpretationsmöglichkeiten und Handhabungen von Situationen, und man kann sich bei nicht eindeutig positivem Klima leicht von anderen „hereingelegt" fühlen, ohne daß dies tatsächlich beabsichtigt worden wäre. Enttäuschungen auf diesem Gebiet haben nachhaltige Folgen; Vertrauensbrüche sind schwer zu reparieren. Wie kommt man aus diesem Dilemma von Regelung und Vertrauen heraus?

Man muß die Verfahren ändern. Es ist wichtig, wie Regeln zustande kommen, wer sie aushandelt und festsetzt. Je transparenter das Verfahren, je höher die Beteiligung daran, um so größer die Identifikation, um so mehr wird ihr Sinn erkannt und um so weniger werden die Regeln als Schikane genommen. Regeln sind Leitlinien, Anhaltspunkte, „Hülsen", Erinnerungssätze für Standards, die – einmal festgesetzt – erst aus dem Prozeß des Widerspruchsmanagements ihr substantielles Leben erhalten haben. Bei einer solchen Regelkonstruktion und -auffassung läßt sich auch mit dem Problem ihrer Verletzung leben. Es wäre verkehrt, sie zu erweitern und zu verstärken und damit Zwanghaftigkeit und Pharisäertum zu inaugurieren. Die einzige Möglichkeit, über Brüche wieder hinwegzukommen ist, sie gemeinsam zu besprechen, ihr Zustandekommen zu analysieren, nicht nach Schuldigen, sondern nach Gründen zu forschen, also ad hoc das alte Vertrauen wieder herzustellen. Die Dialektik von Regeln und Vertrauen begleitet das ganze Unterfangen und muß ernst genommen werden.

Matrixorganisationen sind daher immer wieder dazu veranlaßt oder genötigt, sich selbst zum Gegenstand der Reflexion zu machen. In ihnen erreicht das Organisationsbewußtsein notgedrungen seinen höchsten Stand. Nirgendwo kann man sich auf den „Selbstlauf" der Organisation verlassen; ständig erworbenes und wiederhergestelltes Organisationsbewußtsein ist kein begleitender Luxus mehr, sondern funktionskonstitutiv. Organisationsbewußtsein stellt sich aber nicht von selbst ein. Daher müssen auf einer Metaebene Verfahren und Organisationsformen vereinbart werden, in denen es erarbeitet werden kann. Dafür nehmen sich Organisationen aber unserer Beobachtung nach zu wenig Zeit und widmen dieser Metaebene zu wenig Aufmerksamkeit. Die Folge davon ist, daß es viel mehr Konflikte gibt als notwendig und viel mehr Bürokratie als zuträglich.

5. Konsequenzen für das Organisieren von Projektmanagement

Die Analyse der verschiedenen Arten von Projektmanagement hat an ihrem Verhältnis zur Hierarchie und zur bestehenden Organisation angesetzt. Hinsichtlich der Anwendung von Projektmanagement hat sich dabei als sinnvoll herausgestellt, jene Art von Projektmanagement auszuwählen, die am besten zum organisatorischen Entwicklungsstand eines Unternehmens paßt. Um diesen richtig einschätzen zu können, sollte dem Einsatz von Projektmanagement eine Organisationsanalyse vorausgehen. Im Ablauf des Projektmanagements empfiehlt es sich, bei auftretenden Schwierigkeiten „innezuhalten" und die Gründe dafür zu suchen; Reflexionspausen sind besser als hektische Aktivitätssteigerungen, die erfolglos Probleme zu verdrängen versuchen. Projektmanagement steht in einem Organisationswiderspruch und ist zugleich eine Antwort auf diesen; es ist sowohl symptomatisch als auch therapeutisch. Hinsichtlich des organisatorischen Aufbaus und Ablaufs von Projektmanagement gibt es – je nach Aufgabenstellung und Verhältnis zur Hierarchie – unterschiedliche Ebenen des Organisierens von Projektmanagement (man kann beispielsweise den fachlich-inhaltlichen Teil nicht genauso organisieren wollen wie den einer Selbstreflexion der Organisation). Auf diese Tatsache nimmt die einschlägige Literatur kaum Rücksicht und vermittelt damit oft den von ihr selbst nicht immer gewünschten Eindruck, es ließe sich alles analog zu technisch-funktionalen Abläufen organisieren.

Die erste Ebene kann als die inhalts- und aufgabenbezogene bezeichnet werden. Es geht um die Lösung eines Problems, einer Aufgabe. So banal dies auch klingen mag - es ist daher wichtig, die Aufgabe genau zu kennen, was keineswegs immer der Fall ist. Da es sich im Projektmanagement meist um komplexe, interdisziplinäre Probleme handelt, ist es wichtig, schon bei der Aufgabenstellung möglichst viel von dieser meist verstreuten Expertise heranzuziehen. Das zu lösende Problem und sein besonderer Inhalt schreiben von sich aus bestimmte Organisationsmaßnahmen vor. Man kann also nicht irgendeine Organisationsform hernehmen und dieser dann das Problem „unterwerfen". Das Problem ist organisationskonstitutiv; nur eine adäquate Organisation wird der gestellten Aufgabe gerecht. In vielen Projekten, in denen man den umgekehrten Weg geht – die Gefahr besteht immer dann, wenn für Projektmanagement bereits fixe Organisationseinheiten eingerichtet sind –, bemerkt man meist im Verlauf, was alles vergessen wurde. Es ist dann oft mühselig, das Übersehene noch mit zu berücksichtigen; oft will man sich auch den Anfangsmangel nicht eingestehen und verzichtet auf wichtige Parameter.

Die zweite Ebene ist die des operationalen Ablaufs eines Projektes, also jene Ebene, die den inneren Verlauf des Projektes plant, organisiert und steuert. Dafür ist es notwendig, ein möglichst abgegrenztes Projektsystem zu definieren. Es geht hier sozusagen um die innere Autonomie des Projektes, seine Abgrenzung nach und den Schutz gegenüber außen. Die Frage ist, welche innere Organisation einerseits der Aufgabenstellung und ihrer Bewältigung, andererseits der Stellung im Gesamtbetrieb genügt. Vom Problem her ließen sich zweifellos idealtypische Projektabläufe nach Analyse, Koordination, Synthese, Informationsaustausch angeben und ausarbeiten. Der Gesamtbetrieb kann sich nun aber nicht völlig dem Projekt unterordnen, er muß „daneben" weiterlaufen. Die Bedingungen, die dafür notwendig sind, sind zugleich Systemgrenzen des Projektes. Die Abgrenzungen und das Aufeinanderbeziehen sind insbesondere für die Kalkulation des Budgets an Zeit und Geld wichtig. Experten sind zum Beispiel sowohl für das Projekt als auch für den Betrieb notwendig; es ist für beide Teile, aber auch für die Individuen äußerst verdrießlich, wenn zur gleichen Zeit aus allen Richtungen an ihnen „gezerrt" wird.

Die dritte Ebene – eine ganz sensible – betrifft die „Vermittlungsinstanzen" zwischen Projekt und Unternehmen. Welche ausgesprochenen und unausgesprochenen Vereinbarungen liegen hier vor? Welche Stellung hat die Projektleitung im Verhältnis zur übrigen Hierarchie? Sollen Entscheidungs- und Beratungsausschüsse vorgesehen werden? Wieviel darf im Projekt, wieviel muß außerhalb entschieden werden? Wie ist das Projekt im Gesamtbetrieb präsent? Diese Fragen bestimmen weitgehend den Projektverlauf. Welche Art von Vermittlungsinstanz angestrebt werden soll, ergibt sich aus dem organisatorischen Zustand eines Unternehmens, der sich am besten durch eine dem Projektmanagement vorangehende Organisationsanalyse ermitteln läßt. Jedenfalls sollte den „Scharnierstellen" zwischen Projekt und „alter" Organisation gezielte Aufmerksamkeit gewidmet werden. So manches Projekt bleibt deshalb praktisch ergebnislos, weil keine Instanz vorhanden ist, die sich im Betrieb mit den Ergebnissen des Projekts identifiziert oder für deren Umsetzung von Anfang an verantwortlich gemacht wird. Wenn nicht von voneherein ein Entscheidungsausschuß aus Mitgliedern des Betriebes und des Projektes eingesetzt wird, ist es äußerst mühsam, bei Änderungen im Projektverlauf zu Entscheidungen zu kommen.

Die vierte Ebene geht das Unternehmen insgesamt an; schon jedes Projekt, und erst recht die Einrichtung von Projektmanagement, bedeutet auch für den Gesamtbetrieb eine kleinere oder größere Organisationsveränderung und damit Belastung. Sehr oft wird diese Seite zu wenig berücksichtigt. Inhaltlich hat man sich ein Problem vielleicht vom Hals geschafft, organisatorisch fangen die Probleme aber erst an. Viele Mitglieder der Geschäftsleitung und viele Manager sind sich des Ausmaßes an Belastung nicht bewußt, das aus dem Projektmanagement auf sie zukommt, selbst wenn sie nicht im Projekt tätig sind. Bei jeder Projektplanung ist es daher sinnvoll, sich über diese „Rückkoppelungsfolgen" einigermaßen zu verständigen, damit sie nicht zum Schaden des Projekts als Zumutungen abgeschüttelt werden.

Als letzte – *fünfte Ebene* – gleichsam querliegend zu allen anderen – soll noch diejenige des psychosozialen, emotionalen Geschehens genannt werden, das alle Organisationsteile und -maßnahmen umfaßt. Es wäre illusionär zu meinen, daß man diese Ebene durch die Perfektionierung sach- und aufgabenbezogener Organisation aus der Welt schaffen oder zumindest neutralisieren kann. Im Gegenteil: Organisationsformen strukturieren und disziplinieren das Zusammenleben und die Kommunikation der Menschen untereinander; dies löst Verhaltensweisen, Abwehren, Phantasien aus, die nicht aus heiterem Himmel kommen, weil Menschen eben so sind, sondern durch die strukturellen Voraussetzungen erzeugt, angeregt und abgerufen werden. Dieses Umstands wird man meist nur bei Strukturveränderungen gewahr, wenn einzelne vielleicht „verrückt spielen".

Projektmanagement, das — wie wir gesehen haben — organisatorisch-strukturelle Veränderungen mit sich bringt, kann sicherlich einiges mehr an Unsicherheiten aktivieren als der bekannte Routinealltag eines Managers. Was emotional hervorgerufen wird, hat aber normalerweise in der Organisation keinen Platz; es wird ins Unbewußte der Organisation abgeschoben und dort angehäuft, tritt aber bei jeder auch noch so kleinen Veränderung entstellt und aufgrund des „Rückstaus" übermäßig stark in Erscheinung. „Bleibt sachlich!", hat uns die funktional-bürokratische Organisation gelehrt, „Gefühle gehören ins Private!", wozu gibt es Freizeit und Familie? Abgesehen davon, wie befremdlich es wirkt, Gefühle dort zum Ausdruck bringen und „bearbeiten" zu sollen, wo sie nicht entstehen, bewährt sich dieser Imperativ beim Einsatz von Projektmanagement immer weniger.

In Widersprüchen leben zu müssen, aktiviert ständig ambivalente Gefühle, für die vergeblich eine Lösungsautorität außerhalb gesucht wird. Zum „Material" der Selbstreflexion gehören nicht nur formale Organisationsabläufe, sondern vor allem die Gefühle, Folgen, Widerstände, die sie auslösen. Systemabwehr „operiert" vielfach über individuelle Verhaltensmuster und kollektiv unbewußte Emotionen. Sie aus dem Selbstreflexionsprozeß auszusparen, macht jede Organisationsanalyse und Diagnose zu einer halben Sache. Die im Projektmanagement neu entstehenden Organisationsstrukturen (Projektgruppen, Vertretungs- und Repräsentationssysteme), die veränderte Kooperation und Kommunikation bedürfen anderer Verhaltensformen, anderer Führung, anderer Motivation. Man verlangt von den Mitarbeitern mehr und anderes, also müssen sie auch mehr und anders sein können.

Unsere These ist, daß durch Projektmanagement notwendigerweise mehr Bewußtheit in eine Organisation hineinkommt. Dazu gehört auch mehr Bewußtheit über organisationsstrukturell ausgelöste Gefühle, Verhaltens-, Widerstand- und Abwehrformen; in ihnen haben viele Konflikte, etwa Loyalitätskonflikte gegenüber Personen und Gruppen, ihre Ursache. Gemeinsame Reflexions- und Verständigungszeiten für die Bearbeitung all dieser Effekte zu organisieren, wird heute immer noch als Luxus oder „Nabelschau" diskriminiert (die oft sehr individualisierende Psycho-Szene mit ihrem „Seelenstriptease" hat sicher einiges dazu beigetragen). Es geht hier aber nicht um „Gefühlsduselei" oder individuelles *feedback*, sondern um die Einsicht in den Einfluß strukturbedingter psychosozialer Verhaltensformen und Gefühle auf die Rationalität von Arbeitsabläufen im Rahmen von Organisationen und Projektmanagement. Welche organisatorischen Vorkehrungen dafür wann zu treffen sind, läßt sich nicht nur auf Grund der verschiedenen Arten von Projektmanagement schwer sagen: es gehört zum Charakter der Erscheinungen dieser Ebene, daß es ganz plötzlich und unvorhergesehen zu „Sand im Getriebe" kommt, Konflikte auftreten. Es empfiehlt sich, dann sofort oder bald auf diese Ebene einzugehen.

Teil II:

Sozial- und Organisationsdynamik im Projektmanagement

Jede Organisation ist für sich schon ein sozial äußerst komplexes Gebilde. Durch die Einführung von Projektmanagement wird die Komplexität von Organisationen noch zusätzlich gesteigert. Der „emotionale Dilettantismus" und die mangelnde Bewußtheit, mit welchen wir uns gewöhnlich in Organisationen bewegen, haben durchaus ihre Gründe; im Projektmanagement werden sie auf besondere Weise wirksam.

Wir können Organisationen nach Aufgaben, Zielsetzungen, Arbeitsabläufen, entsprechenden Funktions- und Kompetenzaufteilungen beschreiben; zusätzlich gibt es vielleicht Stellenbeschreibungen (wenigstens auf dem Papier), Handbücher für Führungsgrundsätze, Betriebsverfassungen, ein Organigramm mit Kästchen und Namen. Das eigentliche Leben einer Organisation wird aber noch durch ganz andere Zusammenhänge bestimmt. Es gibt den Bereich informeller Kommunikation, neben den offiziellen auch latente Normen, eine besondere Geschichte und Tradition, damit verbundene Mythen und Phantasien, spezifische Angstbewältigungs- und -abwehrstrategien, eine spezifische Kultur. Vor allem die letzteren Bereiche machen die Individualität einer Organisation aus. Obwohl man durchaus weiß, daß es dergleichen gibt, und auch zugesteht, daß dadurch die offizielle Tätigkeit und Struktur einer Organisation weitreichend beeinflußt werden, ist unser Wissen über diese Zusammenhänge gering, und wir ziehen aus diesem Wissen nicht immer die richtigen Konsequenzen. Wir sprechen daher von einem „kollektiv-unbewußten" Teil der Organisation, der mit großen Auswirkungen den bewußt zweck-, aufgaben- und leistungsorientierten Teil begleitet.

Im Gefolge der Aufklärung und ihren Rationalitätspostulaten gab man sich einige Zeit der Hoffnung hin, Organisationen könnten völlig rational gestaltet werden, so daß jeder um seine Aufgabe und Funktion weiß und auch danach handelt. Diese Hoffnung erwies sich als Illusion; daran ändern auch die gegenwärtigen Entwicklungen auf dem Gebiet der Informationstechnologien mit ihren Möglichkeiten verstärkter Zentralisierung von Information nichts (Themen wie Macht, Risiko, Datenschutz sprechen eine allzu deutliche Sprache). Zwar schien in bestimmten Arbeits- und Organisationsbezirken der funktionalisierte

„Maschinenmensch" — wenngleich mit enormen psychosozialen Folgekosten — verwirklicht worden zu sein; dieser Versuch ist aber überall dort schon im Ansatz gescheitert, wo man mehr vom Menschen gebraucht hat als nur eine maschinenanaloge Funktion. In planenden, dispositiven Tätigkeiten, also im Management, wurde immer schon mehr verlangt, und damit beginnt die ganze „Misere", oder wie Rationalitätsfanatiker meinen: es „menschelt" zuviel.

Zweck und Funktion sind die eine Seite einer Organisation, „Leben" wird ihr erst durch die andere eingehaucht. Beziehungen der Menschen zueinander, das Verhältnis von Abteilung zu Abteilung, von Gruppe zu Gruppe, von Projektteam zur Organisation, von Mitarbeitern zu Vorgesetzten, von Männern zu Frauen (neuerdings ein besonders heißes Thema), lassen sich nicht auf zweckrationale Funktionen reduzieren; es schwingt immer zusätzlich etwas mit. Dieser (kollektiv-unbewußte) Bereich ist aber offiziell nirgends ersichtlich und soll wohl auch keine Geltung haben; die Arbeit muß getan werden, egal ob Arbeitskollegen einander sympathisch oder widerlich finden. Zwar wird auf die zentrale Stellung des „Vertrauens", der „Akzeptanz", immer wieder hingewiesen; wir befinden uns aber mit diesen Überlegungen auf einem Terrain, das sich einer vordergründigen Funktionalisierung entzieht. Wenn auch immer mit dem Energiepotential, das in den genannten Beziehungen gebunden ist, direkt und indirekt gearbeitet wird (gute Organisationen haben ein „Gespür" und beherrschen oft meisterhaft die Kunst der Intrige), so bleibt in aller Regel dieser Anteil am Zusammenleben in Organisationen verdrängt und bildet den phantasiebesetzten See des kollektiv Unbewußten. Es war und ist heute immer noch üblich, diesen Bereich dem Gefühl, dem unbegreiflich Irrationalen zuzuordnen. Für jede zweck- und funktionsgebundene Rationalität bleibt dieser Anteil unverständlich, sie hat für ihn kein Organ und keine Sprache.

Dies bedeutet aber noch lange nicht, daß keine Aussichten bestünden, den Bereich des kollektiv Unbewußten in Organisationen auf gewisse Weise und mit bestimmter Methode zu erfassen. Ihn in die Irrationalität zu verweisen, ist entweder schützende Ausrede oder Verlegenheit, hat jedenfalls Abwehrcharakter. Immerhin könnte sich bei mehr Bewußtheit die Gefahr ergeben, daß sich Einfluß-, Machtverhältnisse und Privilegien verändern. Ein „harmloserer", aber ebenso unangenehmer Effekt wäre, daß wir wie in einem großen unbekannten Land vor neuen Dingen stehen und uns nicht auskennen. Historisch stehen wir an einem interessanten Punkt. Nachdem wir in der Geographie unsere Erde von allen „weißen Flecken" „befreit" haben, könnten wir uns nun der „inneren Landschaft" unserer Organisation zuwenden; wir würden bemerken, daß hier auch so manches zu entdecken und zu begreifen wäre, daß es plausible Zusammenhänge, Notwendigkeiten, ja sogar eine bestimmte Art von Gesetzmäßigkeiten gibt.

In diesem Teil soll der Sozial- und Organisationsdynamik im Projektmanagement nachgegangen werden; deshalb müssen wir uns in den bezeichneten Bereich hineinbegeben. Gerade dort, wo es um Widersprüche in der Organisation geht, wird dieser See des kollektiv Unbewußten besonders unruhig. Was wir Systemabwehr genannt haben, hat hier seinen Nährboden. Will man also mit Projektmanagement möglichst erfolgreich sein, muß man die Ursachen und Anlässe von Schwierigkeiten und Konflikten, die sich zunächst oft als Uneinigkeiten in der „Sache" präsentieren, weiter in dieses Feld hinein verfolgen. Dies entspricht unserer Behauptung, daß die Einführung von Projektmanagement − zumal wenn ihr eine Organisationsanalyse vorausgeht − immer eine höhere Organisationsbewußtheit voraussetzt oder hervorbringt. Wir vermuten sogar, daß sich in der Organisationsgeschichte innerhalb der menschheitsgeschichtlichen Entwicklung ein qualitativer Sprung andeutet, der einen kollektiv bewußteren Umgang der Menschen untereinander zum Ziel hat. Bisher haben wir mehr oder weniger unbewußt im Ganzen der Organisation gelebt und waren von ihrer inneren Sozialdynamik bestimmt und abhängig; neue Anforderungen an unsere Organisationen lassen uns immer weniger in diesem selig-unbewußten, quasi paradiesischen Zustand leben. Wir müssen Abhängigkeiten überprüfen, notwendige von nur historisch überkommenen trennen und die Dynamik von Organisationen kollektiv besser steuern lernen.

Die vorhandene Literatur, so verschieden und zum Teil fragmentarisch sie auch sein mag, enthebt uns der Aufgabe, der Organisationsdynamik im allgemeinen nachzugehen.[1] Unsere Aufgabe ist es, jene Schwerpunkte herauszugreifen, die für Projektmanagement besonders maßgebend sind. Zum einen wird es um die Binnenverhältnisse des Projektmanagements gehen, um die neu eingerichtete Team- und Gruppenstruktur, die im Projektmanagement immer mehr zum Einsatz kommt. Zum anderen wird uns die „Außenpolitik" des Projektmanagements beschäftigen, vor allem der Widerspruch zur Hierarchie. Ein besonderes Thema wären noch das Verhältnis und die Koordination einzelner Projektgruppen im Projektmanagement und die sich daraus ergebende Sozialdynamik, zumal dann, wenn eine Projektleitung nicht mehr autoritär Kooperation befehlen kann, sondern auf den guten Willen einzelner Gruppen angewiesen ist.

1. Zum systematischen Widerspruch von Gruppe und Organisation

Was uns heute als Kultur, Zivilisation und Fortschritt vorliegt, ist das Ergebnis von Organisation, von Hierarchie, von Funktionsspezialisierung und Arbeitsteilung. Der allenthalben ausgebrochene Zweifel an Fortschritt und Zivilisation, Technik und Spezialistentum hängt auch mit einer Hierarchie- und Organisationskrise zusammen. Wir sind heute vor Globalprobleme gestellt, denen gegenüber unsere spezialistisch organisierte Arbeitsteilung versagt. Hierarchien können sich angesichts dessen entweder einigeln und vor komplexeren Aufgaben resignieren oder neue Organisationsformen ausprobieren. Interessanterweise greifen diese Versuche immer wieder auf Gruppen zurück. Eine weltgeschichtliche „Nostalgie"? Fast muß man den Eindruck haben, beobachtet man etwa den Ethnologie-Boom der letzten Jahre, wo Stammeskulturen – weitgehend unorganisiert, wenn man von geschlechtsspezifischer Arbeitsteilung absieht – zu neuer Anerkennung gekommen sind.

Dies überrascht nicht. Durch die ganze Geschichte läßt sich beobachten, daß gegen Hierarchien und Organisationen immer wieder das Gruppenprinzip aktiviert wurde. Die Geschichte der Revolutionen ist eine Geschichte von Gruppen; deshalb fiel es immer so schwer, aus Revolutionen wieder einen „Staat" zu bauen. Von Anbeginn und grundsätzlich befinden sich Hierarchie und Gruppe in einer ständigen Gegnerschaft, die manchmal latent und befriedet ist, manchmal offen ausbricht (geläufige Beispiele dafür wären etwa Abteilungsegoismus gegen Gesamtunternehmen, Familie gegen Schule, Banden gegen öffentliche Ordnung, „Freunderlwirtschaft" und Geheimbünde gegen offizielle Strukturen). Daß auch im Projektmanagement auf das Gruppenprinzip zurückgegriffen wird, ist historisch nicht zufällig. Zugleich wissen wir, daß es trotz aller romantisch-utopischen Wünsche und Vorstellungen unmöglich ist, unsere Organisationen und Hierarchien abzuschaffen. Wir sind also heute vor die Aufgabe gestellt, die Vorteile der Gruppe mit der Notwendigkeit der Hierarchie zu vereinen und zugleich mit den durch diese Vereinigung auftretenden Widersprüchen fertig zu werden. Ein wenig erinnert das an die Quadratur des Kreises, jedenfalls müssen – soll dieses Unterfangen nicht zu einer Überforderung führen – zusätzliche Maßnahmen ergriffen werden; man kann Gruppe und Organisation nicht einfach additiv verbinden. Um Gruppen mit Erfolg in Organisationen zu verankern, muß man über ihre Vorteile, aber auch über ihre Grenzen Bescheid wissen, vor allem muß man auch wissen, unter welchen Bedingungen Gruppen „gedeihen" und damit arbeitsfähig sind. Umgekehrt muß man sich mit Hierarchie und Organisation besser auskennen und begreifen, wieso sie immer wieder „natürlicher Feind" von Gruppen sind.

Menschheits- und individualgeschichtliche Bedingungen

Mehrere Millionen Jahre haben Menschen beziehungsweise ihre Vorfahren in überschaubaren Kleingruppenformationen (Stämmen, Horden) ohne viel gegenseitige Berührung gelebt. Organisationen, Staaten, „Hochkulturen" dagegen gibt es erst seit einigen tausend Jahren. Menschheitsgeschichtlich stehen einander also zwei sehr unterschiedliche Zeiträume an Verhaltensprägung gegenüber.

Der Zeitraum für die Entwicklung angemessener Verhaltensweisen für das Leben in Organisationen ist relativ kurz. Obwohl wir funktionale Notwendigkeiten einsehen können und auch über Organisationswissen verfügen, dürfte unser eigentliches, vor allem emotional bestimmtes Handeln und Verhalten noch weitgehend von den Prägungen der ersten, ausschließlich gruppenbezogenen Entwicklungsphase beeinflußt sein. Jedenfalls ist zu beobachten, daß wir in Kleingruppenformationen über eine stärker ausgeprägte Orientierungs- und Entscheidungssicherheit verfügen. Für Abstraktes sind wir evolutionär nicht ausgerüstet; um uns zu orientieren, brauchen wir die sinnliche Wahrnehmung.

In Gruppen ist die Kommunikation von allen überschaubar [unübersehbar], man agiert *face to face*. Die Möglichkeit dazu ist an eine begrenzte Zahl von Teilnehmern gebunden; wo mehr als 20 Teilnehmer in einem Verband zusammen sind, kann man nicht mehr von Gruppe reden. Es ist zu beobachten, daß es spätestens ab dieser Größe zu Gruppenteilungen kommt. In Organisationen dagegen wird indirekt, das heißt über Vermittlungsinstanzen, Zwischenträger, Relaisstationen kommuniziert – eine ständige Quelle von Verunsicherung für Personen und Fehlern in der Sache.

Hinzu kommt, daß in fast allen uns bekannten Organisationen das hierarchische System dominiert, weshalb wir die Begriffe Organisation und Hierarchie oft synonym gebrauchen können. Hierarchie verteilt die Kompetenzen derart, daß die Mehrheit der Menschen mit Organisationsaufgaben wenig zu tun bekommt; in agrarisch-feudalen Systemen kann deshalb die Kleingruppenstruktur ungefährdet fortgesetzt werden („Großfamilien", die in Dorfgemeinschaften nebeneinander leben und erst ansatzweise Intergruppenverbindungen eingehen). Diese Situation ändert sich radikal mit der Macht der Städte und des Bürgertums sowie der „Ehe" von Wirtschaft und Wissenschaft.

Individualgeschichtlich bietet sich ein ähnliches Bild. Unsere primäre Verhaltensbildung und Erziehung vollzieht sich wiederum in Kleingruppenformationen (Familie, Freundeskreis, Schulklasse, Sportverein, ...). Obwohl die Schule eigentlich die Aufgabe hätte, ins politisch-organisatorische Leben einzuführen, entzieht sie sich dieser Aufgabe und konkurriert mit den Eltern um familienähnliche Strukturen. Von institutioneller Erziehung ist weit und breit nichts zu sehen. Jugendliche treten in den „Ernst des Lebens" – und das heißt in die Wirklichkeit von Organisationen – erst ein, wenn ihre primäre, emotionale Verhaltensbildung schon weitgehend abgeschlossen ist. Der individualgeschichtliche Erwerb von Bewegungs- und Handlungssicherheiten in dieser ersten Lebensetappe bewirkt nun die Tendenz, auch das spätere Leben nach den emotionalen Mustern der Kindheit zu gestalten. Viele versuchen, Kleingruppenemotionen auf Organisationen zu übertragen – vom „Landesvater" über die „Mutter Kirche" bis hin zur „Freunderlwirtschaft", die meist die Jugendbande ablöst.

Emotionale und sozialstrukturelle Folgen

Organisationen und größere Sozialverbände werden als solche emotional eher abgelehnt, insbesondere dann, wenn es nicht gelingt, sie gefühlsmäßig in quasi familiäre oder kleingruppenhafte Formationen „umzuwandeln". Dies liegt nicht nur an den menschheits- und individualgeschichtlichen Entwicklungsvoraussetzungen, sondern hat überdies objektiv-strukturelle Gründe. Kleingruppen sind, wie gesagt, der Ort überschaubarer direkter Kommunikation und Kontrolle. Man kann einander beobachten, die Botschaften des Körpers und der Sprache aufnehmen, sie interpretieren und austauschen. Positive und negative Emotionen können direkt einem Anlaß und „Gegenstand" zugeordnet werden und lassen sich daher direkter und leichter austragen. Man kennt einander, kann die anderen einschätzen und weiß, was man zu erwarten hat. Das ermöglicht Handlungssicherheit. Man hat seine klaren „Vertrauenshierarchien". Überhaupt ist Vertrauen ein Phänomen, das historisch fast ausschließlich an Kleingruppen gebunden ist. (Deshalb müssen auch heute noch die Politiker „ins Bild", sei es über das Fernsehen oder sei es gar leibhaftig bei allen möglichen und unmöglichen Veranstaltungen; von den Werbestrategen wird dergleichen auch als „vertrauensbildende Maßnahmen" bezeichnet.) Gegenüber der direkten Kommunikation in Kleingruppen – grundsätzlich kann man alles miteinander bereden, auch die Normsetzung liegt „in eigener Hand" –, verkörpert Organisation indirekte Kommunikation, Anonymität sowie von außen gesetzte Norm und Verbindlichkeit. Individuen und Gruppen tritt ein undurchsichtiger „Apparat" gegenüber; überall lauern Macht, Gefahr, Korruption. Die Kontrolle wird schwieriger, die oft uneinsichtige Außensteuerung wird als schicksalhaft und willkürlich empfunden. Viel einander „Fremdes" wird unter eine Organisation gezwungen und zu unfreiwilliger Nähe verpflichtet, wodurch Unsicherheit und Angst entstehen; Vertrauen stellt sich hier nur über Umwege ein und ist ständig gefährdet.

Gruppen mit einem intakten Binnenleben, einer auf Vertrauen und Kontrollmöglichkeit beruhenden „Kohäsion", können nur existieren und überleben, wenn sie sich in gewissen Formen nach außen abschließen und schützen; jedes neue Element bringt Unruhe und Veränderung, weil seine Integration die gesamte Gruppen- oder Kommunikationsstruktur umformen muß. Gerade gut funktionierende Gruppen haben die Tendenz, „Fremde" wegen der Gefahr, die sie für die eingespielte Balance haben, nicht hereinzulassen. Gruppe bedeutet daher definitionsgemäß Ausschluß anderer. Bei inneren Verunsicherungen wird der Zusammenhalt der Gruppe durch die Konstruktion eines Außenfeindes gerettet und gewährleistet, ein Prinzip, das in der Politik oft Anwendung fand und findet. Solange ein Außenfeind emotional verfügbar ist, kann das Binnenleben der Gruppe funktionieren, und es geht halbwegs friedlich zu; es kommt nur zu kleineren Grenzscharmützeln. In der Geschichte war es immer wieder ein probates Mittel, bei inneren Schwierigkeiten zur Aggression gegen den Außenfeind fortzuschreiten. Kriege hingen und hängen sehr oft mit unbewältigten inneren Organisationsschwierigkeiten zusammen. Zugleich sind diese Vorgänge Belege für die Möglichkeit, ein Gruppengefühl auf Massen, Völker, Staaten oder Organisationen zu übertragen, wofür diese erstaunlich schnell empfänglich sind. Hauptpropagandakategorie ist hier die „All-Einheit" (etwa „ein Volk, ein Reich, ein Führer"), mit welcher Minderheiten und ganze Völker zum Außenfeind gemacht werden können. Im Grunde ist diese postulierte „All-Einheit" eine Omnipotenzphantasie der Gruppe, in der alle Unterschiedlichkeit zwischen Individuen, Interessen, Untergruppen und Einstellungen nivelliert wird.

Organisationen können an abgeschlossenen Gruppen nicht interessiert sein; sie funktionieren nur, wenn Gruppen für sie zugänglich bleiben. Organisationen vertreten und repräsentieren eine Sache, einen Zweck, der nur durch die Zusammenarbeit mehrerer Gruppen erreichbar ist. Sie vertreten ein Gesamtinteresse, ein Ganzes, eine Leitidee, haben den Überblick, und müssen das übergeordnete Ganze gegen die einzelnen Gruppeninteressen verwirklichen und durchsetzen. Durch das übergeordnete Gemeinsame wirken Organisationen auf Gruppen permanent störend, manchmal sogar zerstörend. Vom Binnenleben der Gruppe her sind Organisationen daher emotional negativ besetzt. Nur dort, wo es der Organisation gelungen ist, ihre (meist hierarchische) Struktur voll durchschlagen zu lassen, gibt es diese Besetzung nicht, weil Gruppen als solche gar nicht mehr existieren; daher wird man dort auch kaum befriedigende Kooperation in Gruppen vorfinden. Es gibt lediglich mehr oder weniger gut funktionierende Einzelindividuen als Exekutoren der Organisation.

Die Organisation wird nicht nur als etwas Anonym-Abstraktes empfunden, aus dem Blickwinkel der Gruppen her wird sie emotional negativ besetzt. Quasi im Gegenzug trachten Organisationen, ihren Zweck, die Sache, die funktionalen Verbindlichkeiten überhaupt aus dem Gefühlsbereich auszuschließen. Man denke nur an die großen Schwierigkeiten bei der Entwicklung einer Produkt-Ethik. Die emotionalen Neutralisierungs- und Ernüchterungsversuche verstärken ihrerseits wieder die Tendenz, alle positive Emotionalität (alle Gefühle von Wärme, Vertrauen, Sicherheit und Schutz) auf die Kleingruppe (Abteilung, Schulklasse, Institut, Kommission) zu beschränken. Für Gruppen wird damit die Organisation zum permanenten Außenfeind. Den Exponenten der Organisation ist dies naturgemäß nicht recht. Die Manipulationstechniken, dazu angewandt, die Organisation wiederum aus dieser negativen Besetzung herauszuholen, funktionieren zu einem großen Teil nach dem bereits beschriebenen Vorgehen: die Organisation versucht sich als Gruppe zu stilisieren, stellt das Gemeinsame als Gruppen-Überidee dar, verlagert innere Widersprüche nach außen, erklärt andere Organisationen zu Feinden (die Heiden, die Konkurrenz, die Opposition, die Roten, die Konservativen), emotionalisiert familial (Mutter Kirche, Vater Staat, Konzernmutter, Tochtergesellschaften) oder macht die Firma in der Propaganda gegenüber den Mitarbeitern überhaupt zur „Familie".

Organisationen haben auf diese Weise die Tendenz, ihren einzelnen Gruppen den Außenfeind „wegzunehmen". Sie können ihren Zweck ja nur verfolgen, wenn die einzelnen Gruppen (Abteilungen, Institute) kooperieren (Stammeskulturen, so wie sie heute zum Beispiel noch in Afrika existieren, wehren sich mit großem Erfolg gegen staatliche Organisation; den wenigsten Ländern ist es gelungen, Außenfeindvorstellungen der Stämme untereinander abzubauen). Nimmt man einer Gruppe den Außenfeind weg, ist ihre Umgebung nicht mehr so gefährlich. Sie kann sich daher öffnen, muß sich nicht mehr in sich ab- und zusammenschließen, was den Organisationsinteressen leichter zu Gruppen Zugang verschafft; umgekehrt ist aber davon die Gruppenidentität betroffen, der innere Zusammenhalt wird flüchtiger, ihr eingeschworenes Binnenleben ist gefährdet. Die Gruppe wehrt sich daher dagegen, sich dadurch zerstören zu lassen, daß ihre Außengrenzen durchlässiger gemacht werden. Findet sich nämlich kein unmittelbarer Gegner in der „Gruppennachbarschaft" mehr, so tritt die ganze Organisation die vakant gewordene Stelle an. Prinzipiell und von sich aus sind Organisationen an Kooperation und im weiteren Sinn an innerem Frieden interessiert. Ihre „Kriegsform" besteht in Expansion, Eingliederung, Vereinnahmung und Unterwerfung des „Äußeren". Ist dieser Prozeß aber einmal beendet, weil keine Expansionsmöglichkeiten mehr bestehen, wird die Frage nach dem „inneren Frieden" wichtig. Der wird nämlich nicht geschenkt. Sehr oft verfahren Organisationen dann mit den inneren Widersprüchen wie gewohnt und schaffen sich den Außenfeind aus dem eigenen Inneren, führen dann „Krieg" gegen bestimmte Gruppen.

Unser historischer Standort

Die weiträumigste Organisationsform in der Geschichte war immer schon der Handel, weil er nur grenzüberschreitend funktionieren konnte. Für die Gruppenmentalität war die Rolle des Kaufmanns daher auch immer ambivalent besetzt. Zwar wurde man durch ihn mit Notwendigkeiten und Luxuriösem versorgt, dennoch war er im Grunde ein Halsabschneider und Spitzbube. Schon für die Griechen war Hermes der Gott der Kaufleute und Diebe. Das „internationale Judentum" als Volk von Kaufleuten, Bankiers und Unternehmern eignete sich seit jeher für Außenfeindprojektionen, noch dazu, wo es sich durch Abgeschlossenheit, eigenen Glauben und anderes mehr als „ideale Gruppe" präsentierte. Mit dem Imperialismus hat das Bürgertum Internationalisierung von Wirtschaft und Handel auf die Spitze getrieben. Alles sollte eingegliedert, „einverleibt" werden. Kulturen, die nur in alten Stammes-Gruppenstrukturen leben können, wurden vernichtet. Die ganze Neuzeit könnte so als Krieg der Sozialform Organisation gegen ihre menschheitsgeschichtlichen Vorläufer begriffen werden, eine bürgerliche Vorstellung von „Fortschritt". Beim weltweiten Verbreiten unseres Wirtschaftssystems mit seinen begleitenden Organisationsformen handelt es sich also um einen „indirekten Krieg"; indirekt deshalb, weil er nicht mit den üblichen Waffen geführt wird (wenn auch da und dort durch sie unterstützt) und weil er letztlich von der Logik der Organisation her gesehen am Frieden interessiert sein müßte, jedenfalls an der Überwindung traditioneller Kriegsformen.

Das Bürgertum hat diese Tendenzwende sehr wohl gesehen und sie humanistisch-enthusiastisch, „idealistisch" als Neuerung gefeiert. „Seid umschlungen, Millionen", hieß es, man sprach vom „Weltbürger" und vom allgemeinen, gleichen Menschen. Kant zum Beispiel hoffte in seiner Schrift „Zum ewigen Frieden" noch auf den friedenbringenden „Geist des Handels". Trotz aller idealistischer Abstraktion dürfte damit gegenüber früher zu Bewußtsein gekommen sein, daß erst durch Organisation konkret Friede erreicht werden kann, Friede also weniger ein durch humanistische Appelle oder moralische Forderungen erreichbarer Idealzustand ist, sondern harte Organisationsarbeit im Detail voraussetzt. In Gruppenkulturen, Stammesgesellschaften kann es bestenfalls nur inneren Frieden geben. Der Weltfriede, der Friede zwischen Organisationen kann nur durch Organisation erreicht werden.

Wir stehen in einem Widerspruch: einerseits wissen wir, daß Frieden eine Organisationsleistung ist, andererseits wissen wir auch, wie negativ Organisationen besetzt sind. Dies führt zum Beispiel dazu, daß in den Friedensbewegungen die Frage nach dem Frieden von der nach der Organisation abgekoppelt wird. Gefühlsmäßig wird Friede immer noch mit konfliktfreien, idyllischen, familiären, sicherheitspendenden Kleingruppen-Erlebnissen identifiziert. Gerade diese Grundgefühle dürften aber den gegenwärtigen Friedensbemühungen eher hinderlich sein.

Wir haben bereits begründet, warum die Bildung von Projektgruppen in Unternehmen notwendig und sinnvoll ist. Wir fanden den Hauptgrund in einer Schwäche und Krise des Hierarchiesystems. Die mehrere Jahrtausende alte gesellschaftliche Organisationsform der Menschen, die zu Hochkulturen, Zivilisationsleistungen, subtiler Arbeitsteilung, Spezialisierung geführt hat, ist - und das ist das Paradoxe - durch ihre eigene Leistungsfähigkeit an ihre Grenze gekommen; ihre Leistungen haben zu einer Komplexität (an Informationen und Strukturen) geführt, die durch die bisherige Organisationsform Hierarchie nicht mehr zu bewältigen ist. Wir können aber zugleich gerade aufgrund der Lebensformen, die wir erreicht haben, auf Hierarchien nicht verzichten. Das heißt freilich nicht, daß „Privilegienzuordnungen" nicht immer zur Debatte stehen können. Alles Gerede von der Abschaffung der Hierarchien aber, der Einrichtung „herrschaftsfreier Kommunikation" ist naiv sentimentalisch und bewegt sich meist auf der Ebene einer ethischen Sollensforderung, ohne die Realität unserer Organisation zu untersuchen oder überhaupt zu kennen.

Wir müssen daher versuchen, in den bestehenden Organisationen andere Organisationsformen einzurichten, die die Probleme und Defizite der Hierarchie bewältigen und ausgleichen können. In diesem Sinn brauchen wir Einrichtungen eines Krisenmanagements, die jene Krisen erfassen und austragen, die durch die Hierarchie ständig und notwendigerweise erzeugt werden. Es liegt auf der Hand, daß diese Einrichtungen - zu ihnen zählen wir auch Projektmanagement - organisatorisch und auch emotional anders ablaufen müssen als die Hierarchie selbst; wäre dieses Anders-Sein nicht gewährleistet, würden sie dieselben Fehler produzieren wie die Hierarchie. Damit ist aber bereits der Widerspruch etabliert: wir werden im Moment weltgeschichtlich gezwungen, innerhalb einer Organisation zwei völlig verschiedene und einander widersprechende Organisationsprinzipien zu vereinigen - und dies im vollen Bewußtsein des Widerspruchs. Soweit wir sehen, ist dies in der bisherigen Menschengeschichte noch nie „offiziell" gelungen. Ob es uns jetzt gelingt, ist fraglich; jedenfalls dürfte das Überleben unserer Zivilisation davon abhängen.

2. Das Element Projektgruppe

Projektgruppen sind heute weitgehend anerkannte Organisationselemente zur Lösung bestimmter Aufgabenstellungen. Oft wird das Einsetzen von Gruppen überhaupt mit Projektmanagement gleichgesetzt. Zweifellos sind Projektgruppen im Projektmanagement unverzichtbar; quer durch die bestehende Organisation müssen problem- und aufgabenbezogen Bearbeitungs- und Lösungsinstanzen eingerichtet werden, da die üblichen Wege in der Hierarchie zu kompliziert und schwerfällig sind. Informations-, Kommunikations- und Kooperationsmöglichkeiten sollen damit verbessert, zeit- und kostenintensive Umwege verkürzt werden; zusätzlich soll die kollektive Konzentration auf eine wichtige Aufgabe erhöht werden, wodurch sich auch bessere Ergebnisse erwarten lassen. Wir werden im folgenden das mit der Einrichtung von Projektgruppen verbundene Problempotential erörtern, erstens im Verhältnis zur bestehenden Organisation, die Projektgruppenarbeit versucht, zweitens hinsichtlich der Bedeutung für Motivationsvorgänge, drittens in bezug auf spezielle Vorteile, die in den Möglichkeiten der Gruppe als solcher liegen - immer mit zweckdienlichen Hinweisen für Führungskräfte.

Die Projektgruppe und die Organisation

Projektgruppen begann man innerhalb der Hierarchien einzusetzen, als man mit der normalen Linien-Fachabteilungsorganisation nicht mehr so richtig durchkam oder diese zu schwerfällig geworden war und die informellen Kanäle das Defizit nicht mehr ausreichend kompensieren konnten. Bei den verschiedenen Konstituierungen von Projektgruppen wurden die Hierarchien auf zweifache Weise in „Unordnung" gebracht: das abteilungs- und bereichsübergreifende Prinzip von Projektgruppen sorgte teilweise für Außerkraftsetzung der organigraphisch festgelegten Funktionszuteilungen; die Berücksichtigung von Sachkompetenz in unteren hierarchischen Ebenen verwirrte die übliche Rangordnung, indem plötzlich Menschen gleichberechtigt zusammenarbeiten mußten, die sich im normalen hierarchischen Organisationsablauf kaum in die Quere kamen.

Diese beiden Konstitutionsprinzipien von Projektgruppen würden allein schon ausreichen, einen Widerspruch zur übrigen Organisation zu etablieren, abgesehen davon, was aus ihnen praktisch folgt. Es kommt daher sehr darauf an, welchen Stellenwert die bestehende Organisation einer Projektgruppe verleiht. Ist sie nur eine marginale Nebenerscheinung, die möglichst unbemerkt ihre Arbeit zu leisten hat, oder ist sie wichtiges Managementinstrument? Für das Überleben einer Projektgruppe, für ihre Arbeitsfähigkeit, für die Energie, die einzelne Mitglieder in sie investieren, hat die Position in der und die Beziehung zur Organisation fundamentale Bedeutung; sie kann sich weder fachlich-inhaltlich noch sozial-emotional von der sie umgebenden Organisation unabhängig machen. Da sie als Störfaktor in Erscheinung tritt, muß sie mit der mehr oder weniger heftigen, aber zwangsläufigen Systemabwehr rechnen; der Umgang mit dieser Abwehr bestimmt Leben und Bewegungsfreiheit der Gruppe.

Eine Projektgruppe ist schnell in die Welt gesetzt. Ist erst das Problem oder die Aufgabe klar definiert, wählt die Hierarchie aus ihrer Mitte quer durch die Abteilungen und quer durch ihre Abstufungen die kompetentesten Fachleute, stellt aus ihnen eine Gruppe zusammen, gibt dieser einen konkreten Auftrag und stellt Zeit und Geld in ausreichendem Rahmen zur Verfügung; eine Leitung wird bestimmt oder der Gruppe aufgetragen, eine solche zu wählen, deren Funktion darin besteht, die Gruppe gegenüber der Organisation und der Geschäftsleitung zu repräsentieren und für die Plazierung der Vorschläge und Ergebnisse zur sorgen; in der Gruppe ist sie „primus inter pares". Was nun? Projektgruppen sind mit der jeweiligen Organisation, ihrem Stand, ihrer Abwehr und vor allem einem ständigen Mißtrauen konfrontiert. In der Auseinandersetzung mit diesem Umfeld entwickelt sie sich – daher ist Projektgruppe nicht gleich Projektgruppe; im folgenden wollen wir (ohne Anspruch auf Vollständigkeit) einige uns bekanntgewordene Erscheinungsformen anführen, die sich aus dem jeweiligen Verhältnis zur bestehenden Organisation ergeben:

Erscheinungsformen von Projektgruppen

Man findet zum Beispiel die „hierarchische Projektgruppe"; sie ist eigentlich keine Gruppe, sondern ein − oft noch rigideres − Spiegelbild der bestehenden Hierarchie. Es gibt in ihr eine strenge Rangordnung, die derjenigen in der Organisation außerhalb entspricht. Man hat den Eindruck, daß die Projektgruppe eigentlich nur den Sinn hat, zu beweisen, daß Hierarchie gut ist; die Sache, um die es angeblich geht, ist nur Mittel zu diesem Zweck. Hierarchisch weiter unten angesiedelte Kompetenz hat nach einigen Versuchen schnell erkannt, daß es vergeblich oder gar schädlich ist, hier mehr Einfluß als draußen beanspruchen zu wollen.

Als Abart davon richten sich Vorgesetzte Projektgruppen ein, die im wesentlichen die Aufgabe haben, die Ansicht des Chefs zu bestätigen. Es ist dies weniger sinnlos, als es zunächst scheint. Denn erstens stellt sich damit die Hierarchie selbst in einer gesonderten Veranstaltung auf den Prüfstand, was schon zu mancher Selbsterkenntnis geführt hat; zweitens schließt dies sonst oft umwegige Kommunikationsstrecken kurz. Es fallen mitunter sogar brauchbare Ergebnisse ab, auch wenn im eigentlichen Sinn nicht von Projektgruppe gesprochen werden kann.

Nicht viel besser steht es mit einer Projektgruppe, die in die gegenteilige Position geraten ist. Man müßte sie vielleicht „Inselgruppe" nennen. In ihr wird womöglich alles anders gemacht als sonst in der Organisation, sie will bewußt eine Alternative sein. Weil dies aber sehr viel Energie kostet, ist sie mehr mit Abwehrkämpfen, Selbstdarstellungen und ähnlichem beschäftigt als mit der eigentlichen Aufgabenstellung. Sie verliert allmählich eine realistische Beziehung zur Organisation, überschätzt ihre Möglichkeiten, und die Mitglieder sind gekränkt, wenn nicht alles so geht, wie sie es sich vorstellen. Von der umgebenden Organisation ist die Projektgruppe bald als „Haufen von Spinnern" abgestempelt, und über kurz oder lang gilt sie als Beweismittel dafür, wie erfolglos es ist, sich auf neue Organisationsformen einzulassen. Die Gruppenmitglieder lernen dabei bewußt oder unbewußt dennoch; einmal lernen sie an der Analyse der Schwächen der Hierarchie, zum anderen erlernen sie neue Umgangsformen. Ganz spurlos geht daher auch diese Einrichtung nicht an der Organisation vorüber.

Häufig findet man die „Alibi-Projektgruppen". Sie verdanken ihren Ursprung verschiedenen Anlässen: es gehört zum guten Ton, modern zu sein und neue Managementinstrumente zu verwenden; man will die Verantwortung für eine Entscheidung loswerden, eine Entscheidung auf die lange Bank schieben oder ein Thema überhaupt versanden lassen; man will vielleicht lästige Leute arbeitsmäßig binden oder abschieben, eine Einrichtung für Profilierungssüchtige schaffen, wo sie sich austoben können; Nebenschauplätze für Auseinandersetzungen eröffnen, damit der Hauptkampfort unsichtbarer bleibt. Auch diese Projektgruppen haben oft wichtige Funktionen für die Stabilisierung einer Organisation, wenngleich nicht ganz im Sinne ihrer Möglichkeiten verwendet. Für Organisationsdiagnosen liefern sie wertvolles Material. Man muß nur genau untersuchen, welches Problempotential in Projektgruppen hinein abgeschoben wird, wer in ihnen womit beauftragt ist, um Hauptprobleme der Organisation in ihrer Entscheidungs- und Personalpolitik diagnostizieren zu können.

Eine liebenswürdigere Abart davon ist die „Hobby-Projektgruppe". Sie kommt meist auf Grund irgendeiner Vorliebe, eines mehr oder weniger berechtigten Anliegens eines einflußreichen Vorgesetzten zustande. Weil die bestehende Organisation auf seine Wünsche nicht eingeht, sie hinhaltend ignoriert, schafft er sich aus eigener Machtbefugnis eine geduldete Organisationsparzelle, um dort im „Schrebergarten" seine Ideen zu züchten. Solche Gruppen sind nicht zu unterschätzen; zumindest fallen sie Entscheidungsträgern ständig mit neuen Vorschlägen auf die Nerven. Für die Organisation selbst ist es an Hand solcher Einrichtungen interessant zu überprüfen, wie groß ihr Spielraum für Experimente ist und was sie sich „nebenher" leisten kann und soll.

Die „Schattenkabinett-Projektgruppe" kann zwei Ursachen haben. Entweder entsteht sie aus machtpolitischen Gründen - ein Vorstandsbereich richtet sich für wichtige Fragen quer durch die anderen Bereiche eine Projektgruppe ein, die seine Interessen vertreten, auf deren Informiertheit er ständig zurückgreifen kann — oder sie entsteht unbeabsichtigt. Man hat einer Gruppe einmal wichtige geschäftspolitische

Aufgabenstellungen anvertraut, damit ihre Kompetenz erhöht, die sie auch (im besten Sinn) ausnützt, so daß keine wichtigen Entscheidungen mehr ohne sie getroffen werden. Wer im übrigen an Machtveränderungen und -verschiebungen interessiert ist, greift oft auf neue Organisationselemente zurück und muß dies wohl auch. Die Flexibilität von Projektgruppen und ihr anderes „Klima" eröffnen hier gewisse Möglichkeiten.

Andere Vorgesetzte haben in der Einrichtung von Projektgruppen ein ideales Mittel entdeckt, für sich Nutzen daraus zu ziehen. Es entstehen die „Handreich-Projektgruppen" und die „Geheimkonkurrenz-Gruppen". Die ersten haben die Aufgabe, alle wichtige Arbeit zu leisten, während die Ergebnisse vom Vorgesetzten kassiert werden. Er streicht die Verdienste ein, während sich andere plagen; lange kann dieses „Führungsmittel" nicht eingesetzt werden, da erfahrungsgemäß bald Loyalitäten aufgekündigt werden. Verschiedentlich kommt es auch zu Parallelaktionen: Gruppen werden zur Bearbeitung gleicher oder ähnlicher Aufgabenstellungen eingesetzt, ohne voneinander zu wissen; sie werden auch nicht koordiniert, sondern im Glauben gelassen, „allein auf der Welt" zu sein. Sobald etwas durchsickert, entstehen Frustrationen, weil eine Gruppe zum Beispiel nicht einsehen will, warum sie sich mit einer Versuchsreihe abmühen soll, wenn die andere Gruppe schon festgestellt hat, daß kein brauchbares Ergebnis zu erwarten ist. Das offene Konkurrenzprinzip hat im Projektmanagement unter bestimmten Bedingungen einen eingeschränkten Sinn, wie wir noch sehen werden; Geheimkonkurrenzen dagegen sind eher weniger zielführend.

Gemeinsam ist all diesen Erscheinungsformen von Projektgruppen, daß sie sich aus einem jeweils spezifischen Verhältnis zur Organisation ergeben. Sie zeigen paradigmatisch, wie einflußreich dieses Verhältnis ist und daß Projektgruppen in Organisationen nie nur für sich bestehend betrachtet werden können. Selbst bei bestem Willen zur Projektarbeit und der klaren Einsicht, daß man damit von der Sache her weiterkäme, muß man mit den sozial- und organisationsdynamischen Nebeneffekten (die in den bisher angeführten Beispielen eher die Haupteffekte waren) rechnen. Im folgenden kommen wir auf einige dieser Organisationseffekte zu sprechen, deren Problemgehalt die Leistungsfähigkeit von Projektgruppen beeinträchtigen kann.

Emotionale und sozialstrukturelle Probleme von Projektgruppen

Entscheidend ist zum Beispiel, wie das Problem von Mehrfachzugehörigkeit und Mehrfachloyalität gelöst wird. Liegt die fachliche und emotionale „Heimat", die „Primärbindung", die auch in Unternehmen jeder braucht, mehr in der Fachabteilung oder im Projekt? Der persönliche Einsatz im Projekt hängt von der Beantwortung dieser Frage sehr stark ab; vielleicht ist die Bindung zur „Heimatgruppe" eher lose, und durch das Projekt eröffnen sich eventuell Aufstiegswege; möglicherweise ist sie aber auch sehr stark, und man will gar nicht so richtig ins Projekt – oder umgekehrt: die Gruppe beargwöhnt eifersüchtig das Fremdgehen eines Mitgliedes. Jede Projektgruppe muß hier unterschiedliche Einsatzbereitschaften zur Kenntnis nehmen und mit diesen Unterschieden arbeiten. Die Unterschiede einebnen zu wollen, etwa durch das Aufstellen moralischer Forderungen, führt zu nichts, höchstens zu Austritten oder unerquicklichen Tribunalen.

Ein weiterer interessanter Punkt ist, wie eine Projektgruppe ihre Startbedingungen, um nicht zu sagen: Geburtsfehler verarbeitet. Dazu sind zu zählen (wieder ohne Vollständigkeitsanspruch):

- uneinsichtige Entsendungen und Nominierungen („Was macht denn der hier?"),
- große Hierarchieunterschiede von „draußen" („Darf ich jetzt dem hier meine Meinung offener sagen?"),
- alte Konflikte, die mitgenommen werden („Dem zeig ich's jetzt!"),
- alte Resignationen („Schon wieder ein vergeblicher Anlauf!"),
- Gerüchte über diesen und jenen, vorgesetzte Leitungen („Warum hat ausgerechnet der die Projektleitung bekommen?"),
- Doppelbesetzungen („Einer von uns muß gehen!"),
- unterschiedliche Abkömmlichkeiten („Der kann ja nie hier sein!").

Jede Gruppe ist zu Beginn fragil und in ihrem Bestand gefährdet. Es wäre auch zu viel verlangt, von einer Gruppe gleich anfangs jenes Vertrauen zueinander zu erwarten, das es zuließe, alle „heißen Eisen" unbefangen aufzugreifen. Unserer Erfahrung nach ist es nicht zielführend, alle diese Startbedingungen mit der Hoffnung, daß sie dann keine Rolle mehr spielen, zu verdrängen. Spätestens in der ersten, durchaus auf die Sache und Aufgabe bezogenen Kontroverse treten die Vorbehalte direkt oder indirekt auf und erschweren das inhaltliche Fortkommen und die Lösungsfindung. Projektgruppen, die es strikt vermeiden, ihre innere Emotions- und Sozialdynamik zur Kenntnis zu nehmen oder gar zu thematisieren, sind oft die reinste Hölle, weil alles in der Sache ausgetragen wird, was eigentlich woanders hingehört; bestenfalls arbeiten diese Gruppen rigide und „pflichtversessen", was eben auch nur zu Pflichtleistungen führt. Besser funktionierende Projektgruppen kümmern sich immer um zwei Ebenen: sie arbeiten an der Sache und Aufgabe und an sich selbst, ihrer von der äußeren Umgebung mitkonstituierten inneren Dynamik. Aller Anfang ist ein oft mühsamer Prozeß der „Selbstfindung" als Gruppe, des Vertrauensaufbaues, der Herstellung von Arbeitsfähigkeit. Jede Einseitigkeit ist zu vermeiden: Sich kopfüber in die Sache zu stürzen ist ebensowenig zielführend (die Rückschläge kommen bald) wie nur auf der emotionalen, sozialdynamischen Ebene zu arbeiten (und dabei – weil sie so spannend ist, den eigentlichen Auftrag zu vergessen). Eine erfolgreiche Arbeitsweise wäre am ehesten als ein „Sich-hinein-Zirkeln" zu bezeichnen, wobei es ständig möglich sein muß, bei Anlaß die Ebenen zu wechseln.

Ein gelungener Anfang ist zwar ein gutes Startkapital, aber keine Erfolgsgarantie, denn die Probleme hören keineswegs auf. In jeder Gruppe finden soziale Entwicklungsprozesse statt, die arbeitsförderlich oder -hinderlich sein können. Es bleibt ständige Aufgabe, diese Prozesse zu beobachten, zu besprechen, zu lenken, zu bearbeiten; insbesondere dann, wenn man in der Sache „ansteht", liegt der Grund dafür oft nicht in der Sache, sondern etwa daran, daß jemand aus bestimmten Gründen Informationen zurückhält. Dann nützt es nichts, wenn man in der Sache weiterarbeitet; vielmehr muß klar werden, welchen Grund diese Zurückhaltung hat.

Das Verhältnis nach außen ist für Projektgruppen eine sensible Materie. Gerade solche Gruppen, die einen guten Einstieg gewonnen und ein gutes Binnenklima erreicht haben, neigen dazu, sich für den „Nabel der Welt" zu halten. Tatsächlich geht es in ihnen oft viel angenehmer zu als im hierarchischen Alltag. Um dies zu schützen, tendiert die Gruppe zu Abkapselungsstrategien und „macht dicht". Dies kann zunächst eine Phase notwendigen Selbstschutzes sein – man muß sich ja gegen die ständigen Auflösungstendenzen durch die Hierarchie stark machen –, auf die Dauer macht diese Taktik aber blind und trotzig. Um zu überleben und die inneren Schwierigkeiten zu vermeiden, steigert man sich gar in paranoide Vorstellungen hinein und konstruiert sich in der bestehenden Organisation den übermächtigen Außenfeind; nun ist zwar die Hierarchie damit tendenziell richtig erkannt, nur läßt es sich mit einem Freund-Feind-Schema nicht leicht arbeiten. Eine Atmosphäre dieser Art bewirkt einen partiellen Realitätsverlust. Man meint Überläufer und Verräter zu kennen, wittert überall Gefahren und wundert sich maßlos darüber, wenn Ergebnisse von der Organisation anerkannt und nicht wie erwartet in Bausch und Bogen abgelehnt werden. Jede Projektgruppe hat diesen notwendigen Widerspruch zwischen Selbstschutz des Binnenlebens und Durchlässigkeit nach außen ständig zu managen. Zuviel des einen geht immer auf Kosten des anderen. Die Balance zwischen Abgeschlossenheit und Öffnung ist noch dazu nicht immer gleichförmig, es gibt vielmehr Phasenverläufe. Die Gruppenentwicklung braucht einmal mehr Abschluß nach außen, dann wieder weniger, je nachdem, welche Probleme sie bewältigen muß.

Die „Außenpolitik" von Projektgruppen, ihre Selbst- und Ergebnispräsentation, wird als Problem oft unterschätzt. Wie wird mit den Ergebnissen umgegangen? Und in welcher Form? Lauter wichtige Fragen. Zur erfolgreichen Arbeit einer Projektgruppe zählt nicht nur das Ergebnis; beste Ergebnisse sind aus organisationsdynamischen Gründen schon „schubladiert" worden. Projektgruppen müssen wissen, in welches „Klima" sie hineinoperieren und daß es zwischen höchster Erwartungshoffnung und Mißtrauen ein weites Emotionsspektrum gibt, mit dem zu rechnen ist. Aus der eigenen „Arbeitsfülle" und Gruppengeschichte heraus entsteht noch dazu die Neigung, die Adressaten zu überfordern; es ist daher zu berücksichtigen, was es heißt, nicht dabeigewesen zu sein, sowohl auf inhaltlicher als auch auf emotionaler Ebene.

Projektgruppen als Gruppen auf Zeit müssen rechtzeitig zur Kenntnis nehmen, daß sie einmal aufhören, so gut sie auch gearbeitet haben mögen. Mit diesem Ende sowohl in der Gruppe als auch von der Organisation her „fertig" zu werden, ist ein Problem für sich. Gute Gruppen haben die Tendenz, sich auf ewig zu stellen (wer stirbt schon gern, wenn er gerade gut lebt?), und interessieren sich sofort für Nachfolgeaufträge. Mitglieder, die in der Projektgruppe ihre erste Heimat gefunden haben, sind schwer wieder in die Hierarchie zurückzubringen; manche wurden dort in der Zwischenzeit überhaupt „vergessen". Es kann nun nicht Absicht eines Unternehmens sein, eine statische Projektgruppenstruktur zur Erfüllung emotionaler Bedürfnisse als zweite Organisationsebene im Betrieb einzuziehen. Der Grundgedanke des Projektmanagements, Gruppen problembezogen immer neu zusammenzustellen, würde dadurch auch unterlaufen. Dennoch gibt es manchmal auch von der Hierarchie her die Tendenz, Gruppen, die sich bewährt haben, mit neuen Inhalten weiter zu beschäftigen. Die Strategie ist besonders dann nicht zielführend, wenn die so ausgezeichnete Gruppe sich nun für alles kompetent hält und es versäumt, fehlende Ressourcen zu ergänzen, damit durch die Integration neuer Mitglieder nicht das angenehme Gruppenklima durcheinander gerät und man nicht wieder von vorne anfangen muß.

Die Projektgruppe als Motivationsmittel

Zu den Schwächen der Hierarchie zählt unbestritten, daß sie aus sich heraus nicht sehr geeignet ist, Mitarbeiter zu engagieren und zu motivieren. In traditionellen Organisationen werden Mitarbeiter unter einer bestimmten Hierarchie-Ebene kaum noch in Entscheidungsprozesse einbezogen, nur noch mit Resultaten konfrontiert, die sie umzusetzen haben, ob sie nun von ihrem Sinn überzeugt sind oder nicht. Selten wird ihnen der Hintergrund von Entscheidungen erklärt oder plausibel gemacht. Reine Exekution motiviert nie direkt; Befehle werden ausgeführt, weil man muß, nicht weil man will. Durchführungsbezogen motiviert, das heißt, an der Sache interessiert sind Mitarbeiter im allgemeinen nur dann wirklich, wenn sie am Zustandekommen der sie betreffenden Entscheidungen beteiligt waren; zumindest wenn sie genauer erklärt bekommen, welche Überlegungen zu welchen Ergebnissen geführt haben.

Hierarchie motiviert nicht wirklich

Wenn wir hier problem-, sach- und aufgabenbezogene Motivation als „Primärmotivation" bezeichnen, so fällt auf, daß Hierarchie vielfach aus „Sekundärmotivation" lebt. (Letztere spielt überall und immer eine begleitende Rolle; es fragt sich aber, wie stark ihr Anteil ist.) Man tut etwas in der Sache, weil man zum Beispiel Karriere machen will. Solche Antriebe für Motivation beginnen sich gewöhnlich zu drehen, wenn Karriereplafonds erreicht sind, die Chancen, aufzusteigen, geringer werden, wenn Karriere überhaupt nicht mehr angestrebt wird oder wenn es Vorgesetzten nicht gelingt, ein förderliches Betriebsklima zu schaffen oder zu stützen. Bricht aber die Sekundärmotivation zusammen, merkt man plötzlich, wie wenig primäre vorhanden ist.

Mit der Sache hat es auch so seine Bewandtnis. Sie ist als ganze nicht mehr einsichtig; gemäß hierarchischer Funktionsordnung ist sie aufgeteilt, zersplittert, spezialisiert. Was aus dem „Zusammenspiel der Kräfte" erfolgt, ist kaum zugänglich. Daraus entsteht das „Rädchengefühl", der Eindruck, im Apparat nur eine kleine Nummer zu sein. Immer schon haben Ideologien von allen Seiten versucht, dieses Gefühl moralisch hochzustilisieren, die Notwendigkeit auch der kleinsten Tätigkeit für das Gesamte zu betonen und „Helden der Arbeit" herauszustellen; wirklich gelungen ist dieses Vorhaben jedoch nur selten. Früher, als der Weg von der Einzeltätigkeit bis zum Produkt noch übersichtlicher war, der Werkmeister sozusagen noch stolz zeigen konnte, was von ihm und „seiner Truppe" stammte, war aufgabenbezogenes Motiviert-Sein noch leichter. Im Zeitalter des fortgeschrittenen Taylorismus oder gar automatisierter Fertigungstechnik fällt diese Motivations-Basis aus. Unsere Tätigkeit wird immer mehr „entindividualisiert" und in komplexe Systeme eingebaut. In ihnen spielt der einzelne eine völlig andere Rolle als früher. So etwas wie „Systemmotivation", eine Motivation für das Ganze, eine irgendwie ins Positive gewendete, individuelle Bescheidenheit, im ganzen nur geringer Teil zu sein, ist uns (außer bei „Weltentsagern") nicht bekannt und schon gar nicht geläufig, auch schwer vorstellbar, zumal ja die „Systeme" schon vorgeschrieben sind und kaum individuelle „Bewegungsfreiheit" gestatten. (In der klassischen Kapitalismuskritik wurde dieses Thema als „Entfremdungsproblematik" ausgeführt, und es ist seit den ersten Analysen industrieller Produktion ein dauerhafter Topos geblieben.)

Gut gefügte Hierarchien bieten zweifellos Sicherheit. Man bekommt gesagt, was man zu tun hat; und tut man es auch, kann einem nicht viel passieren. Eine Sicherheit dieser Art allerdings „motiviert" − wenn überhaupt zu etwas − nur zu Vorsicht, Bedächtigkeit, Verzicht auf Rückgrat, Selbstbeschneidung. Damit die Sicherheit nicht gefährdet wird, ist man ängstlich bis eifrig bemüht auszuhorchen, was verlangt wird, und Initiativen zu vermeiden, die möglicherweise auf unsicheres Terrain führen. Sache und Aufgabe müssen feststehen und vorgegeben werden; keinesfalls wird man von sich aus noch etwas hinzufügen. Unauffällig und brav macht man seine Sache, und was man vielleicht sonst noch ist, verdreht sich zu Zynismus oder privater Skurrilität. Festgefügte Hierarchien dieser Art stehen meist völlig hilflos da, wenn plötzlich neue, komplexe Aufgaben auf sie zukommen, für die sie ebenso plötzlich bis in unterste hierarchische Ebenen einen neuen Mitarbeitertyp benötigen würden. Da es ihn aber nicht gibt, neigen diese Hierarchien, solange sie es sich leisten können, dazu, neue Probleme und Aufgaben einfach zu ignorieren oder sich in eine Das-geht-nicht-Haltung zu retten. Motivation findet generell nur dort statt, wo es wenigstens ein Minimum an Herausforderung und Spannung gibt, damit aber auch ein gewisses Ausmaß an Unsicherheit von der Sache her.

Die Binsenweisheit, daß nur ein gutes Betriebsklima motiviert, hört man sehr oft, ohne allerdings gesagt zu bekommen, was das ist, wie man es erreicht und was sich ihm strukturell entgegenstellt. Wohl scheint klar zu sein, daß dazu ein gewisses Maß an Vertrauen und Offenheit, persönlicherem Umgang und Kritikmöglichkeit gehören. Will dies ein Vorgesetzter für seine Abteilung erreichen, muß er praktisch gegen die strukturellen Bedingungen der Hierarchie arbeiten, die nicht zufällig auf dem Prinzip „divide et impera" beruht. Das gegenwärtige, in der Hierarchie verankerte Karrieresystem erzeugt von sich aus ein motivationsfeindliches Betriebsklima, gekennzeichnet durch Mißtrauen, mangelnde Offenheit und „sachbezogenen" Umgang mit ungesagten Hintergedanken (dem Chef gegenüber ist die Kritik zurückhaltend, man kann ja nie wissen; der Kollege ist Konkurrent um den Aufstieg, er erhält erst recht nicht alle Informationen; Mitarbeiter schließlich sind auch vorsichtig, denn wer sich zu offen äußert, gilt schnell als Querulant).

Hinsichtlich der Aufgabenidentifikation und in bezug auf das Durchführungsengagement haben Umstände der geschilderten Art äußerst negative Auswirkungen. Managementappelle, man solle sich doch mehr mit dem Ganzen, der Firma identifizieren, verhallen ungehört, wenn man nicht weiß, was dieses Ganze ist und wie es zustande kommt, man höchstens unter den Forderungen nach Ergebnissteigerung stöhnt. Der Sicherheitsgesichtspunkt im hierarchischen System (darauf können heute nur Beamten- und Parteiapparate bauen, und auch sie kommen schon in Bedrängnis, ist aus zwei Gründen nicht mehr verläßlich: Erstens sind Hierarchien nicht mehr so sicher, wie sie einmal waren; Rationalisierungen und „Freistellungen" bedeuten ständige Verunsicherung. Zweitens werden die Aufgaben immer komplexer, reine Durchführung dagegen immer seltener. Nicht nur für Problembearbeitungen, sondern auch für Ergebnisumsetzung und Durchführung wird weit mehr Engagement, Motivation, Initiative und Selbstverantwortung gebraucht. Weil nie alles so glatt geht, wie man möchte, und auch Durchführungen noch so manche Überraschung bringen, auf die rasch, das heißt ohne lange Rückfragen und daher selbständig reagiert werden muß, benötigt man generell mehr dispositive Selbständigkeit.

Was wirklich motiviert, ist die Gruppe

Von der Hierarchie werden solche wünschenswerten Haltungen weder erzeugt noch sonderlich gefördert. Individuen sind allein bald überfordert, und was den Organisationen einfällt, geht am Problem vorbei. Wenn es aber gilt, die Sache organisatorisch in den Griff zu bekommen, müssen in den Organisationen Elemente eingerichtet werden, die solche Haltungen fördern und erzeugen helfen. Man erkannte relativ rasch, daß die Projektgruppe auch für Umsetzung und Durchführung besser motivieren kann als die hierarchische Organisation. Wenn eine Projektgruppe nämlich gut arbeitet, werden in ihr Bedingungen geschaffen, die imstande sind, die hierarchischen Motivationshemmnisse abzubauen oder aufzulösen: Alle Mitglieder sind am Prozeß der Problembearbeitung beteiligt, und das Ergebnis ist deren Entscheidung; sie wissen, wie diese zustande gekommen ist, warum sie so aussieht, und können sich selbst darin wiederfinden; Maßnahmen, die die Durchführung betreffen, fallen nicht mehr einzelnen schicksalhaft von außen auf den Kopf, niemand kann sich darüber wundern, was „die da oben" sich „am grünen Tisch" (also wirklichkeitsfern) wieder ausgedacht haben. Der Prozeß der Problembewältigung und die Mühsal von Streit und Einigung schaffen sowohl sachbezogene Primärmotivation als auch eine (sekundär motivierende) unterstützende Gruppensolidarität, die beide die Durchführungsenergie erheblich steigern. Weit weniger als sonst üblich wird, was Sache ist, in Einzelteile zerlegt; Spezialisten haben zwar die Aufgabe, ihren jeweiligen besonderen Blickwinkel zur Geltung zu bringen, wichtig ist aber die Synthese, die „Auferstehung" des Ganzen. Auch wenn hier jeder nur seinen Teil beiträgt, bleibt dieser nicht isoliert. Im synthetischen Ergebnis bekommt jeder Teil einen höheren Wert, der eigene Beitrag wird plausibler, die eigene Leistung erhält Sinn, das Rädchengefühl wird minimiert.

Sicherheit gibt es zunächst überhaupt keine. Die Aufgabe ist gestellt; wie man sie aber anpackt, der Weg ihrer Bearbeitung, und was herauskommen wird – dies alles ist völlig offen. Diese Unsicherheit der anfänglichen Strukturlosigkeit überfordert in ihrer Unerwartetheit und Konturlosigkeit manchmal hierarchiegewohnte Mitarbeiter, und die

Projektleitung muß darauf Rücksicht nehmen; für die meisten ist es aber fruchtbare Herausforderung und motivierender Ansporn; jetzt kann man endlich einmal zeigen, was in einem steckt. Die anfängliche Unsicherheit macht durch den gemeinsamen Erarbeitungsprozeß einer hohen Sicherheit hinsichtlich Ergebnis und den Durchführungskonsequenzen Platz: Man weiß, was man will, und warum. In Hierarchien läuft nicht selten ein umgekehrtes Spiel ab: Wenn etwas durchgeführt werden soll, beginnen alle „warum" zu fragen, und bei einigem Nachdenken stößt man auf so manche Ungereimtheit, die verzögernd, manchmal sogar verhindernd wirkt.

Betrachtet man den vorherigen Abschnitt — die Stellung der Projektgruppe in ihrer hierarchischen Organisationsumgebung — und stellt man ihn den letzten Ausführungen gegenüber, dann wird klar, daß wir hier von einer idealtypischen Gruppe reden, von einer, bei der „alles stimmt". Dennoch können wir beobachten, daß diese Erfahrung stärkerer Motiviertheit, größeren Engagements und höherer Ergebnis- und Durchführungsidentifikation gegenwärtig bereits durch die Einrichtung des Organisationselements Projektgruppe gemacht wird, selbst wenn die Entwicklungsprozesse so ideal nicht sind und Projektgruppen daher noch unter ihren Möglichkeiten bleiben. Auch dieser Umstand wirft nicht gerade ein vorteilhaftes Licht auf Hierarchie. Projektgruppen sind zwar nur in einem oft mühsam selbst erworbenen Betriebsklima gut arbeitsfähig, dann aber in einer Weise, die in hierarchischen Strukturen kaum zu erreichen ist. Ohne gewisses Vertrauten und eine bestimmte Offenheit kommt der Prozeß nicht voran, und ohne kritische Auseinandersetzung mit den Einzelstandpunkten geht es auch nicht. „Normale", auf Über- und Unterordnung ausgerichtete Verhaltensweisen sind unbrauchbar; das mit solchen Verhaltensweisen verbundene Mißtrauen für die neuen Anforderungen ist schädlich. Arbeit in Projektgruppen ist für viele zunächst ein ungewohnter Prozeß; geglückte Ergebnisse sind allerdings äußerst befriedigend. Projektgruppen werden daher oft zu „Oasen der Motivation" in sonst öden Hierarchien.

Wenn auf diese Art eine Motivationssteigerung auch für die Durchführung erarbeiteter Lösungen erwartet werden kann, ist der Umgang mit den Ergebnissen einer Projektgruppe eine Angelegenheit, die Fingerspitzengefühl erfordert. Wenn man sich bei der Gruppe nach Abschluß ihrer Arbeit „bedankt" und ihr das Ergebnis „wegnimmt", läßt man die Identifikation ungenutzt verpuffen. Nun ist es sicherlich meist unmöglich, die ganze Projektgruppe mit der Durchführung zu betrauen. Sehr wohl kann aber überlegt werden, ob nicht wenigstens Teile von ihr tätig werden können, indem sie eine eigene Durchführungsorganisation aufziehen. Auch kann man überprüfen, wie Projektmitglieder als „Aufklärer" und „Multiplikatoren" im Betrieb zu verwenden wären; schließlich handelt es sich beim Arbeitsergebnis der Projektgruppe um „ihr Kind", dem der Start in die Welt ermöglicht werden soll. (Väter fühlen sich nach der Entbindung ohnehin meist unterprivilegiert und ungebraucht; hier gäbe es eine Gelegenheit zu sinnvoller Betätigung.)

Die Bedeutung von Projektgruppen für Entscheidungen und Führungsaufgaben

Defizite hierarchischer Entscheidungsprozesse

Das Hierarchie fundierende System von Einzelentscheidungen mag für die täglichen Routineabläufe noch ausreichen, es stößt jedoch absolut an die Grenzen seiner Leistungsfähigkeit, wenn es um komplexere Entscheidungsmaterien geht. Die übliche Praxis in Hierarchien, Vorgesetzten von Sachbearbeitern zuarbeiten zu lassen, dann als Vorgesetzter alles durchzustudieren, sich bei Unklarheiten diesen und jenen noch kommen zu lassen *(„management by Bienenstock")*, um dann die Entscheidung zu treffen, ist aus verschiedenen Gründen suboptimal. Die Hauptursache liegt in der „Tunnelperspektive" von Spezialisten: Jeder Sachbearbeiter kennt ja nur seinen kleinen Teil des zur Entscheidung anstehenden Problems oder der Entscheidungsmaterie und neigt daher notwendigerweise zu einer „selektiven Wahrnehmung", das heißt, er beurteilt das Gesamtproblem aus seiner Spezialistenperspektive und richtet alle Information danach aus; schließlich wird von ihm auch nichts anderes verlangt als eine Beurteilung der Lage aus seiner spezifischen Sachkompetenz. Aus sich heraus ist nun die Hierarchie nicht bestrebt, Spezialistenmeinungen an Ort und Stelle miteinander zu konfrontieren; der Vorgesetzte hat die Entscheidung zu treffen, bei ihm sollen alle Fäden zusammenlaufen, er soll den Überblick haben und aus einer Gesamtschau heraus die beste Entscheidung treffen.

In aller Regel ist er damit überfordert. Erstens ist er meist selbst ein Spezialist und manchmal Vorgesetzter geworden, gerade weil er ein guter Spezialist war (das „Peterprinzip"); das heißt, auch er bewertet bewußt und unbewußt die Informationen nach seiner „Tunnelperspektive", die nun obendrein qua „Amt" kaum die Chance hat, noch korrigiert zu werden. Zweitens weiß er nie eindeutig, ob er nun tatsächlich alle notwendigen Informationen zur Verfügung hat. Diese Unsicherheit folgt nicht so sehr aus einer bestimmten Informationspolitik seitens seiner Mitarbeiter (obwohl dergleichen natürlich auch vorkommt – wir kennen erfolgreiche Versuche von Mitarbeitern, durch „gesiebte" Informationen den Vorgesetzten inkompetent erscheinen zu lassen; den Chef „dumm sterben" zu lassen, ist eines der wirksamsten Kampfmittel von Untergebenen). Die Unsicherheit hat eine viel prinzipiellere Ursache und liegt in den beim Vorgesetzten anlangenden kontroversen Problemsichten, Stellungnahmen und Empfehlungen. Die wenigsten Entscheidungen lassen sich in rein sachlogischer Linearität treffen – sonst wären sie auch gar keine Entscheidungen im eigentlichen Sinn, wo es um Ausschluß von Möglichkeiten einerseits, um vermutetes Bestes andererseits geht (also nicht um zwingende Logik aufgrund gegebener Prämissen, sondern um einen Willkürakt auf der Basis einer möglichst sorgfältigen Situationseinschätzung). Die Produktion will das eine, der Verkauf etwas ganz anderes, die zentrale Marktforschung verfügt über Statistiken, die weder das eine noch das andere empfehlen. Woher soll nun ein Vorgesetzter die „Weisheit" nehmen zu wissen, was richtig ist, zumal er ohnehin annehmen muß, daß jede Information, die er erhält, „gezielt", interessenmäßig gesteuert, wenn nicht gar bewußt verfälscht ist? Dieser problematische Umgang mit Informationen liegt im hierarchischen System. Wenn jemand in einer untergeordneten Abteilung von etwas überzeugt ist, aber nicht die Macht hat, darüber zu entscheiden, wird er sich bemühen, die vorgeordnete Entscheidungsstelle so gut er eben kann zu beeinflussen und seine Informationen entsprechend zu „frisieren"; andere Möglichkeiten hat er ja nicht.

Eigentlich müßte sich nun der „einsame Vorgesetzte" nach Anhören aller Positionen in sich zum Diskussionsforum erweitern; das heißt, er wäre dazu veranlaßt, alle Stimmen quasi in sich zusammenzurufen und die Argumente pro und contra abzuwägen. Ein hoffnungsloses Unterfangen; es ist schon schwer genug, seine eigenen Zuneigungen hintanzustellen und eine Gegenposition vorurteilsfrei zu überlegen. Damit liegt die Projektgruppe sozusagen in der Luft: Warum soll man nicht die Träger der Argumente und Positionen miteinander streiten lassen und als Chef zuhören und sich zunächst darauf beschränken, den Diskussions- und Verständigungsprozeß zu leiten und zu fördern? Eine solche Vorgangsweise hätte zwei Vorteile: Die Argumente, Meinungen und Positionen bleiben nicht unverbunden nebeneinander stehen; indem sie sich aufeinander beziehen müssen, korrigieren sie sich gegenseitig und bringen sich sozusagen aneinander in Bewegung (diese Bewegung hätte der Vorgesetzte sonst in sich erzeugen müssen). Und – was zu den ersten augenöffnenden Erlebnissen in Projektgruppen gehört – es kommen neue Argumente, neue Vorschläge, neue Ideen. Gute Auseinandersetzungen wirken äußerst anregend, es fällt uns einfach mehr ein.

Solche Erfahrungen wurden schon vielfach gemacht; man kann schon fast von einer allgemeinen Einsicht reden, daß Projektgruppen im oben beschriebenen Fall zu besseren Ergebnissen kommen als einzelne Hierarchen. Mittlerweile hat die Hierarchie einiges an Nimbus eingebüßt; es ist aber noch gar nicht so lange her, da wurden die unverständlichsten Entscheidungen respektvoll als „unerforschlicher Ratschluß" mythisiert. Heute gibt es andere Probleme. Da Projektgruppen als gut und sinnvoll erkannt sind, verlangt man von ihnen, daß sie möglichst von Beginn an gut funktionieren und leistungsfähig sind – eine unserer Meinung nach weit verbreitete Illusion, die die Bedeutung der Sozial- und Organisationsdynamik im und rund um das Projektmanagement nicht sieht oder nicht wahrhaben will. Jedes Mitglied nimmt ein Stück Hierarchie in sich mit, und diese Bürde belastet jeden Anfang einer Projektgruppe. Eine aus der hierarchischen Ordnung herausgestellte Gruppe ist außerdem kein rein funktionales Instrument, sie ist ein sensibler Sozialkörper, der eigenen Gesetzen gehorcht; diese bewirken einen Prozeß, der nicht folgenlos gekappt oder gebogen werden kann. Es gehört unseres Erachtens zu den neuen Führungsaufgaben, über diese Prozesse Bescheid zu wissen und sie gemeinsam mit den Gruppenmitgliedern steuern und lenken zu können.

Man hat die Einrichtung von Teams und Gruppen vielfach mit Demokratisierung und Mitspracherechten, auch mit einer „Humanisierung der Arbeitswelt" in Zusammenhang gebracht. Es ist nicht von der Hand zu weisen, daß von diesen ethisch-politischen Forderungen Impulse ausgingen, die organisatorisch funktional und daher ideologisch brauchbar waren. Historisch dürfte die Entwicklung eher umgekehrt gewesen sein – eine „List der Vernunft". In dem Moment, da Entscheidungsmaterien komplexer und unübersichtlicher werden und Vorgesetzte im beschriebenen Sinn überfordert sind, bekommen Mitarbeiter einen neuen selbständigen „Wert" (der mit Humanität zunächst gar nichts zu tun hat, sondern einen ökonomischen Faktor darstellt). Wenn man Mitarbeiter einladen muß, ihre arbeitsbezogenen Ansichten zu vertreten, zu argumentieren, auf ihre Fähigkeit angewiesen ist, zuzuhören, Neues kreativ zu entwickeln, verringert sich der traditionelle hierarchische Abstand. Diese Tatsache ruft immer noch Ängstlichkeit bei Führungskräften hervor, zumal Mitarbeiter auch imstande sind, aus ihrem neuen „Wert" für sich Vorteile herauszuholen; im Negativen kann das heißen, daß Mitarbeiter Situationen für sich ausnützen, Rechnungen für alte Kränkungen präsentieren. Jedenfalls wird man die Geister, die man rief, nicht wieder los und muß als Vorgesetzter sein Führungsverhalten oft radikal umstellen.

Konsequenzen für Führungskräfte

Projektgruppen fordern also von sich aus eine Änderung von Vorgesetzten- und Führungsaufgaben; in Wahrheit sind sie aber nur die konsequente Reaktion von Organisationen auf ein ohnehin schon eingetretenes und zunehmend erkanntes Defizit, nämlich auf den „Schwund" sachbezogener Vorgesetztenkompetenz. Immer noch werden Autorität, Führung, Vorgesetztenposition viel zu sehr mit Sachautorität, einer besonderen Spezialistenbegabung identifiziert. Natürlich soll der Vorgesetzte „vom Fach" sein und eine Ahnung von dem haben, was er leitet. Tatsächlich wird aber sein „Überblickswissen" immer mehr zur Ahnung, zumal er kaum noch Zeit hat, sich fachlich – noch dazu auf erweitertem Gebiet, da er je höher oben, desto mehr „unter sich" hat – weiterzubilden. Da viele Vorgesetzte heute immer noch meinen, sie seien Autorität ausschließlich aus fachlichen Gründen, leiden sie unter diesem Kompetenzschwund außerordentlich und versuchen, ihn so gut wie möglich zu verschleiern. Es fordert einige Überwindung, zuzugeben, daß man fachlich nicht mehr kompetent ist, und daraus die organisatorischen Konsequenzen zu ziehen. Dann stellt sich nämlich die Gretchen-Frage, die man in den Köpfen aller Mitarbeiter bereits vermutet: Wenn nicht aus fachlichen Gründen, warum ist man dann eigentlich Vorgesetzter, Autorität? Die Organisationsantwort auf diese mißliche Situation – die Projektgruppe zum Beispiel – ist auch die Antwort auf diese Frage: Es wachsen den Vorgesetzten neue, organisationsbedingte Führungsaufgaben zu, die nicht in ihrer Fachkompetenz liegen, sondern im Organisieren, Leiten und Steuern von Gruppenprozessen; Führungskräfte brauchen heute Sozial- und Organisationskompetenz; sie müssen abschätzen können, durch welche sozialen und organisatorischen Arrangements die jeweils „beste Sache" entsteht. Die Wahrnehmung solcher Vorgesetztenaufgaben abzuwehren, dient weder dem Vorgesetzten noch seinem Unternehmen.

Es gibt Vorgesetzte, die sich mit aller Gewalt ihre Sach- und Fachkompetenz erhalten wollen, sie mischen sich überall ein, lesen alle Berichte, ziehen Sachbearbeiteraufgaben an sich – was die Sachbearbeiter immer inaktiver macht –, wirbeln durch alle Ecken ihrer Organisation und umgeben sich mit einer Aura ungeheurer Betriebsamkeit. In der Freizeit studieren sie Akten und lesen die neueste Fachliteratur. Auf die Dauer ist dies ungesund *(„management by Herzinfarkt")*. Da ein solcher Chef alle fachlichen Aktivitäten an sich zieht, gewöhnen sich seine Mitarbeiter daran, auch immer mehr nach oben zu delegieren; der Chef kommt sich damit zwar unentbehrlich vor – er weiß jetzt, warum er Chef ist –, wie lange er aber den Seufzer „Was ich nicht selber tu..." durchhält, ist zumindest eine Frage körperlich-seelischer Robustheit. Sicher ist, daß auch dem Unternehmen damit nicht gedient ist; denn entweder wird in kurzer Zeit eine gute Kraft verschlissen, oder es werden problematische Entscheidungen getroffen, da man sich die gesamte fachliche Kompetenz nun doch nicht aneignen kann. Oder es werden irgendwelche Entscheidungen gefällt, deren einziger „Vorzug" darin besteht, daß sie Chefentscheidungen sind; wenn zugleich jede Kritik daran verboten wird, hat man das alte Muster „Flucht in autoritäres Verhalten aus Unsicherheit". Zweifellos ist dies eine immer noch naheliegende Reaktion, eingeübt durch Jahrtausende Hierarchiegeschichte: Was man nicht weiß, muß man per Amt verbergen. Vermutlich wird solcherlei irgendwann aufhören, sozusagen aussterben, aus ökonomischen Gründen: Fehlentscheidungen werden immer teurer.

Der Ausweg, Entscheidungen an Sachbearbeiter zu delegieren, zeigt zwar schon mehr Bereitschaft, den krisenhaften Zustand der Hierarchie anzuerkennen, funktioniert aber nur dann, wenn es ausschließlich um Dinge geht, die im definitiven Kompetenzbereich dieser Sachbearbeiter liegen. Mitarbeiter sind ebenso wie ihre Chefs überfordert, wenn sie Entscheidungen treffen sollen, die über ihr Gebiet hinausreichen. Ihnen dann die wohlmeinende Mahnung auf den Weg mitzugeben, sie mögen sich mit ihren Kollegen zusammenstreiten, ist zu wenig: Es gehört zur Vorgesetztenfunktion, dabei zu sein und bei Schwierigkeiten eben auch diesen Streitprozeß zu begleiten und zu steuern.

Für unser Zusammenleben in Hierarchien wird die hier beschriebene Anpassungsnotwendigkeit von Organisationen vermutlich bedeutende Änderungen nach sich ziehen: In komplexen Entscheidungssituationen wird durch das Überfordert-Sein des einzelnen Vorgesetzten jede einzelne Fachposition zunächst zur Autorität und ist als solche anzuerkennen, gleichgültig, aus welchem Fachbereich sie kommt und wie spezialisiert auch immer sie sein mag. Was an ihr wahr und wichtig sowie für die Gesamtentscheidung brauchbar ist, stellt sich erst als Resultat eines Gruppenprozesses unter prinzipiell Gleichberechtigten heraus. Da ein solches Kooperationsverständnis der Hierarchie nicht gerade in die Wiege gelegt ist, bringt die Entwicklung dorthin paradoxe Anforderungen an Vorgesetzte mit sich: Vorgesetzte müssen ihre hierarchische Position dazu benutzen, Hierarchie zum Teil zu überwinden; in Projektgruppen haben sie eine ganz andere Funktion wahrzunehmen (für bestimmte Entscheidungen können Vorgesetzte ihre eigenen Abteilungen durchaus zu Projektgruppen machen) und damit Entwicklungen in Gang zu setzen, die über die Abteilungsgrenzen hinaus Bedeutung erlangen. Die Komplexität der Entscheidungsmaterien hat damit die Position traditioneller Autorität in eine eigentümlich widersprüchliche Lage gebracht, die psychologisch erst „verkraftet" werden muß.

Grundsätzliches zur Sozialpsychologie der Gruppe

Seit einigen Jahrzehnten beschäftigen sich Gruppendynamik und angewandte Sozialpsychologie mit Gruppenphänomenen, Gruppengesetzen und -prozessen. Der Schwerpunkt liegt dabei auf Kleingruppen, das sind Gruppen mit etwa sieben bis fünfzehn Mitgliedern, und es liegt vieles an Erkenntnis und Erfahrung vor.[2] In den letzten Jahren hat sich im Zuge des sogenannten „Psychobooms" ein Markt mit teilweise zweifelhaften Erscheinungen entwickelt, die sich gelegentlich und fälschlich auch Gruppendynamik nennen. Das sollte jedoch nicht davor abschrecken, sich die Erkenntnisse über Vorgänge in Gruppen theoretisch und praktisch zu erwerben, insbesondere dann, wenn man mit (autonomen) Projektgruppen zu tun hat, die eben ein „gesondertes" Leben führen. Dieses Wissen schadet aber auch einer bewußteren

Führung der eigenen „normalen" Abteilung nicht, weil sich natürlich auch in ihr gruppendynamische Prozesse abspielen.

Daß diesbezügliches Wissen und praktische Kompetenz immer wichtiger werden, ist ein Hauptpostulat unserer Überlegungen. Die immer komplexer und globaler werdenden Problemstellungen und Aufgaben unserer Zeit erfordern zusätzliche und anpassungsfähige Organisationsformen, die in Verbindung mit und zugleich in bewußtem Widerspruch zu den bisherigen eingeführt und gesetzt werden müssen. Und um diesen Widerspruch und die daraus resultierenden Konflikte besser handhaben zu können, müssen wir einfach mehr wissen und praktisch können. Die Zeit, in der man quasi instinktiv, vage gefühlsmäßig operieren konnte, ist unserer Ansicht nach vorbei; die komplexen Managementaufgaben der Gegenwart lassen sich so nicht mehr wahrnehmen. Selbstverständlich haben wir nichts gegen Sensibilität im Umgang mit kritischen Situationen, einer Propagierung von „Intuition" als neuem *management-by*-Konzept stehen wir aber skeptisch gegenüber, beginnt doch „Intuition" immer dort, wo unser gesichertes Wissen aufhört. Was letzteres anlangt, können unseres Erachtens viele an verantwortlicher Stelle in Organisationen Tätige durchaus noch zulegen. Über Gesetzmäßigkeiten, denen die Dynamik von Organisationen unterworfen ist, beginnen wir kollektiv erst allmählich klarer zu sehen. Über Gruppen gibt es jedoch wichtige und gesicherte Erkenntnisse, die für unsere Zusammenhänge, insbesondere zum Begreifen von Projektgruppen, nötig sind.

Das Wissen über Gruppen (mehr noch natürlich das daraus folgende praktische Verhalten) ist deshalb von primärer Bedeutung und uns eher zugänglich, weil unser gesamtes Verhaltensrepertoire (einschließlich der Prägung der Gefühle) sowohl menschheits- wie individualgeschichtlich seinen Ausgang in Kleingruppen nimmt, während Organisationen (in beiderlei Hinsicht) erst spät in Erscheinung treten. Was Kleingruppen an uns ausrichten, die Prägungen, die wir dort erfahren, das Beziehungsnetz, in das wir eingeknüpft werden – all das verläuft weitestgehend unbewußt. Wir wissen sozusagen nicht, „wie uns geschieht", sind Beteiligte an einem nicht transparenten Prozeß. Wenn wir in Gruppen sind, kommen positive und negative Gefühle in uns auf; plötzlich gibt es Außenfeinde, Außenseiter in der Gruppe, die deren Funktion übernehmen, Autoritäten, die verlangt werden, und solche, die „abstürzen", Konflikte, die urplötzlich wie aus heiterem Himmel ausbrechen, Verdächtigungen, die sich als unbegründet herausstellen, Mißtrauen, das hauptsächlich durch Einbildung genährt wird. Kurzum, eine Gruppe ist ein höchst komplizierter „Sozialkörper", in dem ständig irgendwelche Lebensprozesse ablaufen und sich ineinander verschränken. So unbewußt wie in unserem Körper (wir nehmen ihn oft nur wahr, wenn uns etwas weh tut) leben wir in diesen Gruppenprozessen, ohne sie genauer zu kennen.

Dennoch können wir uns auch in ihnen am besten bewegen; über Jahrmillionen haben wir uns in ihnen einigermaßen „eingehaust". Allerdings werden wir von anderen Sozialkörpern ständig gestört: von größeren Organisationen, Hierarchien, vom Staat. Gegen diese fremden, anonymen Mächte haben sich Gruppen immer – und zum Teil mit Erfolg – zur Wehr gesetzt. „Fortschritt", wie immer man zu ihm stehen mag, hat sich aber in der Geschichte nur durch Organisationsleistungen des Menschen und gegen Kleingruppenfixiertheit ereignen können; „*small is beautiful*" steht daher auch seit einiger Zeit auf den Fahnen von Fortschrittskritikern. Trotzdem haben Kleingruppen ein zähes Überleben bewiesen, und wir können daher annehmen, daß wir sie trotz aller „Weltorganisation" zum Überleben brauchen. Mehr noch: Um die Probleme von Organisation und Hierarchie wieder in den Griff zu bekommen, sind wir zunehmend auf die Gruppe angewiesen und müssen lernen, uns ihrer zu bedienen. Gruppen- und Teamarbeit wird zum wesentlichen Managementinstrument.

Hat damit der Fortschritt resigniert, hat sich das Kleingruppenprinzip endgültig gegen Organisation durchgesetzt? War der Umweg über Organisation und Hierarchie eine historische „Sackgasse"? Es liegt auf der Hand, daß das Rad der Geschichte nicht zurückgedreht werden kann, daß wir zwar auf Gruppen (und damit ihre inneren Gesetze) zurückgreifen müssen, aber nicht anstatt, sondern angesichts von Organisation und Hierarchie. Dies bedeutet einen qualitativen Sprung, eine neue Stufe in der Entwicklung sozialer Systeme. Widerspruch, Verhältnis und Verbindung beider Seiten können nicht mehr dem Zufall überlassen werden. Wir brauchen beides, Gruppe und Organisation. Da es immer wieder passieren kann, daß das eine die Existenz des anderen unterdrückt oder gar zerstört, sind wir vor die Aufgabe gestellt, beides in ein ausgewogenes Verhältnis zueinander zu setzen, und dies in einem ständigen Prozeß, der nie abgeschlossen werden kann. Mehr Bewußtheit über Gruppenprozesse und daraus resultierende Handlungen verändern die Situation, die „Gesetze" mögen mit oder ohne Bewußtsein über sie zum Teil die gleichen bleiben und notwendig ablaufen, da sonst Gruppen gar nicht als solche sein könnten; unser Umgang mit ihnen kann sich aber völlig ändern – gerade auch im Zusammenhang ihrer „neuen" Stellung in der Organisation; darin liegt der qualitative Sprung.

Der Einsatz von Gruppen im Projektmanagement

Projektmanagement ist die zu Organisation geronnene Einsicht, daß bestimmte anstehende Problemlösungen Voraussetzungen brauchen, die nur in Kleingruppen gegeben sind. Der Rückgriff auf Teams und Projektgruppen geschieht daher nicht nur aus funktionalen Gründen (weil man auseinanderliegende Spezialistenpositionen wieder zusammenbringen und in einen wechselseitigen Austauschprozeß versetzen muß); der funktionelle, rein sachbezogene Gebrauch dieses Managementinstruments war zur Enttäuschung der Hierarchie nicht möglich. Sie hätte gerne ihr Organisationsprinzip, die Verknüpfung vereinzelter Funktionen, auf die Gruppe übertragen, die Hierarchie so belassen, wie sie ist, nur an die Stelle von einzelnen Personen – aus der rationalen Einsicht, daß in Gruppen mehr Ressourcen stecken – Funktionsgruppen gesetzt.

Vereinzelung widerspricht aber Zusammenarbeit, und Zusammenarbeit in und von Gruppen ist nur sehr begrenzt durch Zwang zu erreichen, besonders dann, wenn man auf selbständige, womöglich kreative Mitarbeit angewiesen ist und auch kaum Sanktionen vorstellbar sind, durch die eine solche erreichbar wäre. (Selbst die klassische Hierarchie, die durch ihre Systemanordnung als Zwangssystem zur Zusammenarbeit bezeichnet werden kann, weiß das und hat alle möglichen – oft emotionalen – Zusatzgratifikationen geschaffen, um den Zwang zu verschönern.) Der Versuch, Projektgruppen rein funktionalistisch ohne Rücksicht auf die Sozialdynamik auf Sachen „ansetzen" zu wollen, endet sehr oft in der Reproduktion der Hierarchie im kleinen oder wird auf andere Weise dysfunktional. „In die Pflicht genommene" Gruppen verhalten sich dann auch hierarchiegemäß. Damit gehen aber jene Vorteile, die sich die Hierarchie durch den Einsatz von Teams und Gruppen erhoffte, verloren. Verläuft die Sozialdynamik einer Gruppe schlecht, leidet auch die sachliche Lösungsqualität. Es wäre Illusion zu glauben, daß sich aus der Sache und der Aufgabenstellung, packt man sie nur richtig an, auch die richtige Sozialdynamik entwickelt. Das Umgekehrte ist der Fall: Erst eine gelungene Kommunikation und Kooperation, ausgetragene Konflikte bestimmen, was Sache ist; erst ein solcher Prozeß macht die anfänglich notwendigerweise vage, weil auf unkoordinierte Spezialistenpositionen verteilte Sache konkret. Allen neuzeitlichen Rationalitätsbehauptungen zum Trotz müssen wir heute zur Kenntnis nehmen, daß ein durch vielerlei Gefühle gesteuerter Sozialprozeß nicht nur sachkonstitutiv wirkt, sondern sogar als positives Medium heranzuziehen ist, um jene Probleme zu lösen, denen unsere rational-funktional-bürokratischen Systeme hilflos gegenüberstehen.

Sich nun aber naiv, das heißt in voller, bisher geübter „Bewußtlosigkeit" auf diese Sozialprozesse einzulassen, Gruppen und deren Leitung einfach agieren zu lassen, ist insofern problematisch, als uns das kollektiv Unbewußte von Sozialkörpern so manchen unerwarteten Streich spielen kann. Vergessen wir nicht: Gruppenformationen sind sowohl menschheits- als auch individualgeschichtlich nicht dafür entwickelt worden, Organisationsprobleme zu lösen oder gar Sachprobleme in Angriff zu nehmen, bei denen Organisationen überfordert sind. Im Gegenteil, einiges an Energie in ihnen wurde immer dafür verwendet, sich gegen Organisationen und deren Zugriff zu schützen. Setzt man heute nun Gruppen in Organisationen ein, kann es durchaus dazu kommen, daß dieser Effekt unbewußt dominiert und die Gruppe auf diese Weise für die Organisation unfruchtbar oder sogar schädlich wird. Es muß daher bei aller Kritik an hierarchischen und bürokratischen Organisationsformen auch der Sozialkörper Gruppe „auf den Prüfstand". Kann die Gruppe für Aufgaben einspringen, an denen die Organisation versagt, oder steht sie sich aufgrund ihrer historischen Voraussetzungen dafür selbst im Weg? Wie ist zum Beispiel (von innen und von außen) mit ihren Abkapselungstendenzen zu verfahren, wenn Gruppenkooperation verlangt ist? Auf Gruppen welcher Art (nicht jede Form wird gleich tauglich sein) soll sich die hierarchische Organisation stützen?

Selbst größte Systeme „lösen" ihre Probleme in Wirklichkeit nicht als Systeme, sondern in „persönlichen" Gesprächen, in hektischer und auf wenige Personen beschränkter Reisediplomatie, in Lobbies, *pressure groups*. Wir erleben, wie unsere Hierarchien in Politik, Wirtschaft und Wissenschaft beim Lösen globaler Probleme (etwa Bevölkerungswachstum, Hunger, Umwelt, Überproduktion, Kreditwesen) versagen. Das ernüchtert; trotz aller Anstrengungen von Systemen und Hierarchien lassen sich diese nicht mehr so ohne weiteres emotional positiv besetzen. Trotz vieler Versuche, das Vertrauensmanko durch verstärkte Ideologiebildung abzufangen, hat die Übertragung von Kleingruppenemotionen auf Organisationen hauptsächlich Enttäuschungen zur Folge, heute mehr denn je. Der „Vorteil" dieser Ernüchterung besteht einerseits in einem neuen Grenzbewußtsein über sinnvolle und sinnlose Macht von Organisationen, andererseits in einer Neuentdeckung der Notwendigkeit von Qualitäten, die wir aus Kleingruppen kennen.

Früher mag es ausreichend gewesen sein, einen Kaiser oder einen Vorstandsvorsitzenden aus der Ferne zu lieben, ihm zu vertrauen, daß er schon alles gut lenkt und leitet, um dieses Gefühl auf die ganze Organisation zu übertragen. Positives emotionales Engagement lebt zum Teil heute noch aus diesen Identifikationen mit der Führung. Nach der Logik von Kleingruppen muß die Führung daher „Person" sein; in jedem Klassenzimmer hängt schon ein Bild des Staatspräsidenten. Weder diese, noch Führungspersonen überhaupt, sind immer die reine Freude. Der Kult um Personen ist ein wenig aus der Mode gekommen; es gibt auch einfach zu viele und die wechseln zu häufig, als daß man sie dauerhaft emotional besetzen könnte. Kein Zufall also, daß etwa Vertrauen, Liebe dorthin zurückgeworfen werden, wo sie herkommen, nämlich auf die Kleingruppe, wo Personen wirklich und sinnlich faßbar sind.

Dort allerdings sind sie notwendiger denn je. Wo wir auf Gruppen angewiesen sind, brauchen wir Personen, Individuen. Vertrauen entwickelt man im allgemeinen nur zu Personen, die man kennt, handeln sieht; ebenso Offenheit. Der Mensch scheint hier ein zutiefst „sinnliches" Wesen zu sein, das in „Nahverhältnissen" lebt (alle weltbürgerliche „Fernstenliebe" ist abstrakt und Wunschvorstellung). Im Gruppenprozeß werden diese wichtigen positiven „Basisemotionen" nicht nur aktiviert und aufgebaut, sie selbst „treiben" Prozesse – auch in der Sache – voran. Ohne Vertrauen kein wirklicher Informationsaustausch, ohne Offenheit keine Konfliktbearbeitung, schon gar nicht ein haltbarer Konsens. Umgekehrt schafft ein ausgetragener Konflikt, dessen Lösung hält, eine Vertrauensbasis, die schwer zu erschüttern ist. Sinnvollerweise werden Projektgruppen besonders dann eingesetzt, wenn die Aufgabe komplex und durch die Aufgeteiltheit auf verschiedene Spezialpositionen auch kontrovers ist. Konflikte sind somit vorprogrammiert; daher brauchen Projektgruppen eine hohe Konfliktlösungs- und -handhabungskompetenz. Jeder Konflikt mobilisiert Emotionen, und ein Versachlichen ist oft nicht zielführend. Gerade bei komplexen Aufgabenstellungen geraten verschiedene Sachen aneinander, die – weil personenvermittelt – verschiedene Interessen widerspiegeln. Wenn diese nun unter einen Hut gebracht werden sollen, geht das zunächst gar nicht anders als emotional und konflikthaft. Was wirklich Sache ist, gemeinsame Sache, ergibt sich erst aus der gemeinsamen Konfliktlösung.

Wichtige Gruppenphänomene im Projektmanagement

Von besonderer Bedeutung ist der Beginn, die „Geburt" einer Gruppe. Man kennt einander mehr oder weniger, weiß voneinander nichts oder gerüchteweise mehr, als stimmt, wundert sich über die Zusammensetzung. Wie es mit Geburten nun einmal ist – man wird in ein unsicheres, unbekanntes Leben geworfen; man muß erst gehen lernen, sich abtasten, schauen, was los ist. Die Gruppenentwicklung ist in einigen Punkten der Kleinkindentwicklung analog – wenn auch schneller. Je nach den Bedingungen des Zustandekommens kann dieses unsichere Anfangsstadium einer Gruppe kürzer oder länger andauern; es ist jedenfalls für die Herstellung ihrer Arbeitsfähigkeit von enormer Wichtigkeit und wird darin meist unterschätzt. Oft stürzt man sich zu früh auf die Sache (meist nicht um der Sache willen, sondern um seine Kompetenz aufblitzen zu lassen, seine Entsendung zu rechtfertigen oder „auf den Tisch zu hauen"), um nach einiger Zeit, wenn die Luft heraus ist, resigniert zur Kenntnis zu nehmen, daß man in Wirklichkeit kein Stück weiter gekommen ist, höchstens so getan hat als ob. Für diese schwierige „*kick-off*"-Phase von Projektgruppen wird daher gerne und sinnvollerweise Beratung von außen in Anspruch genommen, die sich – wir haben oben von „Geburt" gesprochen – in alter „Hebammenkunst" zu üben hat.

Wichtig sind weiterhin die ständige Beobachtung und Verfolgung der Gruppenprozesse, der Sozialdynamik, insbesondere dann, wenn „Sand im Getriebe" auftaucht oder wichtige Ereignisse auf die Gruppe zukommen (Erweiterungen, Kooperation mit anderen, Präsentation von Ergebnissen, Auflösung). Alles, was die Gruppe als Sozialgebilde betrifft, muß von ihr sozial und emotional „aufgearbeitet" werden; dieser Prozeß hat Einfluß auf die Aufgabenbewältigung und muß daher möglichst bewußt gemacht werden. Es gilt, ständig Gruppenfunktionen auf mindestens zwei Ebenen wahrzunehmen: auf der aufgaben- und zielorientierten – man muß in der Sache vorankommen, und auf der gruppenbezogenen – die Gruppe muß als Sozialgebilde funktionieren. In der ersten Aufgabenstellung sind wir durch Hierarchie und Organisation im allgemeinen geübter und neigen daher dazu, die Wichtigkeit der zweiten zu übersehen. Es können uns zum Beispiel wichtige Informationen entgehen, wenn wir nicht Außenseiter zu integrieren versuchen, Schweiger um ihre Meinung fragen, Vielredner bremsen – und nach den Gründen fragen, warum manche nichts sagen oder irgendwer immer dominieren muß. Latente Konflikte anzusprechen gehört ebenso hierher wie Situationen zu entkrampfen, kurzum – die Gesamtsituation der Gruppe muß ständig mitreflektiert und, wenn notwendig, gesteuert und verändert werden. Gut arbeitende Gruppen haben nach einiger Zeit das Wahrnehmen für die Gruppe wichtiger, sach- und gruppenbezogener Funktionen auf verschiedene Mitglieder verteilt. In Anfangsstadien ist es jedenfalls Aufgabe der Leitung, die Gruppensituation zu beobachten, was nicht heißt, daß sie zum ständigen Bedürfnisbefriediger der Gruppe wird; wohl aber kann die Leitung auf Defizite aufmerksam machen und deren Bewältigung anregen und organisieren.

Überhaupt ist das Verhältnis von Gruppe und Autorität ein anderes als in hierarchischen Zusammenhängen. Autorität in einer Gruppe – im Projektmanagement womöglich in einer Gruppe von „Gleichberechtigten" – ist jeder, der für die Gruppe wichtige Funktionen zeitgerecht wahrnimmt. Hierarchie riskiert ungern, daß Abteilungen weitgehende Selbststeuerung übernehmen. Die Wahrnehmung von Funktionen ist geregelt, die meisten sind in der Verantwortung eines Amtsträgers (vor allem die sach- und aufgabenbezogenen), viele (vor allem die gruppenbezogenen) sind nicht definiert und werden daher auch nicht ausgeübt. Hierarchie monopolisiert also Gruppenfunktionen und – weil eine Person nicht alle Funktionen wahrnehmen kann, die eine Gruppe für ihre Arbeitsfähigkeit braucht – überfordert damit die Führungskräfte. In einer Projektgruppe kann dagegen jeder Autorität sein; fachlich ohnehin – wegen seiner Spezialistenkompetenz ist man ja geholt worden, aber auch, was den Sozialkörper Gruppe betrifft – jeder ist in der Lage, Konflikte anzusprechen. Monopolisierungen von Funktionen verhindern in der Regel Entfaltung und damit auch sachgerechte Arbeit.

Nicht jede Gruppe ist gleich so reif, in wechselnden Autoritätsverhältnissen vorzugehen. Meist erhalten Gruppen eine von außen eingesetzte Leitung, die dem Unternehmen gegenüber verantwortlich ist. Hält diese Leitung starr an den übertragenen hierarchischen Funktionen fest, wird sich die Gruppe nicht sehr weit und selbständig entwickeln. Wirft sie sich gleich „unter die Leute", erzeugt sie Verunsicherung. Es muß daher ein nicht leichter Prozeß des dosierten Rückzuges der Amtsautorität in Gang gesetzt werden, der ständig Wahrnehmen und Abgeben von Autorität im Sinne der Gruppenfunktionen balanciert. Dieser Prozeß kann für die Autorität auch schmerzlich sein, da von Untergebenen immer wieder getestet wird, wie ernst es mit der Abgabe von Autorität gemeint ist. Oft benehmen sich hier Gruppen wie Kinder in der Pubertät. Dieses als „Konterdependenz" bekannte Phänomen gehört häufig zur Entwicklung von Gruppen zur Selbständigkeit und braucht von Autoritäten daher nicht unbedingt „persönlich" genommen werden. Man muß jedenfalls wissen, daß diese Prozesse vielfach nicht zu umgehen sind.

Über das Wechselverhältnis von Gruppen und ihrer Organisationsumwelt wurde schon einiges gesagt. Jede Sozialdynamik von Gruppen wird von ihrer Umgebung mitbestimmt. Es ist Aufgabe der Gruppe, sich ständig die von außen kommenden hinderlichen und förderlichen Bedingungen bewußt zu machen. Auch der Leitung als Vermittlungsinstanz kommt hier besondere Bedeutung zu, die nicht unbesprochen gehandhabt werden sollte. Alle Gruppen entwickeln nach einiger Zeit Normen, Standards, Ein- und Austrittsregeln, Zugehörigkeitsverpflichtungen, Loyalitäten, Abgrenzungen, manchmal sogar einen eigenen Jargon. Sie werden damit in der Organisation zu etwas Eigenständig-Fremdem, was nie ohne Konsequenzen bleibt; Fremdes wird nicht ungern abgestoßen oder belächelt – beides bedeutet Einflußverlust. Es empfiehlt sich daher immer wieder, bei Gelegenheit die Binnenabläufe anhand der Eindrücke, die – soweit man das an Reaktionen ermessen kann – nach außen vermittelt werden, zu überprüfen. Manches, was für die Gruppe und ihr Sozialleben vordergründig förderlich scheint, erweist sich bei näherem Hinsehen als selbstverschuldetes Gefängnis.

Im Organisieren des Ablaufes von Projekten sollte man daher auf diese Schleifen für Selbstreflexion und *feedback* nicht vergessen. In der Regel werden Projekte netzplantechnisch geplant, die Notwendigkeit von „Sozialphasen" wird nicht erkannt. Selten werden Zeiten vorgesehen, die es den Gruppen ermöglichen, sich selbst zu überprüfen, sich mit sich selbst zu beschäftigen. Eingeplante Pufferzeiten werden immer wieder für sachgegebene Zielsetzungen verbraucht, so daß für die

Gruppen als Gruppen nichts mehr übrig ist. Auf solche Beschneidungen reagieren sie nicht immer einsichtig; plötzlich geht in der Sache nichts mehr weiter, pflichtgemäß und zäh wird das Programm abgewickelt, der Arbeitseinsatz wird auf ein Minimum reduziert, und die Ergebnisse sehen danach aus. Es soll übrigens auch eine andere, psychohygienische Seite dieser Selbstreflexion nicht unterschätzt erden: Gruppen müssen sich auch die Gelegenheit geben können, in irgendeiner Form ihre Arbeit, ihren Erfolg zu „feiern", zurückzublicken und zu „sehen, daß es gut war".

Gruppen als Entscheidungsorgane

Fehler, die beim Einsetzen von Projektgruppen, bei ihrer Entwicklung und im Umgang mit ihnen von außen gemacht werden können, wirken sich gravierend auf deren Entscheidungsfähigkeit aus. Wir heben daher noch einmal – nun unter dem Blickwinkel von Entscheidungsfähigkeit – die wichtigsten Problematiken hervor. Nach einer grundsätzlichen Qualifizierung verschiedener Entscheidungsarten besprechen wir die Vor- und Nachteile von Gruppenentscheidungen[3].

Zur Entscheidungsfähigkeit von Gruppen

Wenn Gruppen Entscheidungen treffen dürfen, hat dies sowohl im sachbezogenen als auch im emotional-sozialen Bereich viele Vorteile, die eine höhere Qualität bei Entscheidungen und eine größere Identifikation mit Durchführungen bewirken. Wir wissen heute mit Sicherheit und haben auch genug Belege dafür, daß Gruppen in zwei Fällen die besseren Entscheidungen treffen: erstens bei komplexen Problemlagen, zweitens in emotional schwierigen Situationen. Voraussetzung ist allerdings, daß Gruppen die dafür notwendige Reife haben, das heißt, gut zusammenarbeiten können und konsensfähig sind. Hinsichtlich dieser zu erreichenden Voraussetzungen sind einige Gefahrenquellen zu beachten:

- Die Versammlung der für eine zu fällende Entscheidung relevanten Personen bedeutet noch nicht, daß die Gruppe schon entscheidungsfähig wäre. Gruppen brauchen Zeit, weil sie sich nicht nur nach dem Thema, sondern auch nach den beteiligten Personen und deren Interessen zu richten haben. Von der Hierarchie vorweg definierte Autoritäten können dabei oft ebenso schwer ihre normale Rolle aufgeben, wie Untergeordnete den Mut aufbringen können, frei und unbefangen ihre Meinung zu äußern.
- Daß Gruppen Wachstumsphasen und Reifungskrisen durchlaufen müssen, stößt oft auf Ungeduld und mangelndes Verständnis. Druck von außen ist einer Beschleunigung von Entscheidungsprozessen äußerst selten förderlich, führt aber meist dazu, daß Probleme unter den Teppich gekehrt werden. Gruppen unter Zeitdruck gar für dringend gebrauchte Sofortentscheidungen einzusetzen, ist völlig sinnlos.
- Langjährige Organisationserfahrung verschafft den meisten einen mehr oder weniger ausgeprägten „Hierarchie-*bias*", eine Art Berufsdeformation, die immer in Erscheinung tritt, wenn wir in Gruppen arbeiten sollen. Die Veröffentlichung relevanter Emotionen und die konstruktive Bearbeitung von Konflikten sind Kompetenzen, die weitgehend fehlen. Gut arbeitende Gruppen kommen mit der bloßen Konzentration auf die Aufgabe nicht aus.
- Die ungewohnte Gruppenatmosphäre macht unsicher; daher die Neigung, an den hierarchisch geprägten Verhaltensweisen festzuhalten. Durch die Gewöhnung an Einzelentscheidungen von Vorgesetzten fällt es schwer, kooperative Entscheidungsprozesse überhaupt zu denken und erst recht zu leben. Immer wieder gibt es auf dem Weg zur Konsensbildung kollapsartige Zurück-zur-Hierarchie-Bewegungen, die sich etwa in Mehrheitsbildungen, Abstimmungsritualen und Verantwortungsdelegationen an einzelne äußern.
- Gruppen sind soziale Einheiten und können in ihrer personellen Zusammensetzung nicht folgenlos verändert werden; jeder Verlust eines alten Mitglieds und jeder Neuzugang verändern die Situation der Gruppe auf dem Weg zu einer Entscheidung. Sie wird sozusagen zurückgeworfen und muß in gewisser Weise „neu" beginnen.

- Wer Gruppen einsetzt, sie arbeiten läßt, ihnen dann die Entscheidung „wegnimmt" und sie als seine ausgibt, betreibt Raubbau an der Loyalität der Mitarbeiter. Ein möglicher Prestigegewinn kostet vermutlich zu viel, wenn man auf die Kooperation und Einsatzbereitschaft von Gruppen angewiesen ist.
- Selbstverständlich wird durch die Entwicklung von Projektgruppen, die auch Entscheidungskompetenz erhalten, die übrige Organisation „provoziert", und sie setzt sich zur Wehr. Die daraus entstehenden Reibungen und Konflikte bedürfen eines ständigen und sensiblen Konfliktmanagements nach außen, vor allem aber auch einer Stützung der Gruppen durch die Leitung. Schon oft sind Gruppen mit besten Ergebnissen „abgestürzt", weil sie von vornherein angefeindet waren.

Verschiedene Entscheidungsarten – qualitative Unterschiede

Wer Gruppen als Entscheidungsinstanzen einsetzen will, ist gut beraten, die aufgezählten Gefahrenquellen sorgsam zu beachten. Optimale Entscheidungen sind zu erwarten, wenn die Gruppe im Konsens, das heißt in gleichberechtigter Übereinstimmung aller zu entscheiden imstande ist. Es gibt verschiedene Arten zu entscheiden; hinsichtlich ihrer Qualität für komplexe Materien können sie linear angeordnet werden:

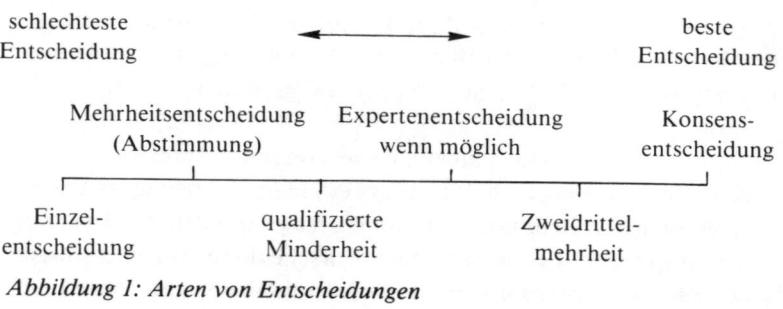

Abbildung 1: Arten von Entscheidungen

Natürlich handelt es sich hier um ein grobes Schema, das nach verschiedenen möglichen Situationen und Konstellationen zu entfalten wäre. Folgende Überlegungen stehen aber dahinter:

Die Einzelentscheidung sehen wir als die vergleichsweise schlechteste Entscheidungsform an. Ein Grund dafür liegt in ihrer „individuellen Statik". Der einzelne kann sozusagen nur mit sich selbst sprechen, und dies ist selten ein besonders kreativer Akt. In einem Entscheidungsprozeß von Gruppen dagegen werden Erinnerungen und Ansichten stimuliert, und es kommt oft Neues, Unvorhergesehenes heraus. Ein weiterer Nachteil der Einzelentscheidung ist durch ihre psychologische Stellung in der Hierarchie bedingt: einmal getroffen, darf sie aus Prestige- und Systemgründen nicht mehr revidiert werden. Jemand, der vom System einen verantwortlichen Posten erhalten hat, darf eigentlich nicht irren, weil sonst indirekt zugegeben würde, daß das System falsch auswählt. So kann es passieren, daß hoch angesiedelte Fehlentscheidungen durch Jahre verteidigt werden, auch wenn alle längst schon wissen, daß sie falsch waren.

Die sogenannte „demokratische" Mehrheitsentscheidung ist als solche nicht viel besser. Diese Tatsache versetzt einer formal orientierten Demokratie-Ideologie einen Schlag, weshalb sie aus dem Bewußtsein westlicher Demokraten gerne verdrängt wird. Es ist aber einsichtig, daß bloße Mehrheiten zunächst und nur durch ihre größere Zahl keine qualifizierteren Aussagen zustande bringen als Individuen. Mehrheitsentscheidungen sind nur dann qualitativ höherwertig, wenn sie durch Meinungs- und Willensbildungsprozesse vorbereitet werden. Im übrigen wird auch in den Parlamenten im allgemeinen nur auf Grund von Kommissions- und Ausschußergebnissen entschieden. In diesen Ausschüssen findet intensive Kleingruppenarbeit statt, gefolgt von oft nur rituellen Plenardebatten mit anschließender Abstimmung, die nur noch die Ausschußentscheidung „absegnet".

Vielfach werden aber Abstimmungsmechanik und die sogenannten demokratischen Spielregeln manipulativ zur Unterdrückung von Minderheiten, von Diskussionen und Konflikten und damit von Entwicklungsmöglichkeiten verwendet; bei solchen Praktiken geht es kaum darum, einen Informations- und Entscheidungsprozeß zu fördern; im

Gegenteil, oft werden Informationen solange zurückgehalten, bis der Entscheidungsprozeß abgeschlossen ist, bis man „gewonnen" hat. Techniker der Formaldemokratie wissen genau, wann sie auf Abstimmung zu drängen haben, dann nämlich, wenn sie sicher sind, die Abstimmung auch zu gewinnen. Die Entscheidung wird nicht zu einer Angelegenheit bestmöglicher Qualität, sondern zu einer reinen Machtfrage. Was nach solchen Abstimmungen (wenn etwa 50 Prozent etwas entschieden haben, 49 Prozent dagegen waren und verloren haben) meist passiert, ist bekannt: Die Unterlegenen werden nichts Vordringlicheres zu tun haben, als der Mehrheit zu beweisen, daß die Entscheidung unsinnig war. Sollten die 49 Prozent gar noch für die Durchführung der Entscheidung gebraucht werden, kommt es oft überhaupt zu nichts. Viele „demokratische" Entscheidungen „versanden" deshalb unbemerkt.

Ab nun wächst die Qualität der Entscheidungen ständig: Qualifizierte Minderheiten fällen deshalb oft bessere Entscheidungen (wenn man sie läßt), weil sie sich als Minderheiten gegenüber Mehrheiten nur durch das bessere Argument zur Wehr und durchsetzen können. Sie müssen sich im allgemeinen besser informieren und besser vorbereiten. Sie sind gezwungen, sich zu „qualifizieren", weil sie Minderheiten sind.

Expertenentscheidungen, in Gruppen getroffen, haben natürlich eine hohe Qualität. Sie sind unter zwei Voraussetzungen optimal: erstens, wenn die Entscheidungsmaterie klar abgrenzbar ist (zum Beispiel ein eindeutig wissenschaftlich-methodisch zuordenbares Problem entschieden und gelöst werden muß), zweitens, wenn man weiß, wer als Experte für ein Problem in Frage kommt, das heißt, wenn die Entscheidungssituation eigentlich nicht besonders komplex ist. Experten müssen aber auch zusammenarbeiten können. Gerade hier gibt es Schwierigkeiten, weil Experten sich ihrer Meinung mitunter so sicher sind, daß sie anderen gar nicht mehr zuhören. Als notorische „Besserwisser" sind sie manchmal schlechte Teamarbeiter und bedürfen einer besonderen „Einübung" in Selbstkritik. Bei komplexeren Problemen und Entscheidungsmaterien weiß man im voraus selten, wer überhaupt als Experte in Frage kommt; das stellt sich oft erst im Laufe der Arbeit heraus. In solchen Fällen entscheiden Expertengruppen nur dann gut, wenn die Möglichkeit und Erlaubnis gegeben sind, weitere Ressourcen hinzuzuziehen, wenn sie selbst nicht zu stolz sind, ihre Grenzen zuzugeben, und wenn sie nicht aus Prestige die Entscheidung allein treffen wollen.

Für wichtige Entscheidungsprobleme hat sich in vielen westlichen Verfassungen die Zwei-Drittel-Mehrheit bewährt. Sicherlich hängt dies nicht allein mit quantitativen Gesichtspunkten zusammen. Vermutlich sind die Auseinandersetzungen, Konflikte und deren Bearbeitung fruchtbringender, als wir glauben. Wenn Zwei-Drittel-Mehrheiten vorgeschrieben sind, werden meist alle Entscheidungspartner und Kontrahenten zum intensiveren Argumentieren und Qualifizieren ihres Standpunktes gezwungen. Die Entscheidungsfindung geht schon in Richtung Konsens, ist jedenfalls konsensnäher als die einfache Mehrheit.

Konsensentscheidungen

Der Konsens bringt die besten Entscheidungen hervor. In Dutzenden Experimenten, Fallstudien und Trainings konnten wir dies überprüfen: Gruppen, die gut arbeiteten, das heißt, auch als Gruppen kooperieren konnten, erzielten immer ausgezeichnete Ergebnisse. Konsensfähige Gruppen waren sogar oft mit ihrem Gruppenergebnis besser als die beste Einzelleistung in dieser Gruppe. Gruppen ohne Konsensfähigkeit dagegen fielen im Leistungsniveau oft unter das arithmetische Mittel aller Einzelleistungen dieser Gruppe; oder sie kamen manchmal sogar zu überhaupt keinem Resultat. Bemerkenswert finden wir die Tatsache, daß fast alle Gruppen, die eine Zeitlang (etwa drei Tage) vortrainiert waren, sich gegenüber dem Durchschnitt der Einzelleistungen verbessern konnten. Daraus läßt sich ableiten, daß Konsensfähigkeit in Gruppen in relativ kurzer Zeit erlernbar ist. Interessant war auch die Analyse „gescheiterter" Gruppen anhand von Tonband- und Videoaufnahmen oder Beobachtungen. Es konnte nämlich hinterher immer aufgeklärt werden, warum die Gruppen zu keinem besseren Ergebnis kommen konnten. Fast nie lag der Grund in einem Mangel an Informationen, sondern in deren Bewertung. Und diese erfolgte nicht durch eine rein sachliche Argumentation, sondern hatte sozial-emotionale Gründe in der Gruppe; es war nie zufällig, wessen Argument höher bewertet wurde.

Was bedeutet es nun eigentlich, Konsens-Entscheidungen in Gruppen zu treffen, wie sieht ein Konsens aus, und unter welchen Bedingungen kommt er zustande? In der Anleitung zu einer von uns öfters eingesetzten Übung heißt es: „Wenn eine Gruppe jenen Punkt erreicht, an dem jeder sagen kann 'Nun ja, wenn es auch nicht ganz das ist, was ich will, so kann ich doch diese Entscheidung akzeptieren und werde ihre Durchführung unterstützen.' – dann hat die Gruppe Konsens erreicht. Es heißt also nicht, daß alle mit allem ganz einverstanden sein müssen, doch müssen alle wenigstens teilweise zustimmen können. Es kann jeder einzelne eine Entscheidung blockieren, wenn Konsens erforderlich ist. Das ist der Grund, warum Entscheidungen dieser Art schwieriger und warum sie zugleich besser sind als alle anderen Entscheidungsmethoden wie etwa Mehrheitsbeschlüsse. Die Gruppe wird bei Konsens gezwungen, alle Konsequenzen bei der Durchführung mit zu berücksichtigen. Meinungsverschiedenheiten sind erstens zu sehen als Gelegenheit, zusätzliche Informationen zu bekommen, zweitens als Gelegenheit zur Konfliktlösung und drittens als Zwang, bessere Alternativen zu suchen. Konsensentscheidungen erfordern einen bedeutenden Zeitaufwand."

Worauf kommt es also an? Es müssen nicht alle „gleichgeschaltet" werden und einer Meinung sein; alle müssen aber das Gefühl haben, daß sich die anderen bemüht haben, die Argumente aufzunehmen, anzuerkennen, zu berücksichtigen oder die Nichtberücksichtigung zu begründen. Konsens bedeutet die Anerkennung von Person und Argument; nur dann werden die positiven Potentiale von Meinungsverschiedenheiten wirklich ausgenützt. Meinungsverschiedenheiten, Konflikte, Gegnerschaften können als Chance wahrgenommen werden. Konsens heißt nicht vorschnelle Anpassung an die dominante Gruppenmeinung, im Gegenteil; sollte in einer Gruppe sich allzuschnell eine einheitliche Meinung abzeichnen, ist es immer günstig, wenn die Gruppe diese Übereinstimmung noch einmal abfragt, indem sich zum Beispiel jemand findet, der den „advocatus diaboli" spielt. Gruppen, in denen immer alle schnell einer Meinung sind, bringen selten gute Ergebnisse, auch wenn sie sich dabei sicher und wohl fühlen. An der Tatsache, daß Konflikt und Gegnerschaft positive Chancen sind, müssen wir uns emotionell erst gewöhnen; ein demgemäßes Verhaltens- und Einstellungsrepertoire müssen wir erst entwickeln.

In unserer Konsensentscheidungsübung versuchen wir, durch einige Hinweise den Gruppenmitgliedern auf die Sprünge zu helfen. In unseren schon zitierten Spielanleitungen heißt es weiter:

„1. Versuchen Sie, zugrundeliegende Annahmen und Voraussetzungen für Meinungen aufzudecken, damit auch diese in aller Öffentlichkeit diskutiert werden können.

2. Hören Sie genau zu, was andere zu sagen haben. Das ist die beste Grundlage für erfolgreiche Teamarbeit.

3. Hüten Sie sich vor voreiliger Zustimmung und vor allzu bereitwilligen Kompromissen. Nur zu oft entspringt eine solche Haltung falschen Voraussetzungen, die überprüft werden sollten. Seien Sie daher eher kritisch.

4. Vermeiden Sie Cliquenbildung und Gruppenspaltung. Argumentieren Sie mit Logik, denn in dieser Situation 'gewinnt' die ganze Gruppe oder alle ‚verlieren'.

5. Vermeiden Sie Abstimmung oder andere Konfliktlösungstechniken wie Mittelwertberechnung, Tauschhandel usw.; Konflikt ist fruchtbar, wenn er ausdiskutiert wird.

6. Das Team benötigt alle in der Gruppe vorhandenen Informationen. Fordern Sie deshalb auch Beiträge von jenen, die zurückgezogen sind oder schweigen. Jeder kann den Schlüssel zu wichtigen Lösungen haben, ohne es selbst zu wissen.

7. Wählen Sie keine ‚Leiter' oder ‚Experten'; nur selten weiß einer mehr als die ganze Gruppe zusammen, und der ist nicht so leicht zu erkennen."

Was hier von den Gruppenmitgliedern verlangt wird, ist ein anderes Verhalten als jenes, das man aus Hierarchien im allgemeinen gewohnt ist. Es kommt daher nicht von ungefähr, daß die sieben Punkte aus der Spielanleitung zunächst nur ein Postulat darstellen, eine Soll-Forderung, die nur deshalb, weil man sie stellt, auch schon eingelöst wäre. Verlangt werden: die prinzipielle Gleichberechtigung aller Gruppenmitglieder, die Akzeptanz der jeweils anderen, gegenseitiges Vertrauen, Unbefangenheit bei der Äußerung von Meinungen, die Austragung von Konflikten, Beiträge rational-argumentativer Art ebenso wie gruppenförderliche und -befruchtende Beiträge, das Ansprechen von Gruppenproblemen sowie die Diagnose sozialer Situationen und ihrer Schwierigkeiten. Diese Fähigkeiten und Qualifikationen erlernen wir weder in der Schule noch im hierarchisch organisierten Berufsleben; wir sind hier also noch ziemliche Anfänger. Nach unseren Erfahrungen können wir aber sagen, daß einzelne und Gruppe in den genannten Hinsichten lernfähig sind.

Vor- und Nachteile von Gruppenentscheidungen

Im letzten Teil dieses Abschnittes beleuchten wir zunächst die Nachteile von Gruppenkonsensentscheidungen, weil auch ihre Kenntnis für die Steuerung von Projektmanagement wichtig ist, schließen dann allerdings optimistisch mit einer Liste von Vorteilen.

Ein Nachteil von Gruppenentscheidungen ist sicherlich der relativ hohe Energieeinsatz. Brauchen Gruppen schon Zeit, um reif, also konsensfähig zu werden, so benötigen Konsensentscheidungen nochmals mehr Zeit als andere Entscheidungsformen. Konsens unter Zeitdruck dagegen ist so gut wie ausgeschlossen; daher ist es sinnlos, für notwendige Sofortentscheidungen Gruppen wie die Feuerwehr einzusetzen; allerdings ist es sinnvoll, Gruppen auf solche Situationen vorzubereiten, sie einzuüben. Das Zeitargument wird oft gegen Gruppenarbeit verwendet, und wir wollen seine Berechtigung nicht abstreiten. Dennoch bekommt es ein anderes Gesicht, wenn man die Durchführung von Entscheidungen noch mit ins Kalkül einbezieht. Dann nämlich ergibt sich eine „Energieökonomie", die das Argument auf den Kopf stellt. Schematisch sieht dies so aus:

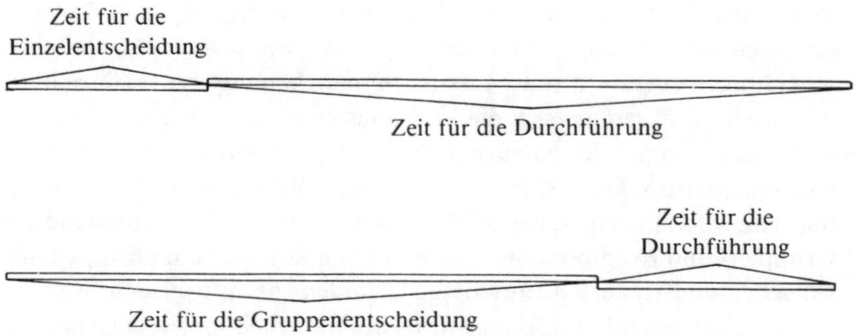

Zeit für die
Einzelentscheidung

Zeit für die Durchführung

Zeit für die
Durchführung

Zeit für die Gruppenentscheidung

Abbildung 2: Zeit für die Entscheidung – Zeit für die Durchführung

Die Zeitverhältnisse kehren sich um. Die Einzelentscheidung ist zwar nicht sehr zeitaufwendig (wir haben bemerkt, daß nach etwa 20 Minuten den meisten, wenn sie allein entscheiden, nicht mehr viel Neues einfällt und daher Pausen sinnvoll werden), sehr oft aber zieht sich dann die Zeit oder der Energieeinsatz für die Durchführung in die Länge. Einzelentscheidungen sind oft nicht nachvollziehbar, manchmal uneinsichtig, werden meistens nicht näher erklärt und rufen Widerstand hervor, selbst wenn sie nicht besonders autoritär in Erscheinung treten. Viele wollen anscheinend, wenn sie keine Gründe einsehen, den „einsamen Entscheidungsträgern" beweisen, daß sie schlecht entschieden haben. Äußert sich der Widerstand quasi schleichend, etwa als passive Resistenz, dann geht die Durchführungszeit sozusagen gegen unendlich. Bei Gruppenentscheidungen, wenn deren Mitglieder auch mit Teilen der Durchführung beauftragt sind, verhält es sich gerade umgekehrt: die Zeit der Konsens- und Entscheidungsfindung ist zwar relativ lang, die der Durchführung aber kürzer. Es bedarf keiner endlosen Erklärungen an Leute, die zwar betroffen sind, aber bei der Lösungserarbeitung nicht beteiligt waren. Die Durchführenden identifizieren sich mit ihrem Ergebnis, es ist ihr „Kind"; darüber hinaus wurden in der Konsensfindung Durchführungsprobleme bereits vorweggenommen und diskutiert. Damit hat sich die Gruppe auf ihre Zukunft selbst vorbereitet; sie will ja nicht, daß ihr Ergebnis gefährdet wird.

Gruppenentscheidungen kosten wegen ihres Zeit- und Personalaufwands umgerechnet in Mann-Tage mehr Geld. Dieser Nachteil besteht in jedem Fall. Man muß sich daher immer überlegen, wo und wann Gruppenentscheidungen auch rentabel sind. Gruppen für Bagatellentscheidungen einzusetzen, ist Luxus. In manchen unserer verunsicherten Organisationen hat sich die Vorgangsweise eingebürgert, für alles und jedes Kommissionen einzusetzen. Vergleicht man Aufwand mit Ergebnis, wird schnell klar, daß sich dieses Verfahren nicht rentiert, mit dem schädlichen Nebeneffekt, daß dadurch wirklich notwendige Gruppen- und Kommissionsarbeiten diffamiert werden. Gruppen als Entscheidungsträger sind aus diesen Gründen vorzugsweise für wichtigere, globalere und langfristig wirksame Entscheidungen einzusetzen (etwa Planungs-, Investitions-, Produktentwicklungsentscheidungen).

Oftmals ist es Organisationswirklichkeit, daß Entscheidungen von informellen Gruppen stark beeinflußt oder gar getroffen werden. Für das zuständige Management ist dies deshalb von Nachteil, weil solche Prozesse nur begrenzt steuerbar sind. Die Frage im weiteren ist, wie sich das Management zu diesen informellen Gruppierungen in Beziehung setzt. Da auch informelle Gruppen das Vorteilspotential von Gruppen generell in sich haben, wäre es zweckmäßig, solche Gruppen möglichst ohne Druck zum Gegenstand der Analyse und Selbstbetrachtung zu machen. Aus der Hierarchie heraus sind Vorgesetzte eher gewohnt, mit Mitarbeitern Einzelgespräche zu führen, das heißt, einzelne aus ihrer sozialen Umgebung herauszunehmen und mit ihnen „persönlich" zu reden. Solche Gespräche sind besonders dann sinnlos, wenn die Ursachen von Schwierigkeiten und Konflikten nicht persönlicher Natur sind, sondern zum Beispiel in einer gesamten Abteilung liegen. In derartigen Fällen empfiehlt es sich, alle zusammenzurufen, mit ihnen die Lage zu besprechen und Entscheidungen unter Beteiligung aller zu treffen.

Gruppen, die öfters die Erfahrung machen mußten, daß ihnen ihre Entscheidungen von Vorgesetzten weggenommen oder die beschlossenen Maßnahmen nicht durchgeführt wurden, arbeiten mit der Zeit verständlicherweise lässiger; ihre Sorgfalt und Gründlichkeit lassen nach.

Es ist daher immer sehr genau zu überlegen, wofür man Gruppen einsetzt und ob überhaupt Chancen für Umsetzungen bestehen. Alibigruppen sollten eher vermieden werden; es hat meist nachteilige Folgen, mit sozialen Einheiten herumzuspielen.

Wer bei Gruppenentscheidungen die Verantwortung trägt, ist ein Problem für sich. Kann Verantwortung aufgeteilt werden? Muß sie sich auf eine Person konzentrieren? Besteht nicht Gefahr, daß bei Mißerfolgen die Verantwortung abgeschoben wird? Braucht man einen Alibiverantwortlichen? Wir stehen hier vor einem zentralen Problem unserer Zeit, das auch unsere Rechtsordnung betrifft. Obwohl wir fast immer die Erfahrung machen konnten, daß sich reife, konsensfähige Gruppen für ihr Ergebnis und dessen Durchführung viel verantwortlicher fühlen als einzelne Verantwortungsträger, kann es natürlich passieren, daß bei Mißerfolgen die Verantwortung abgeschoben wird. Kollektive Verantwortung ist rechtlich nicht gelöst; wir kennen mit wenigen Ausnahmen nur das Prinzip der Einzelverantwortlichkeit („man muß sich an einen halten können", einer muß „schuld" sein). Zugleich häufen sich die Situationen, in denen die Einzelverantwortung bei wichtigen Entscheidungen bereits zur Farce geworden ist: Viele Minister zum Beispiel unterschreiben und tragen die Letztverantwortung für Entscheidungen, deren Inhalt sie nicht einmal mehr kennen können. Viele Vorgesetzte tragen Verantwortung für Entscheidungen, für deren Zustandekommen sie wirklich nicht verantwortlich sind, oft gar nicht wissen können, ob sie gut entschieden haben. Die öffentliche und politische Realität hat dieser Tatsache dadurch Rechnung getragen, daß sie Fehlentscheidungen auf oberster Ebene, wenn sie nicht eindeutig kriminell verfolgbar sind, kaum noch ahndet. Auch wenn manchmal „Köpfe rollen", ist es tatsächlich aus System- und Organisationsgründen zunehmend unmöglich, einzelne für Angelegenheiten verantwortlich zu machen, für die sie zwar formal zuständig sind, aber persönlich wirklich nichts können.

Gruppen können sich irren; es gibt durchaus die Erscheinung „kollektiven Irrgehens"; Gruppen können sich „verrennen" und entwickeln gerade dann oft einen Durchführungsfanatismus, der schwer zu bremsen ist. Diese Möglichkeit soll nicht unterschätzt werden, obwohl wir sie bei gut arbeitenden Gruppen noch nie angetroffen haben (dort gab es immer kritische Gruppenmitglieder, die dergleichen zeitgerecht unterbanden). Dieser mögliche Nachteil kann nur durch organisatorische Maßnahmen, die ein „Realitätsprinzip" darstellen, vermieden werden. Jedenfalls kann man Gruppenergebnisse nicht an einer bereits bestehenden „Wahrheit" messen, weil es diese nicht geben kann. Eine organisatorische Möglichkeit besteht darin, Kontrollgruppen einzusetzen, die an Alternativen arbeiten. Ein Vergleich der Ergebnisse bringt dann größere Sicherheit.

Fassen wir zusammen: Gruppenentscheidungen sind Einzelentscheidungen überlegen,

- wenn die Gruppe reif und konsensfähig ist,
- wenn quantitativ und qualitativ die Meinungen, Interessen und Bedürfnisse der Gruppenmitglieder berücksichtigt werden,
- wenn Informationen nicht unterdrückt werden,
- wenn die Probleme von allen analysierbar sind,
- wenn die Gruppe imstande ist, die Erfahrungen und Informationen ihrer Teilnehmer zu verknüpfen,
- wenn die Entscheidungen im Konsens fallen,
- wenn Lösungsmöglichkeiten und Durchführungsstrategien erörtert werden können,
- wenn sich alle mit der Durchführung identifizieren,
- wenn Selbstkontrolle stattfindet.

Bessere Ergebnisse kommen zustande:

- weil man gegenseitig Fehler besser kontrollieren kann (Fehlerausgleich),
- weil mehr Informationen vorliegen,
- weil dadurch das Problem besser erkannt wird,
- weil mehr Problemsichtweisen auftreten,
- weil mehr Lösungsmöglichkeiten und Alternativen angeboten werden,
- weil die individuellen Ressourcen besser genützt werden,

- weil meist mehr Kreativität entwickelt wird (durch das positiv empfundene Arbeitsklima),
- weil auf die Bedürfnisse der Gruppenmitglieder mehr Rücksicht genommen wird,
- weil in Gruppen die Belastbarkeit der Individuen größer ist,
- weil eine bessere Verbindung der rationalen und emotionalen Ebene erreichbar ist,
- weil man sich mit dem Ergebnis und seiner Durchführung besser identifiziert.

Auch wenn die Vorteile von Gruppenentscheidungen zweifellos die Nachteile überwiegen, sind wir in unseren Institutionen und Organisationen noch weit davon entfernt, diese Vorteile zu nützen. Hauptsächlich verhindern dies die vielen Organisationsprobleme, die mit der Installierung von Gruppen verbunden sind, erst in zweiter Linie ist es ein Kompetenzproblem – mit Schulungen, Trainings und Beratungen ist hier einiges zu erreichen.

3. Intergruppenprozesse im besonderen und im allgemeinen

Projektmanagement, informelle Gruppen und Gewerkschaft

Je größer und komplexer ein Unternehmen, um so größer die Tendenz zur Bürokratisierung, um so größer aber auch die Macht der informellen Gruppen, die sehr oft kreuz und quer durch die offizielle Hierarchie ein „graues" Informations- und Kommunikationsnetz aufgezogen haben und so auf Entscheidungen Einfluß nehmen können. Ihr Bestehen hat verschiedene Anlässe; oft liegen sie in ganz „harmlosen" Kommunikationsgelegenheiten außerhalb oder neben dem offiziellen Arbeitsalltag, in Sport- oder sonstigen Vereinen, politischen Vereinen und Zugehörigkeiten, Kantinenbekanntschaften oder weil man im selben Jahr eingestellt wurde. Weniger „harmlos" sind jene informellen Gruppen, die den Charakter von Geheimbünden oder Eliteclubs haben, wie etwa Rotarier oder Freimaurer. Auch gesetzlich anerkannte und vorgesehene Organisationsteile eines Unternehmens wie Gewerkschaft und Betriebsrat oder Personalvertretung errichten meist neben der offiziellen Organisation informelle Strukturen und müssen dies auch tun, um ihren Einfluß zu wahren und zu vergrößern.

Die aus äußerem Anlaß (etwa Sport, Wohngegend, Fahrgemeinschaft) und oft aus Sympathie in der Hierarchie eingerichteten informellen Strukturen erleichtern die offizielle, unternehmensbezogene Tätigkeit wegen des emotionellen „Kitts", der sie zusammenhält. Die anderen verfolgen einen ganz bestimmten, meist politischen Zweck innerhalb des Unternehmens und wollen organisatorisch die offizielle Hierarchie „durchsetzen" und ein konkurrierendes System bilden. Diesen informellen Gruppen geht es nicht so sehr um die Erleichterung des Arbeitsablaufes im Sinne unternehmensbezogener Tätigkeit; sie verfolgen Absichten, die mit dem Unternehmenszweck nicht immer „deckungsgleich" sind.

Beiden Arten von Gruppierungen ist eines gemeinsam: sie nehmen Funktionen und Aufgaben wahr, die in der offiziellen Hierarchie keinen Platz haben. Informelle Gruppen können als „Aufbewahrungsort" all jener Bedürfnisse, Wünsche und Verdrängungen angesehen werden, die von der reinen Sach- und Aufgabenbezogenheit, den formellen Vorschriften und Instanzen zurückgedrängt oder unterdrückt werden. Sie sind sozusagen der lebendige Beweis dafür, daß sich Menschen nicht auf bloße Arbeitsfunktionen reduzieren lassen.

Jeder Betrieb hat neben einem öffentlich bekannten auch ein latentes Normensystem, ungeschriebene Gesetze, über deren Einhaltung vor allem die informellen Gruppen wachen. Damit gewinnen sie in zweierlei Hinsicht Bedeutung als „Schmiermittel" des Systems: Klimatisch verantworten sie sehr oft die Kommunikationskultur, ohne die kein Unternehmen leben könnte; organisatorisch sorgen sie dafür, daß hierarchisch-bürokratische Schwerfälligkeit vermindert wird. Hierarchien, die ständig daran arbeiten, informelle Gruppen zu zerschlagen, müssen dafür bezahlen, zum Beispiel eine hohe Fluktuation in Kauf nehmen.

Das Verhältnis zwischen offizieller Hierarchie und informellen Gruppen oder gewerkschaftlicher Parallelhierarchie kann eher ergänzend oder konkurrierend sein, Konflikte gibt es in jedem Fall. Die einen unterlaufen Instanzenwege und Vorgesetztenpositionen, die anderen tragen „unternehmensfremde" Zwecke herein, haben „zuviel Macht" usw. Freilich wäre es illusionär zu meinen, es gäbe so ohne weiteres definierbare, „rein" unternehmensbezogene Interessen und Zwecke. „Wirtschaftlichkeit und Gewinnorientierung" klingen zwar einleuchtend, diese Zwecke gelten aber auch für die offizielle Hierarchie nur eingeschränkt, weil auch in ihr von den persönlichen Zielsetzungen bis hin zu den unternehmerischen eine ganze Palette von Motivbündeln anzutreffen ist. Für größere, politisch wichtige Unternehmen gilt es außerdem, über Gewinnorientierung hinaus noch einige zusätzliche Zwecke zu verfolgen (gerechte Lohnpolitik, Arbeitsplatzerhaltung, Gesundheits- und Umweltschutz, Fortbildung). Solche Interessen, die meist „nirgends geschrieben stehen", müssen oft informell und gegen die offizielle Hierarchie verfolgt werden.

Die Dynamik von Organisationen wird wesentlich durch den Widerspruch von Hierarchie und Gruppen bestimmt. Das Hemd ist uns näher als der Rock, die Gruppe näher als die Organisation. Die eigene Gruppe ist emotional positiv besetzt, „warm", die Organisation ist abstrakt und „kühl". Aufgrund ihres „Leistungsvorteils" sind Gruppen für Organisationen unverzichtbar, sie werden aber nur in reduziertem Ausmaß als Funktion gebraucht; was sich emotional sonst noch in Gruppen abspielt, ist demgegenüber zweitrangig. Andererseits weiß auch die Organisation, daß sie ohne gutes Klima in den Gruppen (Abteilungen) nicht auskommt, nicht effizient funktionsfähig ist. Der Widerspruch zeichnet sich von beiden Seiten her deutlich ab: Die Organisation muß einerseits die Tendenz von Gruppen bekämpfen, sich nach außen abzuschotten, das heißt, sie muß die für Gruppen positive Selbstgenügsamkeit durchbrechen und „zerstören", sonst kann sie als Organisation mit einem Gesamtinteresse nicht existieren. Sie muß aber andererseits behutsam darauf bedacht sein, nicht zu viel einzugreifen, weil sich das Ausschalten der emotionellen, kleingruppenbezogenen Seite negativ auf die Arbeitsfähigkeit auswirkt. Umgekehrt muß die Gruppe (Abteilung) sehr wohl darauf bedacht sein, sich gegenüber der Organisation als „fremder" Außenwelt abzuschließen, damit ihr emotionales Binnenleben funktionieren kann und Vertrauen gewährleistet ist. Sie darf aber nicht hermetisch im Abteilungsegoismus aufgehen, da sie sonst Gefahr läuft, entweder von der Organisation zerstört, oder von alleine funktionsuntüchtig zu werden (etwa durch „Realitätsverlust", indem man keinen fremden Informationsträger hereinläßt, jedem Gruppenmitglied mißtraut, das positiv von einer anderen Abteilung spricht, und auf diese Weise auf sich selbst sitzenbleibend im *out* landet).

Von beiden Seiten gibt es vielfältige, fast immer vergebliche Versuche, den Widerspruch durch Unterwerfung des jeweils anderen Teils zum eigenen Nutzen zu entscheiden. Wenn sich aus größerer Machtfülle heraus die Organisation durchsetzt (Verstärkung der Bürokratie, Kontrolle, Formalismus, „Spitzeltum"), hat sie eigensinnige Abteilungen zwar an die Kandare genommen und entmachtet, selten jedoch funktioniert sie dadurch besser. Im Gegenteil, viel Energie und emotionales

Potential werden in den informellen „Untergrund" abgedrängt und sind dort erst recht nicht kontrollierbar.

Es können aber auch einzelne, oft betriebswichtige Abteilungen einen hohen Grad an „Organisationsresistenz" erreichen. Viel Zeit wird dafür verwendet, Abwehr- und Grabenkampfstrategien gegen andere Abteilungen auszuhecken, und das Interesse der Gesamtorganisation tritt in den Hintergrund. Solche Verhältnisse können oft erstaunlich lang überdauern, obwohl diese – emotional gut in sich abgesicherten – Abteilungen den Widerstand der ganzen Organisation herausfordern. Um überhaupt noch funktionstüchtig zu sein, müssen sie von sich aus informelle Gruppen aufbauen und sich so tendenziell ohne organisatorische Selbstgefährdungen „aufweichen". Hin und wieder, wenn etwa die Abteilungsleitung neu zu besetzen ist, hat die Organisation Gelegenheit zur Rache.

Das probateste Mittel der Hierarchie in diesem Widerspruch, alles Emotionale vom Sachlich-Funktionalen abzuspalten, letzteres gelten zu lassen und ersteres loswerden zu wollen, ist in Wirklichkeit untauglich und hat eine Reihe von Folgen (die letztlich für die hierarchische Organisation schädigend wirken). Eine Antwort von Individuen und Kleingruppen auf die „Kastration durch Sachlichkeit" ist die Bildung informeller Gruppen; hier ist man Mensch, hier darf man's sein. Daß informelle Gruppen ein Defizit der Organisation auffangen und versuchen, den „ganzen Menschen" mit seinen Bedürfnissen und Problemen, Emotionen und Konflikten wahrzunehmen, kann die offizielle Organisation in dieser Informalität auch zulassen; „eigentlich" existieren sie ja gar nicht. Daß informelle Gruppen der Organisation über den Kopf wachsen können, ist nur eine „Nebenfolge", die aus Systemgründen meist geleugnet wird.

Obwohl die Gesamtorganisation von ihrem Prinzip her gegen informelle Gruppen sein muß, braucht sie sie doch zu ihrem Überleben. Und in der Regel hat sich zwischen der offiziellen Organisation und allen inoffiziellen Gruppierungen eine Balance hergestellt, die bei jeder Veränderung gestört wird und sich daraufhin neuerlich einpendelt. Man kann sich leicht ausmalen, was passiert, wenn mit Projektmanagement eine andere Form des Umgangs mit Widersprüchen in diese formell-informelle Organisationsbalance eintritt: Beide Seiten müssen sich gefährdet sehen und werden dementsprechende Widerstände entwickeln. Organisationsalternativen stören die Balance.

Für generellere und wichtigere Aufgaben ist natürlich auch ein balanciertes „Kräftegleichgewicht" von formellen und informellen Strukturen zu langsam, zu unflexibel. Projektmanagement ist somit auch als Reaktion auf jene erstarrten Organisationsformen zu sehen, die ein offiziell-informelles Gleichgewicht nicht erschüttern lassen wollen. Keineswegs ist es nämlich so, daß informelle Gruppen immer flexibel und reaktionsschnell sind; das sind sie zwar im allgemeinen gegenüber der Hierarchie, treten aber neue, wichtige, Organisationseinheiten übergreifende Probleme und Aufgaben an das Unternehmen heran, so ist in der Regel auch die bestehende informelle Struktur überfordert.

Aus zwei Gründen: Erstens kopiert und übernimmt die „negative Bezogenheit" informeller Gruppen auf die bestehende offizielle Hierarchie deren Starrheit und Unbeweglichkeit und bindet viel Energie an Abwehr, Schutz, Verteidigung und Bewahrung. Zweitens macht die meist in emotionalen Bereichen (Freundschaft, Vertrauen) liegende Verankerung die informellen Gruppen deshalb unbeweglich, weil man nicht unbefangen die Zusammensetzung verändern kann; wegen der emotionalen Bindungen kann man Personen nicht einfach austauschen oder „fremde", für Aufgaben manchmal notwendige Personen hinzuziehen; lieber nimmt man fachlich weniger kompetente, bei denen die Gruppenzugehörigkeit klar ist, und erspart sich so Loyalitätskonflikte. So notwendig und positiv informelle Gruppen zum Auffangen der Organisations- und Kommunikationsdefizite der Hierarchie sind, so sehr neigen auch sie dazu, sich einzuigeln, ihre Mitglieder und damit ihre „Dauerhaftigkeit" zu schützen.

Daher verwundert es auch nicht, wenn bei Gruppenarbeiten in Kommissionen oder bei Spezialaufträgen immer wieder dieselben Leute vorkommen; jeder versucht, seine „Freunde" hineinzubringen, bis alles wieder „stimmt". Dieser Tendenz suchen dann Kräfte aus der Unternehmensleitung entgegenzusteuern, indem sie von sich aus irgendwelche Fachkräfte, Spezialisten oder Vertrauenspersonen nominieren, die dann aber oft auf verlorenem Posten stehen oder die Gruppe behindern, weil sie als Kontroll- und Aufsichtsorgane empfunden werden.

Die Konsequenz, die Projektmanagement daraus zu ziehen hat, ist, daß es diese Widersprüche bewußter bearbeiten und managen muß. Nur so kann das Entwicklungspotential, das in den Widersprüchen hierarchischer Organisationsformen steckt, aufgegriffen und für die Organisation fruchtbar gemacht werden. Organisatorisch heißt dies, da Projektmanagement Elemente der Hierarchie (zum Beispiel einen befugten Projektleiter, der die Gruppe anerkannterweise nach außen vertritt) in sich haben und zugleich als Gruppe arbeiten und funktionieren können muß (je nach Anforderung wechselnde Autoritäten, Besprechbarkeit von Emotionen, Bedürfnissen, Konflikten); für die Personen heißt dies, daß in der Projektgruppe der ständige und notwendige Widerspruch zwischen Person und Funktion („ganzer Mensch" versus teilbarer Mensch) gemanagt werden muß; für die Sache und Aufgabe folgt daraus, daß nach gelungenem Konfliktmanagement die Identifikationsbereitschaft steigt.

Auch wenn Gewerkschaft oder Personalvertretung offiziell zugelassen, sogar in verschiedenen Gesetzen ausdrücklich vorgesehen und begründet sind, ihre offizielle Stellung in der Hierarchie haben, man von ihnen also nicht als informellen Gruppen reden kann, verzichten sie selten auf die Einrichtung eigener informeller Gruppen oder darauf, bestehende zu benutzen. Eine Ursache dafür liegt mit Sicherheit in der Geschichte des Kampfes um bessere Arbeitsbedingungen; schließlich gab es Zeiten, und die sind so lange noch nicht zurück, in denen überhaupt nur geheim oder informell gewerkschaftliche Interessen in Unternehmungen vertreten werden konnten.

Für unser Thema interessiert hier die Tatsache, daß Projektmanagement von informellen Gruppen dieser Art zunächst fast immer mit Skepsis oder Mißtrauen angesehen wird. Läßt es sich nicht rechtzeitig ausräumen, hat es eine Projektgruppe oft schwer - die Torpedos warten schon. Wie viele U-Boote aus diesen „Kreisen" sitzen bereits in ihr, die gezielt Informationen hinaustragen, nach außen aber schön still sind, wenn Interessen der Projektgruppe tangiert werden? Projektgruppen können dann zum Beispiel bei der Erarbeitung von Personalentwicklungskonzepten, einem neuen Lohnsystem oder anderen Projekten in Utopien laufen.

Der Grund dafür, warum sich Interessengruppen trotz offiziellem Mandat zusätzlich informell organisieren, liegt an der grundsätzlichen Interessendivergenz: ihr Ziel ist primär ein anderes als das des Unternehmens - entweder in Ergänzung oder in Konkurrenz zu ihm. Zwar müssen auch die Interessengruppen irgendwie daran interessiert sein, daß das Unternehmen floriert, damit sie ihre Ziele überhaupt verfolgen können (in Krisenzeiten kommt es daher auch zu vielen Kompromissen und Abstrichen), grundsätzlich sind aber die Ziele unterschiedlich.

In manchen Betrieben fließen diese Unterschiede so zusammen, daß es zwei Chefs gibt. Den offiziellen (etwa Vorstandsvorsitzenden) und seinen „grauen Schatten", meist in Gestalt des zentralen Betriebsratsobmannes. Diese Zweiheit entspricht der Rollenaufteilung in Familien. Die eine Autorität vertritt die Sache (der Vater, der Patriarch, der für das wirtschaftliche Überleben zu sorgen hat), die andere ist für die Bedürfnisse der Belegschaft, für Sorgen, Schmerzen, Wohlergehen da (die Mutter, die die Kinder versorgt und pflegt). Das Bild ist nicht so weit hergeholt: das Verhalten vieler Arbeiter und Angestellter gegenüber Vorstand und Obmann ist sehr oft wie zu Vater und Mutter. Beide unterstützen in einträchtiger Arbeitsteilung diese Projektionen (der Patriarch „poltert" und schimpft offiziell über die Mutter, die für die Kinder schon wieder so viel „herausgerissen" hat; zuvor wurde das allerdings längst im Vier-Augen-Gespräch abgesprochen; die Mutter kommt zurück zu ihren Kindern und berichtet stolz, was sie ihnen wieder mitgebracht hat und „schenken" kann).

Trotz des offiziellen Status arbeiten Interessenvertretungen stark im informellen Bereich. Organisatorisch wird dieser Tatsache der „informellen Macht" Rechnung getragen: Betriebsräte sind oft im Unterschied zu ihrer innergewerkschaftlich-hierarchischen Position in der offiziellen Hierarchie an untergeordneter Stelle tätig; so bildet sich schon eine Hierarchie quer durch die offizielle Hierarchie. Die Freistellung ab einem gewissen Rang bedeutet nicht bloß Entlastung von Arbeitstätigkeit, sondern indirekt die Aufhebung der offiziellen hierarchischen Stellung; ein „Betriebsratskaiser" kann keine subalternen Tätigkeiten mehr ausführen, das paßt nicht mehr in die offizielle Hierarchie. Durch die Freistellung werden Betriebsräte auch organisatorisch auf bestehende oder zu schaffende informelle Gruppen verwiesen. Sie müssen sowohl organisatorisch mit ihnen operieren, als auch ihr emotionales Potential benützen. Ihre Macht beruht ja gerade auf dem Versagen der Hierarchie, die emotionale Seite in ihre „Sache" mitaufzunehmen. Wenn Vorgesetzte laufend auch emotional versagen, kann dies der Macht der Gewerkschaft nur dienlich sein.

Der Grund, warum Gewerkschaften und andere informelle Interessengruppen gegenüber Projektmanagement skeptisch, mißtrauisch und oft ablehnend sind, liegt sowohl auf organisatorischem als auch auf emotionalem Gebiet: Organisatorisch bekommt man es plötzlich mit einem neuen „Machtfaktor" zu tun, den man im Unterschied zur offiziellen Hierarchie (noch) nicht berechnen kann und dem man mit anderen Strategien und Einstellungen begegnen muß. Da „von oben" eingesetzte Projektgruppen meist noch den Auftrag haben, wichtige Firmenprobleme in Angriff zu nehmen, womöglich mit teilweiser Entscheidungsgewalt ausgestattet sind, müssen sie als Rivalen, als Gefahr, als Gefährdung des eigenen Einflusses angesehen werden. Da sie außerdem von der offiziellen Hierarchie eingesetzt wurden, legt sich gleich der Verdacht nahe, daß Mitarbeiter bloß für die Sache des Unternehmens ausgebeutet werden sollen. Derlei ist man zwar von der offiziellen Hierarchie gewohnt, und man weiß damit umzugehen; im Projektmanagement tritt aber dieses Vorgehen in einer neuen Organisationsform auf, die obendrein deshalb suspekt ist, weil in ihr emotionale Identifikationen und Solidaritäten auftreten, die man sonst von der Hierarchie nicht gewohnt ist. Gewerkschaften und politische Gruppierungen haben sich daher im allgemeinen vier Taktiken gegenüber Projektgruppen zurecht gelegt, die viele positiv begonnene Arbeiten schon zu Fall gebracht haben: 1. ignorieren, 2. boykottieren, 3. unterwandern und 4. konkurrieren.

1. Die erste Taktik besteht im Ignorieren und Heraushalten (übrigens sehr oft in stillschweigender Übereinstimmung mit der Firmenleitung). Projektgruppen werden offiziell eingesetzt, dürfen vor sich hinarbei-

ten; vom Anfang an aber wird betont, daß das Arbeitsresultat, bevor es umgesetzt wird, erst den Interessengruppen vorgelegt werden muß. Das heißt aber, daß die neue Organisationsform Projektmanagement gar nicht als solche zur Kenntnis genommen wird; man läßt irgendwelche Gruppen eben „herumwursteln", womit man eine Befestigung der alten Machtverteilung erreicht. Die Effekte sind unschwer vorstellbar: Die Resultate werden kritisiert, abgewertet, entweder als nicht Neues oder als Utopie bezeichnet; man versucht an den inhaltlichen Ergebnissen zu beweisen, daß die Einrichtung von Projektmanagement nichts taugt. Projektmitglieder, die bis dorthin oft mit großem Einsatz gearbeitet haben, werden immer frustrierter und sind schwer für neue Projekte zu motivieren. Die Resultate erhalten keine Organisationswirksamkeit und versanden allmählich...

2. Der zweite, eher greifbare Weg besteht in offenem Boykott, die gegensätzlichen Interessen werden klar artikuliert. Dieser Weg kann den Nachteil haben, daß Projekte überhaupt nicht zustande kommen, weil die Unternehmensleitung die Macht der informellen Gruppen fürchtet; er hat aber den großen Vorteil, daß man allenthalben weiß, woran man ist. Gelingt es, Widerstand und Widerspruch mit in das Projekt einzubauen, kann es eine völlig neue organisatorische Gestalt bekommen, die für die Umsetzung mehr Erfolg verspricht. Eine offene Einbeziehung der „offiziellen" Vertreter informeller Gruppen kann bei den meisten Projekten nur von Nutzen sein. (Ob eine organisierte Kontaktnahme und Informationsbereitschaft während der Projektarbeit ausreicht, bezweifeln wir: erstens sind gerade in informellen Zusammenhängen unterschiedliche Informationsgrade und -bewertungen kaum zu vermeiden; diese wiederum sorgen für Intrige und Widerstand; zweitens bleiben dabei grundsätzlich die „Heraushaltetaktik" aufrecht und alle Rückzugsmöglichkeiten offen.)

3. Die dritte Taktik ist unterwandern und boykottieren. Die Projektgruppe wird durch Personen „des Vertrauens" unterwandert, wobei es keineswegs auf fachlich-sachliche Kompetenzen ankommt, sondern auf geschicktes, „politisches" Verhalten. Alleinige Aufgabe dieser Projektmitglieder ist es, direkt und indirekt die Interessen der informellen Gruppen in der Projektgruppe zu vertreten und, wenn dies

nicht wie ausgemacht geht, deren Vorankommen durch allerlei Einwände aufzuhalten. Das wäre an und für sich nicht so schlimm — warum sollen diese Interessen nicht vertreten werden? —, wäre nicht von vornherein die gesamte Projektarbeit in diesem Sinn politisch-taktisch geprägt. Sache und Auftrag können da sehr leicht in den Hintergrund treten, oder das Resultat ist schon vorherbestimmt, die Aufträge aus den informellen Gruppen sind zu starr und unverständlich gefaßt. Vor allem dieser Umstand behindert die Arbeit in der Projektgruppe, weil sie nur dann zu einem guten Resultat kommen kann, wenn die Sache erst „wird" und nicht schon von vornherein festgelegt ist. Die Gefahr, daß aus diesen Gründen nichts Neues herauskommt, ist groß.

4. Der vierte, allerdings seltene Weg besteht darin, daß die informellen Gruppen über „offizielle" Vertreter selbst Projektgruppen inaugurieren und so die Hierarchie in Zugzwang bringen. Hier kehrt sich das Verhältnis um, und die Hierarchie beginnt jene Strategien anzuwenden, die sonst von den informellen Gruppen gebraucht werden. Leider sind solche Initiativen oft nicht sehr ernst gemeint und dienen mehr als Test, welche Handlungsspielräume man zur Verfügung hat.

Soviel zur organisatorischen Seite der Skepsis gegen Projektmanagement. Die emotionale Seite scheint aber nicht weniger wichtig. Wenn informelle Gruppen überhaupt das Emotions- und Kommunikationsdefizit der Hierarchie auffangen, wenn außerdem die informellen Interessengruppen Bedürfnisanteile des ganzen Menschen gegen die Hierarchie vertreten, dann müssen Projektgruppen als unlautere Konkurrenz verstanden werden. „Unlauter" deshalb, weil es den Anschein hat, als würde hier zur Erfüllung eines Sachzieles Emotionalität trickreich mißbraucht, der ganze Mensch verwendet werden. Dies ist übrigens auch das ständig wiederkehrende ideologiekritische Argument. Weil sich bei funktionierender Gruppenarbeit ein besseres Klima einstellt, die Mitglieder im allgemeinen zufriedener und glücklicher sind als bei ihrer gewöhnlichen Arbeit, arbeiten sie engagierter — und werden daher noch mehr ausgebeutet, solange Arbeit überhaupt unter Ausbeutungsverhältnissen stattfindet.

Dieses kritische Argument ist zweifellos nicht von der Hand zu weisen, hat aber zwei Grenzen: Erstens entstehen in jeder Arbeitssituation durch die Art der Arbeit und durch die Mitarbeiter, mit denen man sie zu bewältigen hat, positive und negative Gefühle. Daß man mit den anderen zusammen diese Situation so gut wie möglich gestalten und verändern kann und dann vielleicht mit mehr Freude arbeitet, ist ja nicht unbedingt schlecht; außerdem gewinnt man erst aus dieser Gestaltungstätigkeit den Mut, strukturelle Arbeitsplatzverbesserungen auch nach außen hin zu vertreten. Zweitens unterliegt die Argumentation einer „biblischen" Voraussetzung, daß man nämlich „im Schweiße seines Angesichts" sein Brot zu verdienen hat. Ganz wie im Mittelalter, als „Arbeit" noch gleichbedeutend mit „Mühe, Plage" war, werden Arbeit und Leistung ausschließlich in entfremdeter Abhängigkeit profitorientierter Ausbeutung gesehen und alle dabei auftretenden Gefühle der privaten Sphäre überantwortet. Mit diesem unkritischen Arbeitsbegriff stellt sich die Kritik, ohne zu wollen, zweifellos „systemstabilisierend" auf die Seite derer, die sie bekämpft.

Tatsächlich kann aber Projektgruppenarbeit nur funktionieren, wenn die zweite Ebene, die der Emotionalität, der Konflikte, der Situation, immer wieder miteinbezogen wird. Jeder, der einmal in einer solchen Gruppe tätig war, weiß, wie befreiend und arbeitsfördernd zugleich es ist, wenn Konflikte auf den Tisch gelegt und ausgetragen werden können, wenn sich Ängstlichkeiten und Blamagefurcht erübrigen. Da wachsen nicht nur die Bereitschaft mitzugestalten und die Kreativität der Beiträge, man stellt sich anders zu seiner Arbeit, die irgendwie plötzlich mehr Spaß zu machen beginnt, weil mehr von einem verlangt wird als sonst im streng funktionalisierten arbeitsteiligen Prozeß üblich. Anders gesagt: es werden im Projektmanagement Defizite aufgefangen (und in positive Energie umgesetzt), die sonst in informellen Gruppen aufgefangen werden. Produktmanagement wird daher auf diesem Gebiet zur ernsten Konkurrenz. Es kann den Individuen ein Maß an Arbeitsfreude gewähren, das sonst nur als „Gnade" von informellen Gruppen – oft recht kompliziert – über Zugehörigkeiten, Rituale und Versprechungen verschenkt wird.

In jüngerer Zeit ist die Tendenz zu beobachten, daß Gewerkschaften in größeren Unternehmen immer unfähiger werden, die emotionalen Defizite der Belegschaft aufzufangen. Zum einen liegt dies daran, daß sie wegen der zunehmenden wirtschaftlichen Drucksituation immer näher zum „sachlichen" Unternehmerzweck gerückt werden und Abstriche von ihrem ursprünglichen Zweck machen müssen. Zweitens erstarren sie vor allem in Großunternehmen selbst immer mehr und nehmen Züge einer bürokratisch-funktionalen Hierarchie an, was auch mit dem „Apparat" zusammenhängt (Verbindung mit zentralen Stellen und Organisationen, wie etwa Allgemeiner Gewerkschaftsbund, Partei u. a. m.). Wegen ihrer zunehmenden Schwerfälligkeit, die Defizite auf emotionalem Gebiet aufzufangen, müssen sie dieses Feld anderen überlassen. (Namenslisten haben bei Wahlen auch deshalb oft mehr Erfolg, als ihnen der politischen Effizienz nach zukommen sollte.) Um so problematischer muß also eine Organisationsform werden, die offiziell als Projektmanagement definiert sich dieses Defizits annimmt.

Man muß zur Kenntnis nehmen, daß Projektmanagement in organisatorischer und emotionaler Hinsicht die bestehenden „strategischen" Gleichgewichte zwischen der offiziellen Hierarchie und informellen Gruppen empfindlich stört. Daher ist es wichtig, informelle Strukturen (und zwar in der von uns beschriebenen Erscheinungsform) bei der Einrichtung von Projektmanagement zu berücksichtigen. Eine Kooperation ist immer anzustreben; die Konflikte mit der Projektgruppe müssen auf den Tisch, sonst ist das Scheitern schon vorprogrammiert. Es ist sogar oft leichter, sich mit der offiziellen Hierarchie zu streiten als mit den halboffiziellen „flexiblen" Gerüchten und Diffamierungen, geboren im Schoße informeller Gruppen.

Prozesse zwischen Gruppen und das Delegationsproblem

Gruppen sind dann für Organisationen wertvoll, wenn sie eine aktive und positive Haltung zur Organisation haben. Die verständliche gruppenegoistische Tendenz zur Abschirmung und Einigelung als Reaktion auf den funktionellen Zwang durch Hierarchie fördert nicht gerade das Bewußtsein für die Gründe dieses Verhaltens: Organisationen und Hierarchien müssen daher lernen, die Individualität von Gruppen zu akzeptieren und deren Vereinzelungsstrategien zu vermeiden. Mit Projektmanagement zeichnet sich eine historisch neue Organisationsform ab, die mit diesem Lernprozeß auf beiden Seiten ständig konfrontiert ist.

Damit ergibt sich als neues Problem, daß für die Zusammenarbeit relativ autonomer Gruppen keine tauglichen Verfahren entwickelt sind. Es finden also zwei Brüche statt, die vom Projektmanagement bewältigt werden müssen: Einmal entstehen „Chaosängste", wenn hierarchische Organisation autonomere Gruppen zuläßt; zum zweiten droht Gefahr, daß die Notwendigkeit, diese Gruppen zu koordinieren, einen Rückfall in die Hierarchie auslöst. Man sollte hier Experimente, soweit es wirtschaftlich vertretbar ist, fördern und nicht bekämpfen, sich zweckmäßigerweise bei dieser Gelegenheit bewußt machen, welche hemmenden Normen man mitschleppt, und Regeln „auf Zeit" entwickeln, die in Abständen überprüft und notfalls korrigiert werden.

Für Intergruppenprozesse und Projektgruppenkoordination ist zu beachten, daß die Normen des Binnenlebens von Gruppen sich von jenen unterscheiden, die die Zusammenarbeit der Gruppen regeln. Auch unter nicht-hierarchischen Bedingungen hat Intergruppenkoordination „Zwangscharakter", weil Gruppen hier eine Einschränkung erfahren. Wir haben hier mit einen Organisationswiderspruch zu tun, der unausweichlich ist und dessen Frustrationspotential nur durch ein höheres Bewußtsein der Organisation abgefangen werden kann. Vereinheitlichungsversuche, die Widersprüche zwischen Gruppen einebnen, sind nicht wirklich möglich; man merkt dies gegenwärtig besonders deutlich an den organisationsabwehrenden Versuchen von Basisdemokratie in der Alternativszene, bei denen die positive (angeblich herrschaftsfreie und zwanglose) Kleingruppenatmosphäre auf die Organisation übertragen wird. Politisch naiv wird jeder, der an Organisation denkt, als Machtmensch, zukünftiger Funktionär und „Sesselkleber" verdächtigt. Wird die Einheitlichkeit von oben verordnet, wie dies bei der oft relativ gewaltsamen Herstellung einer „corporate identity" mit

Uniformierung, Frühsport usw. der Fall ist, entwickeln sich eher faschistoide Verhältnisse.

Ein Unternehmen, das bevorzugt mit Projektmanagement arbeitet, braucht Gruppen, die elastisch mit ihren Grenzen umgehen können, und Individuen, die wechselnde Gruppenzusammensetzungen immer wieder neu „aushalten". Das normale Aufstiegs- und Karrieremuster wird daher notgedrungen durcheinandergebracht; das übliche aufstiegsorientierte Konkurrenzverhalten ist nicht mehr funktional. Zwar schadet Wetteifer untereinander nicht, er dient aber einem anderen Zweck, nämlich gemeinsam zum besten Ergebnis zu kommen. Im Ergebnis „verschwinden" sozusagen alle Teilleistungen, und eine gut funktionierende Projektgruppe weiß am Ende gar nicht mehr, was von wem gekommen ist.

Nun werden aber Konkurrenzverhalten und Profilierungssucht — aus der Hierarchie mitgenommen — in Gruppen oft zunächst verstärkt. Endlich gibt es ein Forum, in dem man es den anderen zeigen kann, schließlich wurde man ja auch nicht ohne Grund für die Projektgruppe „ausersehen". Wenn also in einer Gruppe dann einige Auserlesene zusammen kommen, entstehen oft Rangeleien, die — aus dem hierarchischen Aufstiegsprinzip herkommend — die Arbeit erheblich stören können. Von manchen wird Projektarbeit geradezu als Instrument verstanden, der Hierarchie und ihren Vertretern zu zeigen, daß sie sich für Höheres empfehlen, und sie kämpfen daher insbesondere um jene Position, die es gestattet, nach außen zu repräsentieren.

Wenige Unternehmen verfügen über ein wirksames Instrument integrativer Personalentwicklung, noch weniger haben Projektmanagement darin aufgenommen. Dies führt dazu, daß vielfach Projektarbeit nicht im „normalen" Karriereschema positioniert ist. Im Gegenteil: man tritt aus ihm heraus, „geht fremd", wird dafür bestraft, manchmal sogar „vergessen". Die vertraute Stelle in der Hierarchie wird wiederbesetzt, aus einer provisorischen wird oft eine Dauerlösung. Kein Wunder daher, wenn Entsendungen in ein länger dauerndes Projekt mit gemischten Gefühlen verbunden sind. Daher gehört es zu einem überlegten Projektmanagement, das Thema Karriere vorweg zu klären. Wenn jemand im Rahmen eines Projektes ständig um seinen Aufstieg „draußen" Angst hat, wird er nicht sehr motiviert mitarbeiten.

In der Gruppenarbeit selbst, in der es sich ja um eine ganz andere Art von „Hierarchie" handelt, gibt es Karriere und Aufstieg in der bekannten Form nicht. Im Gegenteil, man lernt, wie wenig ein gutes Ergebnis mit dieser Motivationsbasis zu tun hat. Da zusätzlich kommunikative Arbeit meist auch lustvoller vor sich geht, tritt das Karrierestreben als Hierarchieprinzip in den Hintergrund. Mit anderen Worten: Projektarbeit „verdirbt" Hierarchie insofern, als sie einen ihrer wichtigsten Zwangs- und Manipulationspfeiler relativiert. Immer mehr wird nach einer besseren und sinnvollen Arbeit gefragt, immer weniger nach einer höheren Position. Vielleicht ist die Tendenz hier etwas überzeichnet, das Bewußtsein darüber, daß mit der höheren Position nicht unbedingt bessere Arbeit und schöneres Leben verbunden sind, greift jedenfalls um sich; es gibt ja bereits „Selbstdegradierungen", bei denen trotz finanzieller Einbußen die höher eingeschätzte Arbeit bevorzugt wird.

Projektmanagement nimmt der Hierarchie Zwangsinstrumente, die früher eingesetzt wurden, Individuen und Gruppen (Abteilungen) zur Zusammenarbeit zu zwingen. Wir stehen daher heute vor folgendem Organisationsdilemma: Hierarchien verlieren immer mehr an Zwangsmöglichkeiten gegenüber Gruppen (weil sie diese sonst „umbringen"), Gruppen hingegen sind noch nicht sehr geübt, ohne hierarchischen Rückhalt zusammenzuarbeiten. In diesem „Schwebezustand" der Organisationsentwicklung findet sich ein Kontinuum mit extremen Polarisierungen: Es gibt Firmen, die sich schon gänzlich in Projektgruppen aufgelöst haben und in denen keiner mehr weiß, wie das Ganze noch unter einen Hut zu bringen ist, und solche, die Projektmanagement hierarchisch durchstrukturieren und den Gruppen jede Luft nehmen. Ein Spektrum zwischen „Verwahrlosung" und Würgegriff. Wir stehen heute an dem Punkt, wo Organisationen bewußt Gruppen neben der Hierarchie einsetzen und außerdem von ihnen verlangen, daß sie sich der Organisation gegenüber loyal verhalten. Wenn zusätzlich noch Gruppen ohne hierarchischen Zwang miteinander kooperieren sollen, brauchen wir die „friedliche Koexistenz" von Organisationen und Gruppen.

Intergruppenprozesse bei größeren Projekten, wo Gruppen arbeitsteilig vorgehen, die Zusammenarbeit verschiedener Projektgruppen und deren Koordination im Interesse eines Gesamtzieles sind, sollen selbst organisatorisch zu handhaben sein, wenn man vermeiden will, daß in entscheidenden Momenten wieder die alte Hierarchie eingreift. Man benötigt daher eine „Zentrale", in der an der Entwicklung von Organisationsbewußtsein gearbeitet wird und zeitgerecht auftretenden oder drohenden Dysfunktionalitäten begegnet werden kann. Die „historische Regression" gerade bei gelungener Gruppenarbeit (Selbstgenügsamkeit, Außenfeindproduktion, Ahndung von „Fremdgehen", Unfähigkeit zu Durchlässigkeit und Kooperation; im Inneren Gruppendruck, Solidaritätszwang, Aufhebung aller positiv einsetzbaren Unterschiede) muß ebenso aufgefangen werden wie Eifersucht auf hierarchische Anerkennung oder Mißtrauen gegen Kooperationen, bei denen man nicht dabei ist. Solche Erscheinungen aufzufangen bedeutet nicht, daß man ihr Auftreten überhaupt verhindern könnte – im Gegenteil. Es handelt sich um organisationsdynamische Gesetzmäßigkeiten, mit denen man mehr oder weniger geschickt umgehen kann. Größere Projekte sind auf die Zusammenarbeit zwischen einzelnen Gruppen angewiesen, und da diese nicht immer durch die bestehende Hierarchie bestmöglich gewährleistet werden kann, wird das Organisieren von Intergruppenprozessen zu einer der wichtigsten Aufgaben im Projektmanagement.

Betrachten wir Organisation nun als Intergruppen-Prozesse, als System der Beziehungen zwischen Gruppen, dann lautet der Organisationswiderspruch in einer zugespitzten Formulierung von B. Pesendorfer: Die Gruppe ist der natürliche Feind der Organisation und die Organisation der natürliche Feind der Gruppe.[4] Drastisch kommt dies im Delegationsproblem zum Ausdruck. Delegierte sind sozusagen die Schaltstellen zwischen Gruppen.

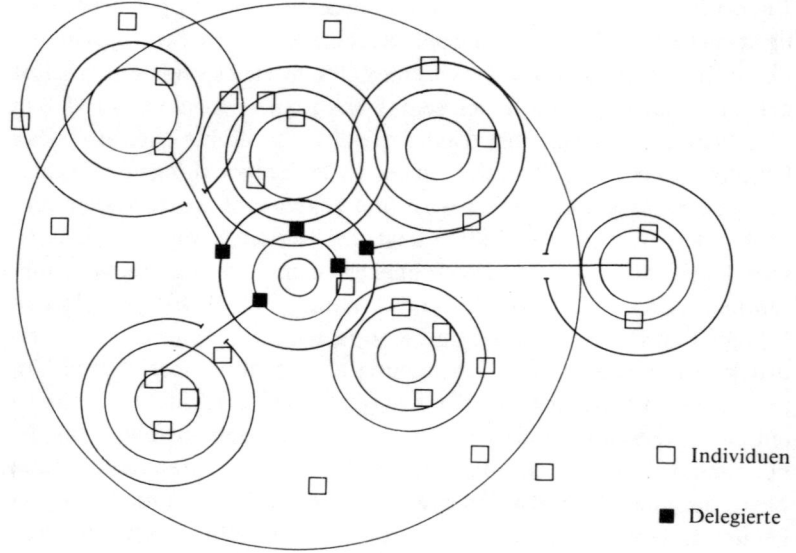

Abbildung 3: Die Situation von Delegierten (nach B. Pesendorfer)

Die Abbildung zeigt verschiedene Gruppierungen, die durch eine Gruppe höherer Art zusammengehalten werden, nämlich durch die Gruppe der Delegierten, die Verhandlungen führt, die Interessen der verschiedenen Gruppen koordiniert und Entscheidungen trifft. Im Projektmanagement kann dies etwa ein Planungsteam sein, das sich aus Repräsentanten von Projektteilen und der Geschäftsleitung zusammensetzt.

„Repräsentieren" heißt vergegenwärtigen; „vergegenwärtigt" werden immer Abwesende. Repräsentanten sprechen also nie nur als Individuen, sondern als spezifische Teile „ihrer" Gruppe oder Gruppeninteressen.

Die in der Abbildung skizzierte Situation hat dabei schon eine Fülle folgenreicher Voraussetzungen: In den Gruppen sind die Ziele mehr oder weniger abgesteckt und besprochen; bei ungleichem Stand in den Gruppen wird die Verhandlungssituation erschwert. Über die Interessen der anderen Gruppen gibt es vielleicht mehr Vermutungen als Informationen; Konflikte beruhen oft darauf, daß man sich nicht mehr unterhält, also bezüglich der Interessen und Absichten der anderen auf Vermutungen und Kombinationen angewiesen ist. In jeder Gruppe gibt es zentrale und eher periphere Mitglieder. Aus welcher Kategorie der Repräsentant stammt, sagt einiges über die Gruppe aus, über ihr Verhältnis zu den anderen Gruppen, darüber, wie wichtig sie die Verhandlung nimmt. Zentralpersonen haben meist Entscheidungsmacht, aber wenig Verhandlungsspielraum; periphere Personen können sich leichter mit anderen einigen, können „zu Hause" aber die Resultate kaum durchsetzen. Nicht alle Repräsentanten werden in der Verhandlungssituation gleich wichtig genommen, je nach Position in ihrer Herkunfts-Gruppe und je nach Können; damit sind sehr oft schon inhaltliche Vorentscheidungen getroffen.

In Verhandlungssituationen müssen die Repräsentanten ihre Heim-Gruppen räumlich und emotional verlassen und bis zu einem gewissen Grad mit den anderen Repräsentanten eine neue Gruppe bilden. Zuerst werden sie versuchen, die Wünsche der eigenen Gruppe so gut und eindrucksvoll wie möglich zu vertreten. Dann aber müssen sie sich nolens volens mit den anderen, fremden und womöglich feindlichen Argumenten konfrontieren lassen.

Es gehört zur Dynamik in Organisationen, daß Verhandlungen Rückwirkungen auf die Entsender-Gruppen haben und dort auf die Einfluß- und Machtverteilung Einfluß nehmen. Es gibt sozusagen zwischen Entsender-Gruppen und Repräsentanten-Gruppe einen hin und her „brandenden" Energiefluß. Wenn eine Verhandlung gut verläuft, können die Repräsentanten zu einem Konsens oder einem tragfähigen Kompromiß kommen, und weil sie mit dem Ergebnis zufrieden sind, einander in der Sache näher gekommen sind, können sie erwarten, daß ihre gute Arbeit auch „zu Hause" geschätzt wird. Das ist jedoch nicht der Fall. Für die Einigung war es ja notwendig, sich von den anderen

Repräsentanten „einfärben" zu lassen und vielleicht auch einiges von den eigenen Gruppeninteressen aufzugeben. Es hat sich daher eine Kluft zwischen partiellen Gruppeninteressen und dem Gesamtinteresse der Organisation aufgetan, für die die Gruppen zunächst kein Verständnis haben, so daß jeder Delegierte seiner Gruppe gegenüber unter Druck kommt, wie er das Verhandlungsergebnis „verkauft" und den fremden „Stallgeruch" erklärt, den er angenommen hat.

Dieses Problem der Verknüpfung von Gruppen in Organisationen durch Repräsentanten ist eine unausweichliche und notwendige Klippe. Als Repräsentant der Heim-Gruppe geht der Delegierte weg, als Abgesandter und Botschafter der fremden Gruppe der Delegierten kommt er, und während die Delegierten verhandeln, blühen die Phantasien: Was wird er herausholen? Wird er sich zu uns und unserer Arbeit bekennen? Wird er denen endlich einmal sagen, welche Schwierigkeiten sie uns ständig machen? Oder: Wird er uns wieder einmal verraten, verkaufen oder gar überlaufen, ... sich von seinem Chef jede Drecksarbeit zuschieben lassen, die wir dann machen müssen? Umgekehrt schildern die heimkehrenden Repräsentanten die Verhandlung oft als Schlacht, in der sie sich heroisch gegen Angriffe verteidigt haben, um dem Vorwurf des Verrats zu entgehen und wieder aufgenommen zu werden. Natürlich kann auch passieren, daß die Heim-Gruppe mit dem Verhandlungsergebnis nicht einverstanden ist, den Delegierten mit einem Korrekturauftrag wieder losschickt oder einen anderen Vertreter entsendet — bekannte und oft gesehene und für die Betroffenen blamable Situationen aus dem Alltag von Organisationen bis hin zur internationalen Politik.

Das Delegiertenproblem existiert auch in der Hierarchie, ist dort formalisiert, aber dadurch nicht weniger konfliktträchtig. In der Rolle der Delegierten befindet sich der Zwischenvorgesetzte, der Übermittlungs- und Schaltstellenfunktion zwischen zwei hierarchischen Ebenen hat und in dieser „Sandwich"-Rolle seine Gruppe gegen die Hierarchie zu vertreten hat und umgekehrt. Im Projektmanagement sind die Verhältnisse komplexer, weil der Widerspruch zwischen Gruppe und Organisation bewältigt werden muß und das Problem doppelter oder mehrfacher Loyalitäten personell breiter gestreut ist.

Systemreflexion im Projektmanagement

Es ist heute üblich geworden, allenthalben von „Systemen" zu sprechen. In den Naturwissenschaften ist von ihnen ebenso die Rede wie in den Geistes- und Sozialwissenschaften; auch im Projektmanagement und der Organisationsberatung gibt es „systemische" Ansätze. Dennoch wird damit weniger etwas exakt Definitorisches gemeint als ein Problemzusammenhang, der erst ins Bewußtsein gerückt ist, seit die Systeme nicht mehr funktionieren oder an eine Grenze gelangt sind. Hier laufen (seit dem Zweiten Weltkrieg) einige Entwicklungen parallel: Ökonomisch ist es die Durchsetzung des Kapitalismus im Weltmaßstab und damit zugleich ein Zuendekommen dieser Entwicklung, militärisch ist es das Anhäufen von Atomwaffen bis zum vielfachen *overkill*-Potential, ökologisch ist es die sich beschleunigende Naturzerstörung. In jeder Hinsicht stellt sich vielleicht radikal wie noch nie die Sinnfrage, anders gesagt: wir sind Zeugen eines enormen „Bewußtseinsschubes", der sich gerade zu ereignen beginnt.

Mit „System" meint man ein mehr oder weniger in sich geschlossenes Ganzes, dessen Teile in einem vernetzten Wirkungszusammenhang stehen und in bestimmter system-eigentümlicher Weise strukturiert sind. Das ist sehr abstrakt gesagt und auf Unterschiedliches anwendbar: auf Staaten und politische Blöcke im großen ebenso wie auf Familien und Gruppen im kleinen, ja sogar noch weiter in den Mikrokosmos bis zu Zellen. Auf unsere Erörterung bezogen, ist zum Beispiel ein Unternehmen ein System von Elementen, die selbst wieder Systeme, „Subsysteme", sind, die ihrerseits wieder eine bestimmte Struktur aufweisen – alles zusammen liegt im noch größeren System Wirtschaft. Systeme umgeben sich mit Grenzen, die sie von einer Umwelt scheiden, die aber auf die Systeme einwirken, wie auch umgekehrt Systeme Auswirkungen auf ihre Umwelt haben.

Was bewegt nun diese Systeme? Wie steuerbar sind sie? Haben einzelne (etwa Vorstände) Einfluß? Welchen? Wo beginnt die Ohnmacht?

Welche Selbststeuerungs- und Anpassungsfähigkeiten haben Systeme? Welche Abhängigkeiten müssen Systeme von ihren Umwelten hinnehmen? Wie können Systeme miteinander kooperieren? Solchen Fragen liegen Motive zugrunde, die unseres Erachtens in mehrfacher Hinsicht einen Umbruch markieren. Einmal wird mit dem Systembegriff indirekt die Hierarchiekrise angesprochen, zum zweiten nimmt er die illusionär „aufgeblasene" angebliche Macht von einzelnen Individuen zurück, zum dritten setzt er der Idee willkürlicher Machbarkeit die Vorstellung einer Selbstbewegung von Systemen entgegen – regelkreishafte Rückkoppelungsvorgänge treten an die Stelle von linearem Kausalitätsdenken.

Der Systembegriff formuliert die Einsicht in die begrenzte Beherrschbarkeit der Welt; es gibt Dinge, die von außen nicht beherrscht, höchstens zerstört werden können: Eigenleben, Für-sich-Sein, Selbstbestimmung, Eigenzeitlichkeit, Widerstandsfähigkeit gegen Eingriffe von außen. Dazu kommt ein historischer Moment in der ökonomischen Entwicklung. Unsere Wirtschaft konnte jahrhundertelang expandieren, Märkte erobern und „Kunden" unterwerfen. Der Bedarf und die gesellschaftliche Not waren zu groß für Widerstand. In letzter Zeit hat sich hier einiges geändert, und der Platz ist eng geworden. Märkte sind gesättigt oder geben nichts mehr her. Kunden muß man umschmeicheln, hegen und pflegen, auf ihre besonderen Wünsche hören; außerdem vereinigen sie sich in Verbraucherschutzvereinen.

Die Hierarchie als soziales Zwangssystem hat kein „Organ" für ein Eigenleben außerhalb ihrer selbst. Was immer sich ihr in den Weg stellt, wird entweder einverleibt, beherrscht, oder das System macht dicht und entwickelt alle möglichen Formen jener Systemabwehr, die auch bei der Einführung alternativer Organisationsformen provoziert wird. Den reibungslosen Ablauf hierarchischer Systeme stören vor allem jene, derentwegen diese Systeme eigentlich da sind: für die Spitäler sind es die Patienten, für den Staat die Bürger, für Unternehmen die Kunden. Aufgrund verschiedener Momente (Effizienzgrenzen, Widerstände, Demokratisierung), die in Systemen von außen und von innen gegen die hierarchische Organisation Druck erzeugen, wurde ein „Bewußtseinsschub" fällig. Damit meinen wir weniger das ebenfalls kritische „Zurück-zur-Natur"-Aussteigertum, sondern ein Lernen der Systeme selbst.

Systemreflexion war die längste Zeit in der Menschheitsgeschichte zwecklos, verboten oder in die Utopie verbannt. Erst die Neuzeit begann über Gesellschaft, Organisation, Struktur nachzudenken, zunächst allerdings mehr theoretisch, von außen, etwa aus soziologischer Beobachterperspektive. Erst neuerdings kommt es unter Veränderung von klassischen Wissenschaftsparadigmen zu „praktischen Systemreflexionen", das heißt zu solchen, an denen die im System, in der Organisation Lebenden selbst beteiligt sind; sie werden meist mit dem Ziel durchgeführt, etwas zu verändern oder zu verbessern.

Zwecklos war eine Systemreflexion zunächst schon deshalb, weil es einerseits keine Alternativen gab, andererseits von der Natur und dem mangelnden technologischen Standard Grenzen gezogen wurden. Das Reflexionsverbot gehört eigentlich zum Wesen der Hierarchie; von Göttern oder „Gott" abgeleitet, ist Kritik an ihr ein Sakrileg, Lästerung, Ketzerei. Jede „Außenlegitimierung" von Systemen, auch auf profanem Gebiet, zum Beispiel beim Militär, in Schulen, Betrieben usw., ist letztlich dazu da, Systemreflexion zu verbieten. Es ist daher kein Zufall, daß Systemkritik, Aufklärung, mit Religionskritik beginnt, mit einer „Glaubenskrise". Der vorhandenen Ordnung muß der äußere Halt entzogen werden, beziehungsweise, es muß darauf aufmerksam gemacht werden, wer ihn „erfunden" hat, wem er nützt, wer damit manipulieren kann. Utopien als alternative Systemreflexionen treten meist bei historischen Einbrüchen in Gesellschaftsordnungen auf oder dort, wo es prinzipiell aus ökonomischen oder technischen Gründen möglich wäre, die bestehenden Systemgrenzen zu überschreiten. Utopien siedeln die Reflexion aber zunächst ebenso in einem Jenseits (U-Topos) an; es dauert lange, bis sich die Geschichte auf Grund realer Veränderungen ebensolche „Realutopien" zu leisten beginnt. Mit den „Realutopien" beginnt die intensivere System- und Gesellschaftskritik.

Daß die Meinung, alle Menschen seien im Denken, der Vernunft und ihrem Gebrauch – sofern sie rechtzeitig dorthin geführt und erzogen werden – gleich, hierarchiegefährdend ist, leuchtet ein; kann es doch passieren, daß der Gebrauch der Vernunft auf das eigene System erstreckt wird. Über- und Unterordnungsverhältnisse, Gehorsam und Exekution bedürfen daher zu ihrer Stabilisierung „abgestufter" Denkverbote. Man soll sich nicht den Kopf des Vorgesetzten zerbrechen; zu viel zu denken kann sogar gefährlich werden, und so mancher Neuling hat sich dabei schon den Mund verbrannt. Grundsätzlich gilt das Beschriebene auch noch für die gegenwärtigen Hierarchien, es wird nur ständig „durchlöchert", weil die Notwendigkeit zunimmt, daß Mitarbeiter nicht nur mitarbeiten, sondern auch mitdenken. Eine auf Denkverboten beruhende Ordnung gerät damit als Ganzes ins Wanken.

Weil immanente Systemreflexion aufs Ganze bezogen sinnlos oder verboten war, befand man sich ständig auf der Suche nach einem Gründer, Baumeister, Schöpfer und Lenker. Systemreflexion wurde auf diese Weise auf Theologie, Religion und Geschichtsspekulation verschoben. Das Kommen und Gehen von Macht, Völkern, Staaten, Kulturen mußte ja zum Glauben anregen, es sei alles von außen gesteuert. Die Geschichte selbst stellte kaum Sinn- und Vernunftkontinuität dar, weshalb man das Heil der Geschichte an ihr Ende setzte. Diese Situation änderte sich schlagartig mit den von den Menschen in den letzten hundert Jahren geschaffenen „internationalen" Globalsystemen, was jedoch nichts an der weiterhin „unvernünftigen" Eigendynamik von Systemen änderte. Erschreckt muß „der Mensch" heute erkennen, daß er selbst für die Geschichte verantwortlich geworden ist, zumindest für die Fortsetzung der Geschichte der eigenen Gattung. In der Steuerung der Weltrüstung und der Weltwirtschaft helfen uns keine Götter mehr. Systemreflexion wird zur Überlebensbedingung. Mit der Krise der Hierarchie ist ein Legitimationsproblem gegeben: warum nämlich die bestehende Ordnung genau so sein soll, wie sie ist. Damit entsteht ein weiterer Anlaß für Systemreflexion: Demokratie zum Beispiel findet nicht wirklich statt, wenn nicht gleichzeitig bedacht wird, wie sie am besten zu organisieren ist; sie ist im Grunde ständiger Anlaß für Überlegungen, wie Menschen die für sie und ihre Aufgaben bestmöglichen Systeme schaffen. Demokratie bedeutet somit die permanente Systemreflexion der Betroffenen.

Der hierarchische Gedanke vom Schöpfer und Baumeister von Systemen spielt noch heute in technisch-formaler Systemberatung und Organisationsentwicklung eine große Rolle. Der „Experte" soll sagen, wie die Organisation auszusehen hat, der Vorstand wird sich um die Einrichtung und Durchführung der Vorschläge kümmern. Zwar läßt sich wohl immer noch vieles von oben verfügen, es ist aber heute Zeichen reiferer Organisationen, wenn sich dabei Widerstand regt. Das beschriebene Verfahren entspricht immer noch den mit der Herstellung künstlicher Systeme verbundenen Allmachtsphantasien und ist der Versuch, ein funktionell-rationales Idealsystem zu errichten.

Vielfach haben Berater feststellen müssen, daß aus zunächst unerklärlichen Gründen die von ihnen entwickelten und vorgeschlagenen Pläne zur Organisationsveränderung scheiterten, obwohl ihre Vorschläge auf nicht geheuchelte Einsicht trafen. Der Grund für dieses Scheitern liegt in der Vorgangsweise, die auf diese Art die spezifische Individualität von Organisationen ignoriert. Daß die Individualität und die inneren „Gesetze" von Organisationen auch ihren Mitgliedern nicht bewußt sind, tut dem keinen Abbruch; jedenfalls ist dem kollektiv Unbewußten nicht mit individueller Einsicht beizukommen. Die Systemreflexion muß vielmehr mit den Betroffenen selbst praktisch organisiert werden, um einen kollektiven Bewußtseinsschub einzuleiten.

Projektmanagement steht nun als neues gruppenbezogenes Organisationselement an der Schnittstelle dieser Entwicklung. In ihm wird das Eigenleben von Gruppen aktiviert und für neue System- und Organisationsreflexionen fruchtbar gemacht; Konfrontationen mit dem „alten" System finden statt, ganz generell muß mehr gedacht werden. Schließlich verlangt man auch Ergebnisse, und wenn diese nicht in der erwarteten Form zustande kommen, wird kritische Selbstreflexion notwendig, die auch an der Organisation nicht vorbeikommt. All dies macht Projektmanagement für Hierarchien gefährlich. Projektmanagement ist Anlaß für Systemreflexion und die Aufhebung von Denkverboten, wodurch die Systemabwehr der Hierarchie herausgefordert wird, obwohl sie selbst Projektmanagement eingerichtet hat.

So entstehen zum Beispiel Geltungskämpfe: Die Hierarchie versucht dadurch im Sattel zu bleiben, daß sie Projektmanagement tendenziell verniedlicht, lächerlich macht, als modernistische Spielwiese zu diffamieren versucht; die Hierarchie hat Würde, Projektmanagement ist dagegen würdelose Hektik und Anmaßung. Oder die Hierarchie dogmatisiert sich quasi, etwa bei der Beurteilung von Ergebnissen, bei Präsentationen. Die Vorzeichen werden gleichsam umgedreht; die Hierarchie hat völlig „vergessen", daß sie das Projekt deshalb ins Leben gerufen hat, weil sie in ihrer Normalstruktur überfordert war, eine gegebene Aufgabe zu lösen. Nun schwingt sie sich zur Richterin auf und läßt die Ergebnisse vor ihrem Thron vorbeidefilieren; die Projektmitglieder kommen sich wie Angeklagte oder Prüflinge vor. Offensichtlich muß ein Zeremoniell gewahrt bleiben, bei dem die Hierarchie die Herrschaft über die Wahrheit behält, auch wenn sie nur die Ergebnisse bestätigt.

Vielfach hat Projektmanagement dagegen zu kämpfen, von der Hierarchie wieder geschluckt zu werden. Plötzlich sind Projektmitglieder „unabkömmlich", Teilaufgaben werden zurückgenommen. Projekte sind der „Stachel im Fleisch" der Hierarchie, und obwohl sie ihn sich selbst eingezogen hat, muß er möglichst rasch wieder entfernt werden; das Eigenleben des Projekts wird – wo immer möglich – verhindert, die Projektentwicklung der Hierarchie unterworfen; Vereinbarung und Anfangsabmachungen gelten plötzlich nicht mehr, „weil sich die Situation verändert hat". Was auch stimmt, nur in einem anderen Sinn: die durch die Einführung von Projektmanagement aufgespannte Organisationsdifferenz verunsichert in höchstem Maße und muß wieder rückgängig gemacht werden.

Projektgruppen werden manchmal „im Regen stehen gelassen". Die Hierarchie schließt sich ihnen gegenüber ab und betreibt sozusagen Kindesweglegung, läßt sie völlig allein auf sich gestellt und bestraft sie damit für ihre Selbständigkeit. Projektmitarbeiter werden wie Auswanderer behandelt und kommen als Fremde in die Abteilung zurück; notwendige Zusatzforderungen werden nicht erfüllt, man läßt die Projekte „verhungern". Die Hierarchie immunisiert sich und lobt sich dabei oft noch scheinheilig für ihre Bereitschaft, Projekte ganz „autonom" arbeiten zu lassen. Im übrigen kann sich die Hierarchie auf diese Weise auch davor schützen, mit den Ergebnissen vielleicht Ernst machen zu müssen.

Projektmanagement muß diesen Absicherungsstrategien der Hierarchie begegnen können, und zwar nicht bloß durch Einsicht, sondern durch Organisationsmaßnahmen. Geschieht dies nicht, besteht die Gefahr, daß Projektgruppen sich nur reaktiv verhalten, trotzig die Systemabwehr zur Kenntnis nehmen und sich demgemäß benehmen, was das hierarchische Vorurteil nur bestätigt. Gegen Vereinnahmung müssen die eigenen Systemgrenzen des Projekts möglichst klar bestimmt werden, gegen die Abstoßung hingegen die Verbindungslinien und -glieder (etwa in Beratungs- oder Entscheidungsausschüssen).

Projektmanagement ist auch eine mögliche Antwort auf veränderte System-Umwelten. Deren Eigenständigkeit erfordert ein adäquates, eigenständiges „Organ" im System, weil die frühere Strategie von Hierarchien, ihre Umwelten expansiv zu vereinnahmen, nicht mehr aufgeht. Im Gegenteil, durch Strategien dieser Art sehen sich Systeme, Organisationen, Institutionen immer mehr der Opposition jener gegenüber, für die sie eigentlich tätig sein sollten (zum Beispiel Bürgerinitiativen, Umweltschützer, Konsumentenvereinigungen). Projektmanagement ist dort angebracht, wo man Eigenleben und berechtigte Autonomie zur Kenntnis nehmen muß und Organisationen nicht mehr in alter hierarchischer Tradition auf Unterwerfung setzen können.

Die Art und Weise, wie Unternehmen mit Umweltfragen umgehen, ist in dieser Hinsicht besonders aufschlußreich. Medienveranstaltungen zeigen sehr oft die Hilflosigkeit der alten Hierarchien, die sich mit der neuen Situation noch nicht abfinden können und zwischen aggressiver Überheblichkeit und „wissenschaftlich" abgesicherter Defensive pendeln. Natürlich geht es auch um die jeweiligen Inhalte; eigentlich aber um die Qualität des Umgangs mit einem neuen Verhältnis zwischen dem Unternehmen und seiner Umwelt, einem Verhältnis, das sich nicht mehr hierarchisch bewältigen läßt. Hier kann es zu außerordentlich komplexen Situationen kommen, wie im Fall eines größeren Betriebes, der in einem Projekt für zahlreiche Rollenwidersprüche der Projektmitglieder sorgte: alle waren Angestellte des Unternehmens, ein Mitglied zusätzlich Gemeinderat am Ort des Unternehmens, mehrere andere Projektmitglieder aber zugleich Mitglieder von Bürgerinitiativen, die indirekt auch gegen das Unternehmen gerichtet waren, sich überdies noch in ihren lokalen Interessen widersprachen, schließlich Belegschaftsvertreter, die für die Arbeitsplatzerhaltung sorgen sollten, das heißt, letztlich dafür, daß die Technologie, um deren Anschaffung es ging, nicht zu teuer, der Umweltschutz damit nicht zu perfekt gestaltet werden sollte. Das Projekt war zwar ein Projekt des Unternehmens, hatte aber alle Widersprüche der System-Umwelt-Beziehungen in sich. Daß in einer solchen Situation neue Organisationsverfahren Platz greifen müssen, leuchtet ein. Die Realität der Systemumgebung muß heute weit intensiver in das jeweilige System eintreten können als früher. Unternehmen müssen sich sozusagen Stellen in ihrem Inneren einrichten, die diese Realität repräsentieren. Im Umgang mit dem dabei auftretenden Widerspruch sind Hierarchien nicht sehr geübt. Im Projektmanagement sind solche Widersprüche an der Tagesordnung.

Teil III:

Schulung, Beratung und Kostenfragen

1. Notwendige Kompetenzen für Projektmanagement

Organisationen sind dafür geschaffen, einen bestimmten Zweck zu erfüllen, nicht aber, damit man über sie nachdenkt. Einmal geschaffen, neigen sie zur Selbstdogmatisierung und leben in einer Selbstverständlichkeit, die nicht in Frage gestellt wird. Mehr noch: Im Sinne der Systemabwehr ruft Reflexion zuerst Widerstand hervor. Der reibungslose Ablauf, das klaglose Funktionieren, die Zielerreichung möglichst ohne Umschweife, das ist der primäre Sinn von Organisationen. Natürlich ist es nicht sinnvoll, wenn nur noch reflektiert wird und man dabei den eigentlichen Zweck der Organisation aus den Augen verliert; zuviel Denken macht Stolpern. Je rigider ein System, desto mehr ist das Nachdenken darüber verpönt (zur Zeit des NS-Regimes zum Beispiel war „Intellektueller" ein Schimpfwort, und das Parlament galt als „Quatschbude").

Wohin man heute auch blickt, klaglos und reibungslos scheint nicht mehr viel zu funktionieren. Die Hierarchiekrise hat den Ruf nach Organisationsentwicklung laut werden lassen, dem sich nur mehr besonders dogmatische oder besonders gut gehende Unternehmen entziehen können. Die Reflexionsabwehr der Hierarchie ist nicht mehr nützlich (wenn sie das je war), im Gegenteil: Reflexion bekommt organisationsgestaltende Funktionen. Allenthalben sind Mitarbeiter dazu aufgerufen, „mitzudenken", es gibt ein mehr oder weniger verschämtes innerbetriebliches Vorschlagswesen, es gibt Qualitätszirkel; die eigentlichen Qualitätsverbesserungen finden aber weniger im technologischen Bereich statt als auf den Gebieten Organisation, Kooperation und Information.

Der Schritt eines Unternehmens, sich der Reflexion über ihre Organisation auszusetzen, ist immer ein Schritt über den Rubikon. Es werden Entwicklungen in Gang gesetzt, über deren Konsequenzen und Auswirkungen man vorher prinzipiell nie exakte Prognosen abgeben kann, die man später nur mehr durch Anwendung autoritärer Gewalt und unter Frustration der Mitarbeiter „abdrehen" oder rückgängig machen kann. Jeder Betrieb ist daher gut beraten, sich zu überlegen, worauf er sich einläßt. Organisationsentwicklung um jeden Preis oder weil sie gerade „modern" ist, kann unerwartete Folgen haben.

In vier Fällen erscheint Organisationsreflexion notwendig und sinnvoll, jedenfalls angebracht:

– wenn der Leidensdruck größer wird, als die gegen ihn aufgewendete Verdrängungsenergie;
– wenn man es sich leisten kann („wir stehen zwar gut da, wollen das aber auch in Zukunft");
– wenn man neue Organisationsformen einführen muß, etwa Projektmanagement;
– wenn die Organisation eine anonyme Größenordnung erreicht, die Gefahr läuft, außer Kontrolle zu geraten.

Uns beschäftigt vor allem der dritte Punkt. Da Projektmanagement ein „alternatives" Organisationsinstrument ist und nicht von vorneherein in die bestehende Hierarchie paßt, zwingt es aus sich heraus zu einer Organisationsreflexion. Diese kann man durch technokratische Organisationsanordnung im Projektmanagement zwar zu verdrängen versuchen, früher oder später wird man zur Kenntnis nehmen müssen, welche Laus man sich da in den Pelz gesetzt hat, und beginnt zu lernen.

In prinzipieller Hinsicht scheint sich in der menschlichen Organisationsentwicklung damit etwas Epochales zu ereignen: Erstmals dürfte es möglich und notwendig sein, die Organisationserfahrung einzelner zum gemeinsamen Reflexionsgegenstand zu machen und aus dieser Reflexion heraus Organisation zu bestimmen und zu verändern. Die Organisation als Ganzes ist nicht mehr tabu, sondern der würdigste aller „Gegenstände". In Arrangements, in denen sich alle betroffenen Mitglieder zu ihr äußern dürfen und in denen ein gemeinsames Verständnis der Situation erreichbar wird, tritt zusätzlich noch dreierlei auf: Erstens kommt man Vorstellungen von Demokratie einen Schritt näher, zweitens schöpft man aus der Erfahrung aller (eine reichere Quelle, als viele glauben), und drittens wird Reflexion damit „organischer". Sie steht nicht mehr theoretisch der Organisation gegenüber (das entlastende „Raunzen", das man in jedem Betrieb findet), denkt nicht mehr nur „über" sie nach, sondern denkt in ihr, womit sich eine Chance eröffnet, Organisationen von überflüssiger Künstlichkeit zu befreien.

Nehmen wir nun an, daß Projektmanagement eingerichtet wird; um welche Kompetenzen handelt es sich, was soll reflektiert werden, was gelernt, worauf haben sich Schulungen und Beratungen zu konzentrieren? Man könnte im Interesse einer gewissen Ordnung drei Kompetenzebenen unterscheiden: eine persönliche, eine sozialgruppenbezogene und eine organisationsbezogene. (Von der Sach-, Fach- und Funktionskompetenz sprechen wir hier nicht, sie ist nicht das entscheidende Problem; wobei wir natürlich einräumen, daß es auch hier Kompetenzunterschiede gibt, die zu Kooperationsproblemen führen können.) Die drei genannten Kompetenzebenen lassen sich nur analytisch abstrakt voneinander trennen, in konkreten Arbeitsprozessen sind sie ständig miteinander verwoben. Im folgenden möchten wir einige Problem- und Lernfelder aufzählen, die uns in Projekten als wichtig aufgefallen sind.

Projektmanagement verlangt mehr als reines Funktionieren, es verlangt mehr „Person", Fähigkeiten jenseits der Sachkompetenz. Diese Fähigkeiten sind selten bewußt geübt worden, zum Teil auch verkümmert. Es ist oft bestürzend zu sehen, wie wenig Individuen über sich selbst wissen und wie falsch sie sich einschätzen (sowohl ein ständiges Sich-Über- wie Sich-Unterschätzen dient im übrigen der Abwehr von Lernprozessen). Es liegt daher nahe, sich zu beobachten und sich von anderen sagen zu lassen, wo Kompetenzen liegen, wo Stärken und wo Schwächen. Jeder Mensch hat hier situativ einsetzbare Schwerpunkte. Projektmanagement und dessen soziale, prozessuale Selbstreflexion wäre also ein Ort, sich als Manager besser einzuschätzen und positionieren zu lernen. Ob wir es wollen oder nicht: Menschen sind lebensgeschichtlich sehr unterschiedlich geprägt, nicht jeder kann alles können oder anderen abverlangen. Dies gilt insbesondere im Verhaltensbereich; nicht umsonst heißt es, daß man „nicht aus seiner Haut heraus" kann, aus ihr nur „fährt" und dann „außer sich" ist, wenn Extremsituationen dazu zwingen.

In Projektgruppen bekommt der Verhaltensbereich „naturgemäß" einen höheren Stellenwert. Um die Unterschiede zu nützen, sie nicht in falscher Gleichmacherei und im Gruppendruck zu nivellieren, muß man sie erst einmal kennen. Geglückte Lernerfahrung auf diesem Gebiet erreicht Erstaunliches: Menschen lernen sich in ihren Fähigkeiten nicht nur besser kennen, sie können sie auch besser weiterentwickeln (der Ausspruch „Ich habe gar nicht gewußt, was in mir steckt" ist nicht so selten) und erwerben Einsichten in die Gründe bisheriger Schwierigkeiten. Das Kennenlernen persönlicher Kompetenzen ist auch für Gruppenprozesse förderlich, weil Gruppenfunktionen sinnvoll „verteilt" werden können. Es ist beispielsweise eher ungünstig, im Falle eines Konflikts gerade den mit der Lösung zu betrauen, der allgemein als konfliktscheu und für seine viel zu frühen Harmonisierungsbestrebungen bekannt ist.

Daß Zuhören und Fragen-Können eine wichtige Kompetenz ist, klingt vielleicht banal, und jeder sieht das sofort ein; aus Seminaren und konkreter Projektarbeit wissen wir aber, wie wenige dies wirklich können. Diese Unfähigkeit liegt nicht im reinen Unvermögen oder in der Bosheit einzelner, sondern hat strukturelle Gründe: Hierarchie fördert weder Frage- noch Zuhörverhalten. Wer kennt nicht den Chef, bei dem man den Eindruck hat, er ist mit seinen Gedanken ganz woanders, oder den Mitarbeiter, der nie nachzufragen wagt, weil er fürchtet, sich zu blamieren.

Dazu kommt noch ein lebensgeschichtliches Moment ins Spiel. Die Lebenserfahrungen jedes Menschen werden zum Wahrnehmungsfilter, zur spezifischen Brille, durch die wir blicken, ja zum Vorurteil. Alles, was auf uns zukommt, besonders Neues, muß ins bisherige Weltbild eingefügt werden, notfalls um den Preis einer gewissen Verzerrung. Wir hören daher nur, was wir hören wollen; was sonst noch gesagt wird, versuchen wir zu überhören und fragen daher andere nur so, daß unsere Ansicht bestätigt wird. Offene Fragen haben immer das Risiko in sich, Antworten zu provozieren, mit denen wir nicht gerechnet haben, die unser „System" gefährden. Kein Wunder also, daß Suggestivfragen die am häufigsten gestellten „Fragen" sind.

Projektmanagement erfordert subtile Kooperation. Genaues Nachfragen ist sowohl für die Erfassung der spezifischen Fachmeinung wichtig als auch – und besonders – für die Klärung von Schwierigkeiten und Problemen. Tauglich sind hier nur offene Fragen, die an den Antworten entlang neue, bisher unbekannte Sichtweisen entwickeln, die manchmal für den Befragten außerordentlich hilfreich sein können. Voraussetzung für das Stellen von offenen Fragen und für deren ebenso offene, nachdenkliche Beantwortung ist ein gewisses Vertrauensklima. Fragen, die eher einem Verhör gleichen oder festlegen wollen, sind dafür ebenso ungeeignet wie das aus dem Alltag hierarchischer Organisationen bekannte konkurrenzträchtige Mißtrauensklima. Rein technisch angelerntes Frageverhalten verstimmt; wenn nicht ein gewisses menschliches Interesse am anderen und ein Verstehen-Wollen mitschwingt, werden die Fragen im wesentlichen unbeantwortet bleiben. Dieses Interesse braucht gar nicht geheuchelt zu werden, denn wenn man einmal erfahren hat, welch mannigfaltigen Reichtum an Erfahrung, Sichtweisen und Lebensformen man sich dadurch selbst eröffnet, weiß man, was zu gewinnen ist.

Wir müssen aber zunächst davon ausgehen, daß wir weder zuhören noch offen fragen können. (Wer es nicht glaubt, kann es ja gleich ausprobieren.) Unsere Unfähigkeit hierin wächst proportional mit der Schwierigkeit der Situation – also gerade dort, wo wir es am dringendsten brauchen würden, ist es damit vorbei. Je mehr Selbstgefährdung vorzuliegen scheint (zum Beispiel in Konflikten, in denen wir selbst beteiligt sind), um so weniger fragen wir, um so weniger erfahren wir etwas über die Ursachen, um so öfter wiederholt sich der Konflikt. Aber auch leicht gewonnene Mehrheiten machen dumm und stumm: „Keine Frage? Dann schreiten wir zur Abstimmung!", sagen meist die, die ohnehin wissen, daß sie gewinnen werden. Die Beispiele sind Legion. Wir halten es daher gerade im Zusammenhang mit Projektmanagement für vordringlich, sich einerseits Wissen über Mechanismen von Frage- und Antwortvermeidung anzueignen, andererseits Fragetechnik und Fragehaltung zu lernen und zu üben.

Was oder wer man ist, weiß man nur zum Teil aus sich selbst; zumindest müssen andere dieses Wissen bestätigen. Es nützt mir wenig, daß ich mich für einen guten Manager halte, wenn andere dies bezweifeln. Wichtig für das gemeinsame Handeln mit anderen ist eine gewisse Korrespondenz zwischen Selbstbild und Fremdbild; fällt beides weit auseinander, werde ich mich in meinen An- und Absichten kaum verständlich machen können. In unseren funktional ausgerichteten Arbeitsbeziehungen ist es nur in beschränktem Maße üblich, sich gegenseitig das Bild, das man voneinander hat, mitzuteilen. Offenheit ist unüblich und dient eher als Waffe, die sich auch gegen einen selbst wenden kann, insbesondere dann, wenn wirklich kritische Punkte getroffen werden. Die Norm ist, daß man oft jahrelang Eindrücke, Wirkungen und die daraus zusammengesetzten Bilder von anderen mit sich herumträgt, ohne diesen davon ein Wort mitzuteilen; manchmal hat man sogar schon die konkreten Anlässe vergessen. Was zurückbleibt, sind verinnerlichte Gefühlskonglomerate; im Umgang miteinander wird daraus Watte mit darin verborgenen Reißnägeln.

Über sich etwas zu lernen, Orientierungs- und Verhaltenssicherheit gegenüber anderen zu bekommen, setzt die Fähigkeit voraus, mit *feedback* umgehen zu können. Im hierarchischen Konkurrenz- und Machtkampf wird *feedback* sehr oft als Waffe eingesetzt oder leicht so empfunden. Daher panzert man sich, so gut es geht, schützt sich dadurch vor Verletzungen, verlernt aber damit, wer man eigentlich ist. Im Projektmanagement geht es überhaupt nicht ohne zeitweilige *feedback*-Schleifen.

Feedback geben und *feedback* annehmen muß, da es uns im Berufsleben eher fremd ist, ebenso geübt werden wie die Fähigkeit, Situationen herzustellen, in denen dies möglich ist. Störungen, die im Projektmanagement auftreten und nicht mehr hierarchisch lösbar sind, bedürfen dieser „Übung". Sie ist überdies Bedingung für Selbsterfahrung und Selbstreflexion. Das von uns für notwendig erachtete Organisationsbewußtsein, die Organisationsreflexion, das Organisationslernen, kommt ohne dieses Grundelement für die Aufschlüsselung von Mikrobereichen nicht aus. Auf den, der *feedback* gibt, trifft ein Wort Nestroys zu: „Ich sage es ja nicht, weil ich Sie beleidigen will, sondern weil's stimmt." Daher ist auch hier ein Minimum an Vertrauen Voraussetzung. Um unsere Kritikannahmefähigkeit ist es noch schlechter bestellt; es wird noch ein langer und emotionsreicher Lernprozeß zu durchschreiten sein, bis uns die Einsicht praktisch leitet, daß Kritik zunächst nur Unterschiede und Distanzen zum Ausdruck bringt, die von vorneherein weder in die Gut-Böse-Schablone gesteckt, noch in das Angriffs-Verteidigungsverhalten übersetzt werden müssen.

Gruppen-, Arbeits- und Entscheidungsprozesse laufen oft mit einer inneren Logik ab, die uns gefangen nimmt. Es ist schwierig und bedarf einiger subjektiver Anstrengungen, sich zeitweise ein wenig dem Geschehen zu entziehen, einen „Beobachterstatus" einzunehmen und aus dem Mitagieren herauszutreten. Vielleicht denkt man strategisch und glaubt etwas zu versäumen, wenn man nicht dabei ist, oder befürchtet, sich dadurch zum Außenseiter zu machen (Beobachter sind nicht gerne gesehen). Distanz zu den unmittelbaren Abläufen ist aber Voraussetzung für Selbstreflexion. Projektgruppen, denen dies während der „Arbeit" zu schwer fällt, können hier einfach Phasen installieren oder Zeiten einräumen, die eine Situationsreflexion im Rückblick ermöglichen. Der Wechsel der Aufmerksamkeitsebene (vom Inhaltlichen zum Prozeßhaften) ist nicht nur im nachhinein günstig, denn manchmal ist es notwendig, die Situation zum Thema zu erheben, während man noch in ihr ist, etwa wenn offensichtlich nichts weitergeht und der sprichwörtliche Karren festsitzt. Eine Entkrampfung der Lage tritt gewöhnlich erst ein (es sei denn zufällig), wenn die Beteiligten gemeinsam zu analysieren beginnen und sich über die Gründe von Schwierigkeiten ein gemeinsames Verständnis zu verschaffen. So sehr man momentan auch verwickelt sein mag, es ist manchmal gut, sich die Kraft zu nehmen, die Situation anzusprechen, und genauso verdienstlich, andere darin gewähren zu lassen, ohne gleich den Versuch zu machen, sie wieder „hereinzuholen".

Ständig eine zugewiesene, bestimmte und klar abgegrenzte Aufgabe und Funktion zu erfüllen und nicht mehr, macht sicher und bringt eine gewisse persönliche Identität: Ich weiß, was zu tun ist und was von mir verlangt wird, hier kenne ich mich aus. Diese Identitätsform mag für manche langweilig, unattraktiv und eingeschränkt sein – man steht mit ihr aber auf sicherem Boden, und in seiner Freizeit kann man ja noch andere Dinge tun. Projektmanagement bringt diese Identitäten ins Schwimmen. Nichts ist mehr so klar abgegrenzt, man wird auf neuen Gebieten gefordert, ist einmal Autorität, dann wieder nicht, einmal gleichwertig, dann wieder abhängig. Womöglich wird noch verlangt, daß man in zwei oder mehr Welten mit verschiedenen Standards lebt, in der Projektwelt und in der Hierarchie. Die Einführung neuer Organisationselemente bringt daher die Gefahr einer Identitätsdiffusion mit sich; es gibt hier manchmal Überforderungen, die bis zur Verweigerung durch Krankheit führen können.

Man muß mit seinen liebgewordenen Gewohnheiten und Anpassungen sorgsam umgehen. Dennoch wird das Leben in mehreren Welten und das Aushalten der daraus resultierenden Widersprüchlichkeiten immer mehr erforderlich, weil generell gesprochen die Komplexität zunimmt und diesem Umstand im Projektmanagement organisatorisch entsprochen wird. Im Sinne persönlicher Kompetenzen brauchen wir daher Ich-Stärke und Rollenflexibilität. Oberflächlich besehen handelt es sich dabei um Verschiedenes – das eine klingt nach „Charakter", das andere nach „Charakterlosigkeit". Tatsächlich aber geht es um eine Weise modernen Lebens überhaupt: Früher waren Zugehörigkeiten klarer, und Autoritäten und Institutionen wachten darüber; im Schutz dieser Zugehörigkeiten konnte man persönliche Eigenheiten entwickeln, was aber wegen der Gebundenheit an diesen Zusammenhang nicht unbedingt Ich-Stärke heißen muß. Diese bewährte sich erst beim Heraustreten aus Zugehörigkeiten. „Charakter" bei oft und rasch wechselnden Zugehörigkeiten zu entwickeln, ist viel schwieriger. Das weiß beispielsweise jeder Vorgesetzte, der mit einem Paket von Mitarbeiterwünschen zu seinem Vorgesetzten geht. Flexibilität bedeutet nun nicht chamäleonhafte Anpassungsfähigkeit; den Leuten „nach dem Mund reden", wo immer man ist, sich zu identifizieren und Zugehörigkeit erlangen zu wollen, käme in die Nähe des alten Begriffs von Charakterlosigkeit und wäre der vollendete Opportunismus. Rollenflexibilität bedeutet dagegen Differenzbewußtsein, ein Wissen um verschiedene Zugehörigkeiten und Getrenntheiten, die als solche nicht untergehen und organisatorisch quasi kollabieren.

Jede neue soziale Situation verführt zur Anpassung; Ich-Stärke dagegen bewährt sich im Differenzbewußtsein, es erlaubt uns Anpassungen an verschiedene Situationen, ohne uns zu verlieren oder ständig in Loyalitätsschwierigkeiten zu kommen. Es bleibt uns ohnehin nichts anderes übrig. Dorfeinheiten und Sippenverbände bestehen nicht mehr, die Familie war immer schon zeitlich begrenzt, unsere Unternehmen garantieren (im Gegensatz zu manchen japanischen) auch keine lebenslange Zugehörigkeit — daher müssen wir von früh an lernen, mit verschiedenen Zugehörigkeiten zu leben. Das Individuum ist gewissermaßen ein Bündel von Repräsentationen. In neu zusammengestellten Gruppen treffen so gesehen vielfache Repräsentationen aufeinander, was Einheit und Dichte von Gruppen schwierig werden läßt. Gruppen tendieren daher dazu, die Individualität von Individuen zu verdrängen. Der einzelne braucht viel Kraft, das, was er in anderen Zusammenhängen ist, nicht untergehen zu lassen.

Rollenflexibilität heißt auch, die anderen in ihren verschiedenen Herkünften und Zugehörigkeiten zu akzeptieren. Gerade im Projektmanagement, wo Mitarbeiter aus allen Bereichen zusammenkommen, ist dies wichtig. Zwar muß in den Projektgruppen zunächst eine soziale Einheit gebildet werden, die über Gruppendruck alles Unterschiedliche zu egalisieren versucht. Nach dieser Eingangsphase muß aber die Repräsentantenfunktion der Individuen wechselseitig aneinander wahrgenommen und berücksichtigt werden, sonst geht die Arbeit nicht weiter. Ich-Stärke braucht man sowohl, um dem Gruppendruck zeitgerecht zu widerstehen, als auch verschiedene Zugehörigkeiten nebeneinander „auszuhalten". Historisch gesehen entsteht dadurch überhaupt erst so etwas wie ein substantielles Ich gegenüber der hierarchisch-funktionalen Vereinzelung von Personen: Als „Wanderer" zwischen den Gruppen, im Wechsel von Zugehörigkeiten gibt es „Zwischenräume", in denen ich mit mir alleine bin, mich in Vergleich und Widerspruch als gewisse Kontinuität zu erfahren versuche. In den einzelnen sozialen Gebilden und vor allem im Projektmanagement muß es möglich sein, über die Bedeutung von Repräsentation, verschiedenen Zugehörigkeiten und Loyalitäten diskursiv zu befinden.

Projektmanagement ist eine konfliktträchtige Angelegenheit. Unser Verhalten im allgemeinen ist eher von Konfliktvermeidung und

Schuldgefühlen geprägt. Es ist aber dringend nötig, mit Konflikten differenziert umgehen zu können. Es gibt Konflikte, die aus Schlamperei, aus Nachlässigkeit entstehen, verzichtbar, Pannen im Ablauf, deren Fehlen niemandem schaden würde. Daneben gibt es aber notwendige Konflikte, die aus organisationsstrukturellen Widersprüchen entstehen und daher behandelt und jeweils bewältigt werden müssen. Versucht man sie zu verdrängen, kehren sie an unerwarteter Stelle wieder; los wird man sie nicht. Konflikte in Unternehmen sind daher nicht immer Managementfehler; fehlerhaft wäre es allerdings, Strukturkonflikte ständig unter den Teppich zu kehren und über die Schuld einzelner zu manövrieren.

Konfliktmanagement im Projektmanagement muß auf ein balanciertes Konkurrenz- und Kooperationsverhalten hinarbeiten, weil man sowohl die Konkurrenz in der Sache wie die Kooperation im Sozialen braucht. Dafür sind wir kaum vorbereitet. In der alltäglichen hierarchischen Umgebung dient die Konkurrenz meist dem Aufstieg, der persönlichen Profilierung, ein nicht unbedingt kooperationsfreundliches Verhalten. Im Projektmanagement braucht man den Wetteifer in der Aufgabe; er dient aber „nur" einem besseren Ergebnis und darf letztlich die notwendige Kooperation nicht beeinträchtigen. Diesen Widerspruch von Konkurrenz und Kooperation zu gestalten und zu organisieren, ist eine wesentliche Aufgabe für Projektmanagement. Wir haben sowohl Gruppen erlebt, in denen aus Mangel an gewohnter hierarchischer Autorität ein mörderischer Konkurrenzkampf ausbrach und die freiere Bewegungsmöglichkeit in der Gruppe voll für Profilierung ausgenützt wurde, aber auch Gruppen, die ohne Engagement ihre Pflichtübungen absolvierten, weil Konkurrenz keine hierarchischen Vorteile brachte.

Zur sozial- und gruppenbezogenen Kompetenzebene gehört alles, was für die Steuerung von Projektgruppen wichtig ist. Hierzu zählt alles, was im Kapitel über die Projektgruppe ausgeführt ist. Die Fähigkeit, soziale beziehungsweise Gruppenprozesse diagnostizieren und analysieren zu können, kann man in gruppendynamischen Seminaren lernen und üben. Oft wird diese gruppenorientierte Selbstreflexion als Nabelschau und Seelenstriptease abgetan. Ungeachtet dessen, daß hier zugestandenermaßen oft Mißbrauch getrieben wird, muß man daran festhalten, daß in Organisationen auf diesem Gebiet größte Kompetenzprobleme liegen. Nicht nur das Management von Projektgruppen ist auf diese Situationsdiagnosen angewiesen, sondern schon die Hierarchie selbst. Immer noch scheuen sich viele Vorgesetzte – auch aus Angst, die Materie nicht zu beherrschen und die Übersicht oder das Gesicht zu verlieren – vor Gruppengesprächen, vor Gesamt-Abteilungssitzungen, die nicht nur „Befehlsausgabe" sind, sondern wo man miteinander über Klima und Konflikte reden kann. Im Projektmanagement wäre es ideal, wenn die gruppenbezogene Selbstreflexion erstens gewollt, gestattet und institutionalisiert ist und wenn zweitens möglichst viele analytisch und diagnostisch kompetent sind, damit nicht einzelne diese Funktion monopolisieren und den staunenden anderen sagen, was los ist und wo es lang geht.

An Diagnose und Analyse schließen Führung und Steuerung von Gruppenprozessen an. Das unterstellt keine automatische „Sozialmechanik" gegenüber der normalen „Bewußtlosigkeit" auf diesem Gebiet, die Sozialgesetze einfach sich selbst ablaufen läßt und aus der Hand gibt; es ist aber doch zweckmäßig, über das eine oder andere Bescheid zu wissen und damit bewußten Umgang zu haben. Hierzu gehören der Umgang mit Autoritätsproblemen, Außenseiterverhalten, Cliquen- und Paarbildungen in der Gruppe, mit Gruppenentwicklungen und -abläufen, mit Gruppengrenzen und Durchlässigkeiten. Darüber gibt es inzwischen einiges an wissenschaftlicher und praktischer Erfahrung, auf die man zurückgreifen kann. Hierher gehören überdies Themen wie Motivation, Identifikation, Optimierung von Entscheidungsprozessen, Verantwortung und Verantwortungsaufteilung, Selbstkontrolle und Zeitgestaltung.[1] Keines dieser Themen läßt sich trotz aller „mathematischen" Bemühungen der Betriebswirtschaft nur auf die technisch-funktionelle Seite abspannen. Alles hat mit den Emotionen einzelner, der Situation, dem Gruppenprozeß und der Rolle, die man in ihm einnimmt, zu tun. Beim Zulassen nicht genormter Zeiterfordernisse von Gruppen sind Organisationen ziemlich unflexibel. Ein guter Projektmanager dagegen weiß um die im Projektmanagement unterschiedlichen Zeitbedürfnisse und kann diese Führungsqualität auch einsetzen. Projekte geraten oft deshalb unter Zeitdruck, weil sie sich nicht rechtzeitig mehr Zeit genommen haben, um interne Probleme zu bearbeiten.

Organisationskompetenz bedeutet zweierlei: erstens ein Wissen um die Schnittstellen, Widersprüche, Abwehren und Systembedingungen von Organisation, zweitens den praktischen Umgang mit Organisationsdynamik. Das Wissen ist die durchaus notwendige theoretische Seite, weil eine Organisation nun einmal etwas höchst Komplexes und Abstraktes ist. Obwohl es die konkrete Wirklichkeit nie ganz erreicht und prinzipiell vereinfacht, ist es, was Organisationen betrifft, dennoch eine schematische Hilfe. Die eigentlich wichtige Seite der Kompetenz ist aber der praktische Umgang mit Organisationsdynamik. Die Tabuisierung der Hierarchie hat die Kompetenzbildung hier eingedämmt. Projektmanagement ist Organisationsmanagement in Konkurrenz zur Hierarchie; seine Aufgabenstellung kann ohne das Durchbrechen alter Tabus nicht erfüllt werden. Projektmanagement ist nicht nur in sich auf bewußte Organisationsleistung angewiesen, es muß auch mit den Einflüssen und Abwehren der Hierarchie bewußt umgehen lernen.

Was wäre nun Organisationskompetenz, über die man theoretisch einiges erwerben, die man praktisch aber nur in Organisationen erlernen und entwickeln kann? Organisationskompetenz bedeutet

- zu sehen und zu erkennen, daß und wie alle Teilbereiche der Organisation vom „Gesamten" beeinflußt sind (bis hin zum einzelnen Individuum) und kein Subsystem ungestraft isoliert werden kann (Kompetenz: das Ganze im besonderen mitdenken),
- zu bemerken, daß alle Subsysteme eine gewisse innere Einheit bilden und sich trotzdem gegenseitig beeinflussen (Kompetenz: die inneren notwendigen Widersprüche und Konfliktherde diagnostizieren), und
- diese strukturellen Bedingungen und die Prozesse bewußt für die Bewältigung der auftretenden Probleme und Konflikte handhabbar zu machen (praktische Organisationskompetenz). Hier stoßen Seminare mehr oder weniger an eine Grenze. Organisationsseminare, in denen zentrale Organisationsprobleme durch das Seminar-

design erlebbar gemacht werden, zeigen immer wieder, wie schwierig es ist, praktische Organisationskompetenz zu entwickeln.

Obwohl wir der Ansicht sind, daß sich langfristig prinzipiell alle Mitglieder von Organisationen, vor allem aber solche in Projekten, die hier angeführten Kompetenzen aneignen müssen, läßt sich für den Übergang das Berufsbild eines Projektmanagers vorstellen. Es wäre dafür eine bestimmte Ausbildung zu absolvieren, die einzelne Manager dazu qualifizieren würde, Projekte anzuleiten und zu beraten. Wenn die hier angeführten Qualifikationen in einem Unternehmen noch nicht allzuweit entwickelt sind, ist es sinnvoll, externe Beratung hinzuzuziehen.

2. Beratung von und im Projektmanagement — Fallbeispiele

Mit diesem Kapitel verfolgen wir drei Absichten: Erstens soll es Sinn und Grenzen von Beratung im Zusammenhang mit Projektmanagement klären, zweitens soll es eine Orientierungsmöglichkeit am unübersichtlich gewordenen „Markt" bieten; drittens soll dies anhand von Fallbeispielen erfolgen, die von einer Kollegin und einigen Kollegen aus deren praktischer Beratungstätigkeit beigesteuert werden; mit den Fallbeispielen wird auch das bisher eher theoretisch Ausgeführte in seiner inner- und überbetrieblichen Wirklichkeit illustriert.

Theoretische Vorbemerkung

Zur Einrichtung, Betreuung und Unterstützung von Projektmanagement externe oder interne Beratung hinzuzuziehen, kann verschiedene und oft widersprüchliche Motive haben. Als Berater kann man ihnen nun entsprechen oder auch nicht. Wen berät man zum Beispiel? Wer ist der Klient? Der individuelle Auftraggeber, das heißt die Person, die den Kontakt hergestellt hat, die Geschäftsleitung oder das ganze Unternehmen? Nicht selten wird Beratung „eingekauft", um die Ansichten und Interessen einer Gruppe zu bestätigen, zu fördern und im Betrieb zu stärken; Macht und Einfluß dieser Gruppe sollen damit gesichert werden. Oft werden Berater auch eingeladen, um Maßnahmen, die im Unternehmen notwendig, aber unpopulär sind, als „wissenschaftliche" Letztwahrheit zu bestätigen und zu begründen; sie werden zur Berufungsinstanz, zu objektiven Experten gemacht, damit man sich selbst die Hände nicht schmutzig macht. Berater können eine Reihe von Alibifunktionen übernehmen: man kann innerbetrieblich darauf verweisen, für die wichtigsten anstehenden Probleme ohnehin Berater beauftragt zu haben, die man nur ruhig arbeiten lassen soll; man kann sie zur Verantwortungsabschiebung verwenden und als Sündenböcke für Maßnahmen präsentieren, die fehlschlugen. Oft werden sie geholt, um – trotz des erklärten Auftrags, etwas für Veränderung zu tun – die geheimsten Wünsche zu bestätigen, daß nämlich ohnehin alles bestens ist. Manchmal kommt es auch vor, daß sich der eine oder andere für seine persönlichen Bedürfnisse einen Berater „hält", einfach um einen unbefangenen Außenstehenden zum Gesprächspartner zu haben, als persönlichen „Coach"; in der Firma gilt dieser bald als „graue Eminenz", als „Einflüsterer", als jemand, zu dem man „freundlich" sein muß.

Beratung ist nicht gleich Beratung; ihre Modelle, ihre Vorgehensformen, ihre Zielsetzungen unterscheiden sich, je nachdem, was von ihr verlangt wird, ob und wie sie wirksam sein soll. Vergleichsmäßig günstig liegt der Fall, wenn beide Seiten, Auftraggeber und Berater, voneinander wissen, was sie wollen, worin der Beratungsauftrag besteht, was vereinbart und geleistet werden kann. In den seltensten Fällen ist dies aber so eindeutig; so vielschichtig Unternehmen eben sind, so mannigfaltig sind auch die Wünsche, Hoffnungen und die Abwehr, die mit Beratungsaufträgen verbunden sind. Beratungen, die sich auf den offiziellen Auftrag allein konzentrieren, sind schon oft abgestürzt, weil sie zuwenig flexibel waren, ihre „inoffizielle Umgebung" wahrzunehmen. Insbesondere bei der Einrichtung von Projektmanagement wird Beratung, wie die Fallbeispiele im einzelnen zeigen werden, mit einem Bündel von teils offiziellen, teils latenten Motiven konfrontiert, letztere werden erst im Beratungsprozeß klar. Es gehört zur Beratung selbst, zunächst zu helfen, dieses Knäuel zu entwirren.

Die Gründe für die Schwierigkeit, Projektmanagement zu beraten, sind dem bisher Ausgeführten unschwer zu entnehmen: Projektmanagement ist ein Eingriff in die Kräfte-Balance eines bestehenden Systems und seiner Subsysteme; es läßt sich selten mit den üblichen Vorgehensformen und Normen des bisherigen Systems durchführen, sonst würde man es ja nicht brauchen. Es erzeugt oder macht einen inneren Systemwiderspruch und dementsprechende Systemabwehr sichtbar. Letztere sind nun nicht nur negativ, sondern dialektisch zu sehen; in ihnen werden jene Grenzen gesetzt, die für ein System Schutzfunktion haben und daher nicht unbesehen überschritten werden dürfen (die andere Seite der Grenzen freilich bedeutet Entwicklungshemmung). Beratung kommt hier oft in eine Zwickmühle, weil ihr eindeutige („wer nicht für mich ist, ist gegen mich") Parteinahme abverlangt wird. Die Projektgruppen wollen die Beratung für sich als Stärkung gegen die bestehende Hierarchie, und oft brauchen sie eine solche tatsächlich; das Unternehmen will ein gutes Projektmanagement, ein gutes Resultat, sonst aber möglichst in Ruhe gelassen werden; Beratung soll sie vor „den Ausritten" der Projektgruppen schützen. Wenn man nun zusätzlich in Rechnung stellt, unter welch diffusen Bedingungen und unklaren Situationen Projekte entstehen und eingesetzt werden, was über die „Sache" hinausgehend zu ihnen transportiert wird, muß man zugeben, daß oft die klarsten Beratungsaufträge eher einem Sturzflug im Nebel ohne Instrumente gleichen. Damit soll jedoch nicht gesagt sein, daß jede Beratung zum Absturz verurteilt ist; ihr Aufgabenfeld ist aber heikel und vielfältig, und es führt zum Mißerfolg, wenn man dies nicht sieht und seine Beratungsvereinbarungen darauf einrichtet.

Da es sich bei solchen Überlegungen um „Systemfragen" handelt, ist in letzter Zeit zunehmend von „systemischer Beratung" die Rede, einem Beratungskonzept, das diesen Überlegungen zu entsprechen versucht. Im Projektmanagement ist systemische Beratung (wenn es nicht ausschließlich um Fachfragen geht, die jedoch selten zu isolieren sind) wohl die effektivste Beratungsform. Eine Grundthese und inzwischen auch eine einigermaßen bewährte Praxis ist dabei, daß Systeme nur durch Systeme beraten und erst recht nur durch solche verändert werden können. Dies gilt auch für die Bewältigung der durch das Projektmanagement erzeugten oder offengelegten Systemwidersprüche. Beratung hat sich hier weder auf die eine noch auf die andere Seite zu schlagen. Beratung und Klient stehen einander als Systeme gegenüber, als „Beratungssystem" und „Klientensystem". Während das Klientensystem zwar nicht immer bekannt ist, aber feststeht, ist das Beratungssystem jeweils zu konstruieren, und es ist entscheidend für den Beratungsprozeß, wer aus dem Klientensystem zum Beratungssystem dazugeholt wird. Nur eine solche systemische Konstruktion hat genügend Gewicht, Systemwidersprüche zu vermitteln. Mit diesem Wort ist eine wesentliche Idee systemischer Beratung beschrieben: es geht nicht um

Belehrung, um das Vorsagen, wie es sein soll, um Parteinahme, um die damit verbundenen Durchführungsbeauftragungen. Es geht um Begleiten, um Rückspiegelungen, um Erfragen von „Zusatzmotivationen" und vor allem um Vermitteln. Das zu beratende System soll sich selbst in seinen inneren Widersprüchen klar werden, soll abwägen lernen, wie es diese jeweils selbst löst und wo es sich überfordert, wo es an Grenzen stößt, wo es abwehrt. Damit hat das Beratungssystem im Sinne all unserer bisherigen Ausführungen eine zentrale Aufgabe: es ist Katalysator, Ferment, „Hebamme", das Klientensystem allmählich zu einem selbstlernenden, sogenannten „autopoietischen" System zu entwickeln.

Damit ist zugleich jener qualitativ neue Schritt bezeichnet, der unserer Meinung nach für die gegenwärtigen Vorstellungen von Organisationsentwicklung nötig ist. In gewisser Weise sind, wie wir wissen, alle lebendigen Systeme potentiell lernfähig; sie lernen aus sich selbst, in Konfrontation mit ihren Umweltbedingungen. Entwickeln sie für diese Konfrontation in sich nicht genügend Lern- und Anpassungspotential, stellen sie sich sozusagen „tot", dann sind sie es auch meistens bald. In der bisherigen Natur- und Menschengeschichte sind schon viele einzelne Systeme zugrunde gegangen. Menschliche Systeme, das heißt von Menschen gemachte, geplante, überlegte Unternehmungen, unterscheiden sich von anderen Systemen der belebten Natur durch „höheres Bewußtsein", durch ein mögliches individuelles und kollektives Selbstbewußtsein. Wir wissen, warum wir etwas tun wollen, welche Zwecke wir verfolgen, wenigstens ansatzweise. Wir wissen, was wir lernen müssen, um zu überleben, und können dafür sogar Schulen und Bildungsinstitutionen einrichten.

Die letzten Sätze waren sehr idealistisch formuliert. Unser „Selbstbewußtsein" (nicht im Sinne von egomanischer Aufgeblasenheit, sondern Bewußtsein von sich selbst einschließlich seiner Grenzen, also auch mit Zügen von Bescheidenheit) ist unterschiedlich stark ausgeprägt, manche leben „wie das liebe Vieh", heißt es. Im großen gesehen wissen wir einiges über unseren individuell-funktionalen Bereich, mit dem „Selbstbewußtsein" von Kollektiven, Organisationen und Institutionen ist es jedoch schlecht bestellt. Die Neuzeit hat in einer Art von

„individuellem Kurzschluß" Wissen, Lernen und Selbstbewußtsein zu sehr ans „Ich" gebunden und damit die Sozialgebilde verschiedenster Art ins kollektiv Unbewußte verschoben. Über sie gibt es von außen erkennendes, einzelwissenschaftliches „Expertenwissen", aber kein eigenes Bewußtsein.

Unsere Systeme haben damit ihr Selbstbewußtsein „außer sich", das heißt sie haben eigentlich gar keines; an seine Stelle tritt Wissenschafts- und Expertengläubigkeit. Auch Berater sollen von außen sagen, was für die Organisation am besten ist. Diese Rolle hat nur Erfolg, wenn das System eine Empfehlung von außen als das Beste für sich erkennt, sie in ihr Selbstbewußtsein aufnimmt und damit anerkennt (oder wenn sie ein Hierarch im Unternehmen mit Macht durchsetzt, einer Macht allerdings, die es heute kaum noch gibt). Aufnahme und Anerkennung einer Expertise stellen bereits einen Selbstaufklärungs- und Selbstreflexionsprozeß dar, der seine Arrangements und seine Zeit braucht. Von außen verfügtes „Bestes" wird niemals als solches anerkannt, wenn es diese Prozesse nicht zuläßt oder unterbricht und den Durchführenden „ersparen" will, es zum eigenen zu machen, sich anzueignen.

Der qualitativ neue Schritt, bei dem systemische Beratung in der Organisationsentwicklung allgemein und im Projektmanagement im besonderen helfen kann, heißt also: Erhöhung des Selbstbewußtseins von Organisationen und damit Erhöhung ihres Lern- und Anpassungspotentials. Sich besser mit sich auszukennen, steigert die Qualität des eigenen Handlungspotentials. Wichtig ist, daß die Erarbeitung von Bewußtsein kollektiv geschieht; das System als solches braucht Selbstbewußtsein – nicht nur das einzelner Individuen. Um dies zu erreichen, bedarf es eigener Arrangements, *feedback* und Reflexionsschleifen, das heißt eigener Organisationsmaßnahmen, in denen es erarbeitet werden kann. Zum Alltagsablauf, der funktionalen Tätigkeit in Sache und Zweck, wird als zweites eine Meta-Ebene hinzugesetzt, auf der man sich gemeinsam über die Situation verständigt. Für dieses Vorgehen gibt systemische Beratung ein Beispiel ab.

Projektmanagement selbst ist immer eine Art von Systemintervention. Im Grunde zwingt es das bestehende System, sich neu anzupassen und zu lernen. Sein Erfolg ist zugleich der Nachweis von alten Systemdefiziten; deshalb wird es auch so „heiß umkämpft" und unterschiedlich eingesetzt. Beratung, die nicht systemisch vorgeht, ist zumindest dort problematisch, wo es um die entscheidenden Systemwidersprüche geht; und viele vordergründige Konflikte und Probleme sind nur Symptome vor diesem Hintergrund. Der Vollständigkeit halber möchten wir, bevor wir zu den Fallstudien kommen, im Interesse einer besseren Übersicht eine plausible Zusammenfassung und Ordnung von Beratungsansätzen anführen. Wir halten uns dabei an Kollegen und zitieren[2]:

„Versucht man die Vielzahl der Ansätze zu ordnen, so kommen wir zu folgenden fünf Gruppen, die auch für Unternehmen eine Orientierung im Dschungel der Beratungsarten bieten können:

- Gutachten sind dann sinnvoll, wenn Zustände oder Möglichkeiten eines Betriebes durch einen außenstehenden Experten bewertet werden sollen. Sie bilden Legitimationsgrundlage für anstehende Entscheidungen. Den Vorteilen derartiger Expertisen steht gegenüber, daß die von außen festgestellte Wahrheit oft schwer mit der Eigenlogik des Unternehmens verbindbar ist.
- Manager oder Experten auf Zeit werden zur Krisen- beziehungsweise Problembewältigung geholt und übernehmen auch die Verantwortung für die Durchsetzung der von ihnen als richtig erachteten Maßnahmen. Der Einsatz solcher Linienmanager erfolgt projektbezogen (zum Beispiel zur Planung und Realisierung einer neuen Tochterfirma) oder im Extremfall zu Sanierungszwecken.
- Prozeßorientierte Fachberatung setzt einerseits bei dem im Betrieb fehlenden Know-how, andererseits bei der Notwendigkeit an, die Arbeitsroutinen diesen zusätzlichen Anforderungen anzupassen oder das Fachwissen (zum Beispiel über Prinzipien des Mahnwesens) den betriebsspezifischen Usancen entsprechend zu vermitteln. Daraus ist zu ersehen, daß in dieser Kategorie eine breite Palette an Vorgehensweisen, Instrumenten und Werthaltungen und auch die Mehrzahl der Berater(firmen) zu finden sind. Eine genauere Unterteilung kann mit Antworten auf folgende drei Fragen

erreicht werden: In welchem Maße beansprucht wer (Klient/Berater), die „richtige" Rationalitätsvorstellung zu haben? Welches Gewicht wird der sachlichen Dimension und welches den Beziehungsaspekten zugebilligt? Mit welchem Verständnis und welchem Anspruch wird an die Prozesse zur Veränderung der Organisation herangegangen?

- Organisations-Entwicklung ist eine Sammelbezeichnung für Vorgehensweisen, die „geplanten Wandel" entwickeln wollen. All diesen Bemühungen sind folgende Ziele gemeinsam: die gleichzeitige Erhöhung von Humanität und Effizienz, die Stärkung der vorhandenen Problemlösungsfähigkeiten. Das Konzept ist insbesondere dann erfolgversprechend, wenn Spannungen im Kommunikationsbereich vorhandenes Know-how dauerhaft blockieren und mehr Partizipation gewünscht wird.
- Systemische Beratung stützt sich auf sehr komplexe Theorien, die Aufnahme neuerer Strömungen der Biologie, Physik, Kybernetik und einzelner Sozialwissenschaften beinhalten."

Einführung zu den Fallbeispielen

Über systemische Beratung haben wir theoretisch einiges ausgeführt. Was die einschlägige Fachliteratur betrifft, ist auch hier die modernistische Spreu vom substantiellen Weizen zu trennen. Mitunter hält sich systemisches Denken für origineller, als es in Wirklichkeit ist; zumindest werden vielfach durchaus bekannte Sachverhalte nur umformuliert und in eine neue Sprache übersetzt. Dessen ungeachtet hat die mit dem systemischen Ansatz eingenommene Perspektive für praktische Beratungsvorhaben Konsequenzen, in denen die von uns in den bisherigen Ausführungen entwickelten Überlegungen aufgehoben sind. Die beiden ersten Fallstudien von *A. Janes/H. Schober* und *A. Janes* berichten jedenfalls von explizit auf der Basis systemtheoretischer Überlegungen konzipierten Beratungen.

Die Fallstudie, die *B. Pesendorfer* beschreibt, ist ein Beispiel für überbetriebliches Projektmanagement (im Projekt arbeiten vier Unternehmungen einer Dienstleistungsbranche, ein Universitätsinstitut und eine Software-Firma zusammen). Die gerafft dargestellte Studie macht die grundlegende Bedeutung von guten Verträgen deutlich und zeigt, wie konsequenzenreich bei Vertragserstellung unberücksichtigte Basisvoraussetzungen und Grundwidersprüche sein können; sie führen zu Konflikten während des Projektes, die Vertragsvereinbarungen (Termine, Kosten, Produktinhalte) sehr rasch umwerfen. Mit dieser Art von unternehmensübergreifendem Projektmanagement werden heute insbesondere bei Einführung oder Umstellung von EDV immer mehr Unternehmen konfrontiert. Dabei ist die Tendenz zu beobachten, daß Projekte der Verfügung einzelner Auftraggeber entgleiten, insbesondere wenn sich diese in die Abhängigkeit von Experten begeben. Daß aus Zeitdruck hier die notwendigen Verträge meist viel zu unfundiert abgeschlossen werden, entspricht unseren gewohnten Umgangsweisen in juristischen und ökonomisch-technischen Verfahren. Vom Anfang an bestehende Interessengegensätze und Grundwidersprüche passen nicht hinein und werden mit den üblichen Konfliktvermeidungsstrategien verdrängt. Im Projektverlauf melden sie sich dann an allen möglichen und unmöglichen Stellen wieder und behindern die Abläufe. Allerdings vermag auch die größte Sorgfalt bei ersten Vertragsabschlüssen diese Probleme nicht auszuschließen. Daher scheint es wichtig, Vertragsabschlüsse in zwei Richtungen zu ergänzen: Einmal müßte „prozessual" vereinbart werden, was mit Unvorhergesehenem passiert, zum anderen sollte man „Reflexionspuffer" und „-schleifen" schon von vornherein als Projektbestandteil in den Vertrag aufnehmen.

B. Heitger / G. Drossos berichten über ein Projekt, das ausschließlich intern beraten wurde. Aus der Beschreibung des Projekts und der Rolle der internen Berater darin läßt sich ablesen, welche Grenzen interner Beratung gezogen sind. Personal- und Ausbildungsabteilungen haben in Unternehmen mitunter keinen besonders hohen Stellenwert, was von den Mitarbeitern dieser Abteilungen insofern zum Selbstwertproblem wird, als sie einerseits nach außen hin Wirkung erzeugen möchten (was ja in gewisser Hinsicht auch ihr Auftrag ist), andererseits oft nicht ernst genommen oder für wesensfremde Zwecke (etwa „Klagemauer") funktionalisiert werden. Als interne Berater erhalten diese Mitarbeiter Gelegenheit, aus dem Schatten der gewohnten Zuschreibungen herauszutreten und zu besonderer Wichtigkeit aufzulaufen. Der Nachteil interner Beratung liegt nicht darin, daß man damit in der Organisation deutlicher sichtbar wird, sondern daß man Teil jenes Systems ist, dessen Veränderung Ziel ist. Sie kann daher gar nicht anders als Partei sein, was zur Verwirrung von Rollen führt. Es ist schwer, das richtige Maß zu finden. Entweder gelingt es binnen kurzem, sich „in bester Absicht" mit allen anzulegen, oder man bleibt umgekehrt aus übertriebener Vorsicht unter seinen Möglichkeiten. Das Anerkennungsbedürfnis in der Organisation (durch Kollegen, durch die Hierarchie) ist nicht zu unterschätzen. Viele Probleme interner Berater haben externe nicht. An Kooperationsformen zwischen internen und externen Beratern ist daher zu denken.

Die Fallstudie von *A. Wimmer* ist der Beitrag eines Betroffenen, eines Projektleiters und Teammitglieds; er soll auch die emotionelle Seite von Projektarbeit zu Wort kommen lassen. Zur Vorgeschichte: Ein stark exportorientiertes österreichisches Unternehmen wurde vor etwa zehn Jahren vor die Notwendigkeit struktureller und organisatorischer Veränderung gestellt (Marktsituation, Diversifizierung, Generationswechsel). Aus einem als hierarchisch-patriarchalisch zu bezeichnenden Zustand wollte man sich zu einem eher kooperativen, strategisch modern steuernden Management mit neuer Marktorientierung entwickeln und schließlich bis zur Einführung einer Matrixorganisation, bestehend aus eigenverantwortlichen Sparten und zentralen Bereichen, fortschreiten. Unter Hinzuziehung von externer Beratung wurden die Hauptabteilungsleiter vom Vorstand mit dieser Entwicklungsaufgabe beauftragt. Bis dahin war es offiziell nicht üblich, auf horizontaler Ebene bereichsübergreifend zu kooperieren. Bereits der Auftrag war also ein entscheidender Eingriff in die bestehende Organisation. Das von *A. Wimmer* (damals Hauptabteilungsleiter, jetzt Vorstandsmitglied) geschilderte „Reorganisationsprojekt" nahm in dieser Entwicklung einen bedeutenden, bis heute nachwirkenden Platz ein. Folgende für Projektmanagement bedeutsame Aspekte werden in seinem Beitrag herausgestellt:

- die Bedeutung der emotionellen Seite in der Projektarbeit;
- die Neigung zur „Selbstausbeutung" in Projekten, die man neben seinen sonstigen weiterlaufenden Tätigkeiten durchzuführen hat (Konfliktbewältigung braucht Zusatzzeiten);
- Organisationsentwicklung und -veränderung als Projekt „von innen", getragen von maßgebenden Managern des Unternehmens in einem eigenen Projektmanagement (die Zuziehung externer Berater und Experten erfolgt nur zeitweise und liegt in der Autonomie des Projektes);
- die „Kettenreaktionen" eines wesentlichen Projektes;
- die Brauchbarkeit von Projektmanagement, insbesondere für Organisationsveränderung (im Projektmanagement werden Charakteristika der neuen Organisation schon vorweg erfahren, geübt und erprobt); und schließlich
- die Veränderung einer ganzen Unternehmenskultur durch Projektmanagement (hierarchische Organisationen stehen ihrer Entfaltung vielfach selbst im Weg, auch wenn gute Ansätze zur „Kulturveränderung" vorhanden sind).

Systemische Beratung in einem Großprojekt

von Alfred Janes und Herbert Schober

Im Verlauf der etwa zehn Jahre, in denen wir bei einer Vielzahl von Projekten in Unternehmen oder in Institutionen der öffentlichen Verwaltung beratend tätig waren, konnten wir fünf prägnante Aufgabenfelder identifizieren, die wir als externe Berater im Rahmen von Projektarbeit immer wieder zu bearbeiten hatten: Projektplanung, die Einführung von Projektmanagement, die Beratung bei Projektbeginn (*kick-off-meetings*), die Betreuung von Projektteams und Konfliktmanagement in Projekten. Als externe Berater entwickelten wir dabei im Laufe der Zeit eine spezifische Sicht der Dynamik von Beratungsfeldern, die uns schließlich dazu brachte, bei Beratungen systemisch vorzugehen. Wie dies praktisch aussieht, wollen wir hier in einer Fallstudie darlegen. Zuvor werden wir die fünf genannten Aufgabenfelder beschreiben und diskutieren, um dann auf durchgängig auftretende, vom Projektinhalt unabhängige Struktur- und Prozeßprobleme von Projektarbeit zu sprechen zu kommen. Dann folgt ein Fallbeispiel einer systemischen Beratung in einem Großprojekt.

Aufgabenfelder für externe Berater

Projektplanung

Beratungsarbeit bei der Projekt-Planung ist insofern abstrakt, als sie sich (noch) nicht auf konkrete Personen bezieht. Es geht dabei um den „technologischen" Entwurf der Architektur eines geplanten Projektes. Welche Abteilungen müssen im Projekt vertreten werden? Welche Ressourcen sind extern zu beschaffen? Mit welchen Laufzeiten ist zu rechnen? Sind Subprojekte zu etablieren? Wie ist das geplante Projekt generell in die bestehende Organisation einzubeziehen?

Einführung von Projektmanagement

Hier sind uns drei Varianten geläufig. Zunächst ist der Einstieg über *workshops* anzuführen, in denen ausgesuchte Mitarbeiter eines Betriebes sich das Rüstzeug zu eigenständiger Durchführung von Projekten im eigenen Unternehmen aneignen. Inhalte dieser *workshops* sind entweder eher technokratische Methoden des Projektmanagements (wie zum Beispiel Netzplantechnik) oder solche technokratischen Elemente in Verbindung mit den psychosozialen Grundlagen von Teamarbeit und einer prozeßhaften Betrachtungsweise der Projektarbeit vor dem theoretischen Hintergrund des Organisationsentwicklungsansatzes.

Seltener starten Unternehmen den Einstieg ins Projektzeitalter durch ein Pilotprojekt. Die Aufgabe der Berater besteht darin, in diesem Projekt eine Lernorganisation aufzubauen und zu betreuen. Ziel der Beratung ist die Befähigung der beteiligten Mitarbeiter und Führungskräfte, nach dem ersten Praxisversuch eigenständig und erfolgreich weitere Projekte im Unternehmen zu realisieren.

Eine dritte Variante der Verpflichtung externer Berater für die Etablierung einer effektiven Projektmanagement-Kultur ist die systematische Reflexion schon existierender Projektpraxis, der Strukturierung und Optimierung des Repertoires an Regeln und Vorgangsweisen, und die Erarbeitung und Herausgabe eines – meist sehr voluminösen – unternehmensspezifischen Projekthandbuches. Dieses Projekthandbuch soll als „materialisierte Ressource" zukünftige Projektarbeit effizient ermöglichen.

Beratung von kick-off-meetings

Die Funktion der Berater bei *kick-off-meetings* besteht darin, das Projektteam für seine besondere Aufgabe vorzubereiten und fit zu machen, wobei es immer um die folgenden Ebenen von Projektmanagement geht:

- um die kollektive Erarbeitung (Redefinition) der Auftragsspezifikation;
- um den Entwurf einer Projektorganisation, die sowohl der sachlichen Widmung des Projektes als auch seinem organisatorischen Umfeld entspricht;
- um die Schaffung einer Zeit- und Ressourcen-Struktur in Form eines Projektablaufplanes mit „Meilensteinen";
- um die Arbeit an der internen Verfassung des Teams, mit dem Versuch einer Definition von Rollen, insbesondere der rollenmäßigen Fixierung der Projektleitungsfunktion, was nicht bedeutet, daß die Projektleitungsfunktion automatisch exklusiv an eine Person übertragen wird.

Betreuung der Entwicklung von Projektteams

Diese oft an externe Berater übertragene Aufgabe berücksichtigt bereits gruppendynamische Grundeinsichten. Das auftragerteilende Unternehmen geht von der Annahme aus, daß die Bereitstellung von Zeit und Raum alleine nicht genügt, um mit Sicherheit ein arbeitsfähiges Kollektiv entstehen zu lassen. Vielmehr bedürfen die Mitglieder der Projektteams einer gemeinsamen, vom Berater mitgestalteten Geschichte, um sich jene kollektive Qualität anzueignen, die ihre Arbeitsfähigkeit als Gruppe ausmacht.

Konfliktmanagement in Projekten

Konfliktmanagement in Projekten verweist auf den vermutlich sensibelsten Punkt von Projektarbeit überhaupt, auf die Projektteam-Hierarchie-Schnittstelle. Wenn es eine Schlüsselqualifikation für Projektsteuerung gibt, dann ist es der professionelle Umgang mit diesem grundsätzlich nicht auflösbaren Widerspruch. Die Beratungsarbeit im Konfliktmanagement von Projekten hat zwei Ebenen:
- Bewältigung des tendenziell projektinternen Konfliktpotentials, gruppendynamische Beziehungsarbeit, Entwicklung interner Rol-

lendifferenzierungen, Ausgliedern und Ankoppeln von Subprojekten, Verknüpfung von rationaler Funktionalität und beziehungsmäßiger Emotionalität;
- Handhabung des unmittelbar an der Projekt-Hierarchie-Schnittstelle entstehenden Konfliktpotentials durch Erwartungsanalysen, Bearbeitung der Delegiertenproblematik, Durchführung von Konfrontationsrollenspielen, Bearbeitung der Strukturkonflikte Projektleiter/Linienvorgesetzter, Projektteam/Entscheidungsgremium und Projektteam/Anwender des Projekt-*outputs*.

Die hier beschriebenen fünf traditionellen Aufgabenstellungen für externe Berater zur Unterstützung des Projektmanagements zeigen deutlich: Der Stil, mit dem im Rahmen der Kooperation zwischen Auftraggeber und externen Beratern die Effektivität interner Projektarbeit gefördert wird, ist weniger durch den sachlichen Inhalt des Projektes als durch die sehr persönliche Auffassung verantwortlicher Manager hinsichtlich dessen, was in einem Projekt wichtig ist, festgelegt, darüber hinaus durch das Theoriekonzept, mit dem externe Berater an ihre Aufgabe herangehen. Der Wert der fünf unterschiedlichen Instrumente und Methodenpakete liegt darin, daß unterschiedliche Dimensionen von Projektarbeit exakt definiert und dadurch isoliert betreut werden können. Die fünf Zugänge haben aber eines gemeinsam; die in Beratungen behandelten Probleme treten nicht zufällig auf, sondern sind weitgehend dadurch festgelegt, was vom Auftraggeber als Problem wahrgenommen und durch besondere methodische Unterstützung von Experten betreut werden kann. Es ist wie bei einem Wetterhäuschen: Wenn die eine Figur vor dem Häuschen in der Helligkeit auftaucht, verschwindet die andere in der Dunkelheit des Innenraumes, um bei nächstem Wetterumschlag wieder aus diesem herauszutreten und die andere Figur verschwinden zu lassen.

Dies ist die eine Seite unserer Erfahrung. Die zweite Seite bezieht sich darauf, daß in allen Projekten Problemstellungen auftreten, die den Rahmen, der durch das jeweilige Projekt inhaltlich definiert ist, sprengen. Und genau diese Aspekte von Projektarbeit sind, im Gegensatz zu den oben erwähnten, von der Form der gewählten Methode und Projektunterstützung unabhängig; sie gehorchen nicht dem Wetterhäuschenmodell. Dazu ein Beispiel: Zum Start eines wichtigen Projektes in einem Industriebetrieb wurde zwischen Auftraggeber und Beratern ein *kick-off-meeting* vereinbart. Verabredungsgemäß sollten durch den verantwortlichen Manager die zur Mitarbeit im Projektteam vorgesehenen Personen festgelegt und zum *kick-off-meeting* schriftlich eingeladen werden. Die Berater ihrerseits hatten es übernommen, das *kick-off-meeting* vorzubereiten, im Ablauf zu gestalten und zu moderieren. In der Vorbesprechung wurde seitens der Berater besonderer Wert darauf gelegt, daß die Größe des Projektteams aus Gründen der Effizienz kleingehalten werden sollte, was vom Auftraggeber – weil einsichtig – akzeptiert wurde. Um so erstaunlicher stellte sich dann für die Berater die Tatsache dar, daß zum *kick-off-meeting* viel zu viele, nämlich 17 Personen erschienen waren, alle ordnungsgemäß schriftlich eingeladen! Erstaunlich war dies vor allem auch deshalb, weil etwa die Hälfte dieser 17 Eingeladenen vom Projekt nur am Rande betroffen war. Mit diesem unbewußten Schachzug des verantwortlichen Managers war einerseits die Wirksamkeit des *kick-off-meetings* auf annähernd Null reduziert und der Projektstart verzögert, andererseits war das Projekt im Bewußtsein der Organisation etabliert, Entscheidungsdruck genommen und eine Problemanalyse auf breitester Basis eingeleitet.

Struktur- und Prozeßprobleme von Projektarbeit

Projekte werden geschaffen, wenn eine Gesamtorganisation (oder ein Teil einer solchen) an die Grenze ihrer (seiner) Problemlösungskapazität stößt. Ein Projekt ist somit das Mahnmal einer Unzulänglichkeit, ja einer Kapitulation der Organisation vor der Komplexität einer Problemstellung, die in der Struktur der Hierarchie nicht zu bewältigen ist. Mit der Einrichtung eines Projektes kann die Organisation das Problem zunächst für einige Zeit ausgrenzen, es kommt aber wieder. Im Entscheidungsprozeß zwischen Projektteam und den betrieblichen und zuständigen Entscheidungsinstanzen klopft das ausgegrenzte Problem kräftig an jene Tür der Hierarchie, durch die es zuvor hinausbefördert wurde – jetzt aber als gelöstes Problem und somit als Provokation!

Daraus ergeben sich eine Reihe strukturell begründeter, in Projekten immer wieder auftretender Schwierigkeiten: Jede Initiative in Richtung Projektmanagement bedeutet einen starken Veränderungsimpuls und aktiviert fast automatisch bewahrende, in der Folge den Projektverlauf hemmende Kräfte. Es existiert ein Widerspruch zwischen inhaltlichem Erfolg des Projektes und Hierarchieerfolg in derartiger Weise, daß Projekte nur bedingt erfolgreich sein dürfen, um die Provokation der Hierarchie in Grenzen zu halten. Indem Projekte der Gesamtorganisation Probleme lösen, schaffen sie ihr neue.

Projektteams sind zur Bewältigung der Problemkomplexität dann gut zusammengestellt, wenn durch die getroffene Personenauswahl diese Komplexität auch einigermaßen repräsentiert ist. Je mehr Widersprüche, Auffassungen und Sichtweisen aber in einem Projektteam vertreten sind, um so schwerer fällt die Zusammenarbeit. Zusätzlich ist das Verhalten der jeweils anderen Teammitglieder zu Beginn der Projektarbeit in hohem Maße unvorhersehbar. In vielen Fällen neigen Projektteams dazu, sich diesen Schwierigkeiten nicht zu stellen; statt dessen halten sie nach Methoden Ausschau, mit denen sie sich auf einer Ebene überschaubarer Logik und Komplexität bewegen. Damit bleiben aber oft genau jene Probleme ungelöst, derentwegen ein Projekt aus der Gesamtorganisation ausgegliedert wurde.

Auf der anderen Seite dürfen sich Projektteams auch nicht überfordern. Deshalb müssen sie sich einen gemeinsam entwickelten Mechanismus zur Reduktion der externen Vielfalt schaffen und gleichzeitig ein System geltender Rollen und Werte entwerfen, um die interne Unvorhersehbarkeit auf ein erträgliches Ausmaß einzuengen. Projektteams können auch durch hohe, aber nicht bewältigte Komplexität scheitern.

Gleichzeitig zu ihrer Projektzugehörigkeit bleiben die Mitglieder des Projektteams der Gesamtorganisation und ihrem Platz in dieser verpflichtet. Je stärker sich nun ein Projektteam in Richtung eigenständige, horizontal dominierte Projektkultur entwickelt, um so mehr müssen die Gruppenmitglieder die hierarchischen Strukturen der Gesamtorganisation in sich bewahren, um an der Realität der Organisation angekoppelt zu bleiben. Projekt und Gesamtorganisation definieren zwei unterschiedlich verfaßte Handlungssysteme. Die Grenze zwischen diesen beiden Handlungssystemen läuft quer durch die einzelnen Personen und das Projektteam hindurch. Der damit definierte Widerspruch ist nur prozeßhaft, von Fall zu Fall und nie auf Dauer aufzulösen.

Die Fallstudie

Der Kontext: Soziales System, technische Planung und Energieversorgung

Das soziale System, in dem sich das Großprojekt abspielte, ist die (mehrere hundert Beschäftigte zählende) Hauptabteilung eines Unternehmens, zuständig für die Planung der technischen Investitionen und für die Energieversorgung der gesamten Produktion. Das Projekt war etabliert worden, um die Planung, Errichtung und Inbetriebnahme einer neuen Großkesselanlage zur Dampfversorgung der Produktion zu steuern, zu koordinieren und zu überwachen.

Zwei der insgesamt fünf Abteilungen dieser Hauptabteilung, die Abteilungen A und B, waren unmittelbar in das Projektgeschehen integriert. Aufgabe der Abteilung A war es, die neue Kesselanlage in Zusammenarbeit mit der Lieferfirma zu konzipieren und auszulegen sowie die Montage vorzubereiten. Aufgabe der Abteilung B war es vor allem, mit dem Produkt der Planungsarbeit zu leben und dieses zu warten. Zwischen den beiden Abteilungen bestand traditionell eine ausgeprägte Konkurrenz.

Projektarbeit war nicht neu, das gegenständliche Projekt war Teil eines von zwei großen technischen Umweltschutzprojekten. Um die Durchführung der äußerst kapitalintensiven Projekte methodisch zu koordinieren, war vom Unternehmen mit Unterstützung von Beratern ein Projektmanagement-Handbuch herausgegeben worden.

Die Entscheidungsstrukturen im Bereich technische Planung und Energieversorgung waren diffus. Ein möglicher Grund dafür lag im Führungsstil des zuständigen Vorstandsdirektors. Er kümmerte sich persönlich um sehr viele Details auf den unterschiedlichsten hierarchischen Ebenen. Dieser Führungsstil schaffte auf der einen Seite die beschriebene diffuse Entscheidungsstruktur, gleichzeitig aber auch die spürbare Sicherheit einer positiv besetzten patriarchalischen „Kultur".

Die organisatorische Struktur in A unterhalb des Abteilungsleiters erschien unklar. Um die Vielzahl der anfallenden Aufgaben in A zu steuern und zu überwachen, wurde der Abteilungsleiter durch eine Anzahl von Betriebsassistenten unterstützt, die in vermutlich unterschiedlichem Ausmaß in die manifesten und latenten Entscheidungsstrukturen verwoben waren. Dieses unterschiedliche Ausmaß war nicht zuletzt dadurch definiert, inwieweit der eine oder andere der Betriebsassistenten über einen unmittelbaren Zugang zum zuständigen Vorstandsdirektor verfügte beziehungsweise dessen Vertrauen besaß. Die Möglichkeit der Praktiker aus A, an der Planung von technischen Investitionen mitzuwirken, hing in hohem Maße vom ständigen Techniker in der technischen Planung ab, der mit den notwendigen Planungsarbeiten federführend betraut war. Im Falle dieses Projektes war der Wunschkandidat von A nicht zum Zuge gekommen. Man hatte einen relativ neu eingestellten Hochschulabsolventen mit wenig Praxiserfahrung mit dieser Aufgabe betraut. Ein bewährter „Haudegen" der Projektorganisation, der das übergeordnete Umweltschutzprojekt leitete, übernahm als Schirmherr eine Unterstützungsfunktion, jedoch ohne formale Klärung seiner Kompetenzen.

Krisenanzeichen werden zu konkreten Befürchtungen –
„Wir haben doch Berater"

Die diffuse Projektstruktur, die inhaltliche Unsicherheit mit der neu zu planenden Technologie, divergierende Vorgehensweisen von Linienmanagern, das Vakuum in der Projektleitung und die Überlastung der Hierarchie führen zur Initiative von Herrn „Bergmann" und Bereichsleiter Direktor „Zach", Beratungsunterstützung anzufordern (aus Vorprojekten hatten sie positive Erfahrung mit Beratung).

Bergmann und Zach geben dem Berater in einem Vorgespräch – durchaus übereinstimmend – folgende Situationsbeschreibung: Das Teilprojekt UW 3 des umfassenden Umweltschutzprojektes hat nun eine Größenordnung angenommen, die es erforderlich macht, es als eigenständiges Projekt auszugliedern. Die inhaltliche Aufgabenstellung ist für die beiden Herren geklärt – offen ist, ob das Projekt schon gestartet ist oder nicht (!) (Da die Investitionsentscheidung des Aufsichtsrates noch aussteht, ist der Vorstand hinsichtlich Auftragserteilung zurückhaltend; zugleich weiß die technische Planung, daß, falls sie keine Vorarbeiten leistet, der Gesamtprojektablauf und die Koordination mit anderen Projekten gefährdet ist). Der als Projektleiter eingesetzte junge Akademiker „Meier" aus der Abteilung B, nicht vertraut mit den formellen und informellen Gegebenheiten des Unternehmens, war voll mit seinen Integrationsproblemen und seiner Rollenklärung beschäftigt. Dieses Vakuum in der Projektleitung haben die Praktiker von A blitzartig aufgefüllt. Zach ist der Überzeugung, daß man dem Abteilungsleiter von A, Herrn „Schwarzer", der mit seinen Tagesaufgaben ausgefüllt ist, nicht auch noch die Projektleitung überantworten könne.

Fragen, die in dieser Vorphase zur Entscheidung stehen, werden nicht vom (ohnehin unklaren) Projektteam gefällt, sondern über die Linienorganisation und Hierarchie „gespielt". Der designierte Projektleiter, Meier, hat resigniert und definiert sich als Teammitglied ohne Leitungsfunktion.

Der Auftraggeber hat folgende Sorgen: Wenn das Projekt offiziellen Status erhält, gibt es keine funktionierende Projektorganisation. Die Terminerfüllung ist gefährdet, Projektablauf und Kontrolle werden von der Linie gesteuert und sind damit schwer einzuschätzen. Inhaltlich setzten sich ausschließlich die Vorstellungen der Abteilung A durch, die Arbeit läuft wie bisher unkoordiniert – jeder vom Projekt Betroffene macht das, was er selbst für sinnvoll hält, der Bereichsleiter wird ständig in Details einbezogen, der zuständige Vorstandsdirektor tut dies von sich aus.

Der Auftrag umfaßt folgende Punkte:

- Installierung eines Projektteams,
- Installierung einer Projektleitung,
- Entwicklung einer funktionalen Arbeitsteilung,
- Sicherstellen, daß die unterschiedlichen Funktionen und die damit verbundene Verantwortung anerkannt werden,
- Entlastung des Bereichsleiters,
- Ernstnehmen der Richtlinien des neuen Projektmanagement-Handbuches.

Die *Berater* können für die inhaltliche Lösung der angeschnittenen Probleme keine Verantwortung übernehmen. Es scheint ihnen aber möglich, in einem vordefinierten Zeitraum (drei Tage) außerhalb des Unternehmens Strukturen zu schaffen und Lernsituationen aufzubauen, die die Bearbeitung der angeschnittenen Themen ermöglichen. Sie werden innerhalb dieser drei Tage die Zeit strukturieren, Arbeitsformen etablieren, Fragestellungen vorschlagen, die Rollen der Teilnehmer im Projekt bearbeiten, die Dynamik zwischen Projektorganisation und Hierarchie verdeutlichen und die Teilnehmer im Hinblick auf den Wandlungsprozeß unterstützen.

Bei der Entscheidung über die Anwesenheit der Teilnehmer versuchen sie, eine erste Klarheit in den Systemgrenzen herzustellen. Folgendes wird vereinbart: Der designierte Projektleiter Meier und die unmittelbar betroffenen Linienmanager der Abteilung A, Abteilungsleiter Schwarz und Abteilungsleiterstellvertreter „Fröhlich", sind die gesamten drei Tage anwesend. Am ersten Tag sind zusätzlich der Projektleiter des übergeordneten Umweltschutzprojektes, Bergmann, und sein Stellvertreter „Frisch" anwesend sowie Bereichsleiter Zach als Repräsentant der Hierarchie. Hinsichtlich Direktor Zach wird vereinbart, daß dieser bis zum zweiten Tag vormittags dableibt und am dritten Tag nachmittags wiederkommt. Die anderen Sachbearbeiter, die im Projekt unmittelbar mitarbeiten werden, (Elektronik und Regeltechnik, Montage, Bauwesen usw.) werden am Nachmittag des zweiten Tages anreisen und bis zum Schluß bleiben.

„Wer soll hier eigentlich geschützt werden?" – Hypothesen der Berater

- Die Linienorganisation hat die Projektorganisation überwuchert. Der zuständige Vorstandsdirektor gewinnt seine Sicherheit durch detaillierte Beteiligung an der Klärung technischer Fragen. Gleichzeitig verläßt er sich nicht auf das neu eingeführte Projektmanagementsystem.
- Die Linienmanager des A-Bereiches sind erfahrene Praktiker und fühlen sich für das geplante Großprojekt nach wie vor allein verantwortlich. Die Bereitschaft, das Projekt an eine Projektorganisation abzugeben, ist gering. Gleichzeitig sind sie durch diese Verantwortung überlastet.
- Die Tatsache, daß der formal eingesetzte Projektleiter seine Funktion nur sehr beschränkt wahrnimmt, ist Symptom für die Wirksamkeit der ersten beiden Hypothesen, das heißt der beschriebenen Struktur.
- Bereichsleiter Zach ist für die zeit- und kostengerechte Realisierung des Projektes verantwortlich. Er ist außerdem Mitgestalter des neuen Projektmanagementsystems und somit an dessen Erfolg interessiert. Der beschriebene Kreis der Projektorganisation mindert seine Wirksamkeit als projektverantwortlicher Bereichsleiter. Durch eine persönliche Intervention zur Unterstützung des neuen Projektmanagementsystems würde er eine Konfrontation mit seinem Vorstandsdirektor riskieren. Das ist nicht seine Intention.
- Der durch die Umweltbehörde ausgeübte Termindruck auf die Fertigstellung des Gesamtumweltschutzprojektes dynamisiert die Projektproblematik von UW 3.

Revitalisierung der Projektorganisation

Am ersten Tag der dreitägigen Veranstaltung treffen folgende Personen zusammen: Meier, der designierte Projektleiter des Projektes UW 3; Zach, als zuständiger Bereichsleiter; Schwarz, Leiter der Abteilung A; Fröhlich, stellvertretender Leiter der Abteilung A, Frisch, stellvertretender Projektleiter des übergeordneten Umweltschutzprojektes; Bergmann, Projektleiter des übergeordneten Umweltschutzprojektes; die Berater Janes und Schober.

Die Berater stellen an die Teilnehmer die Frage nach der derzeitigen Situation im Projekt UW 3. In ungeordneter Reihenfolge antworten die Teilnehmer auf diese Frage etwa wie folgt:

BERGMANN: (Wiederholt die beschriebene Ausgangssituation.) Nur Schwarz und Fröhlich sind Spezialisten in diesem Projekt; es stellt sich die Frage, ob Herr Meier als Projektleiter befähigt ist oder ob doch Schwarz der bessere Projektleiter wäre. Meier muß bei uns erst gehen lernen, er ist zu bescheiden. Meier hat in unserem Unternehmen Akzeptanzprobleme. Eventuell sollte Fröhlich selbst die Montageleitung übernehmen.

ZACH: Der Termindruck von außen verstärkt sich. Wir haben bereits Engpässe in der Planung. Bis jetzt war der Vorstand dem Projekt UW 3 gegenüber reserviert. Bislang ist in diesem Projekt immer mehrgleisig vorgegangen worden. Meier hat im Laufe seiner bisherigen Arbeit immer wieder große Integrationsprobleme gehabt. Eine besondere Schwierigkeit liegt darin, daß die Durchführung des Projektes schon begonnen hat, dabei aber die Planung noch nicht abgeschlossen ist. Das ist ein großer Vorteil für „Insider" und erhöht deren Einflußmöglichkeiten, macht aber gleichzeitig ein systematisches Vorantreiben des Projektes schwierig. Es ist zum momentanen Zeitpunkt ein wichtiges Ziel für das Projekt UW 3, daß die Hierarchie in dieses Projekt nur im notwendigen Ausmaß eingreift.

MEIER: Durch die Eingriffe der Hierarchie in das Projekt wird jede Teamarbeit verhindert. Aus diesem Grund haben wir auch keine Klarheit bei den Kompetenzen. Wir werden in diesem Projekt von der Arbeit überrollt. Die Mitglieder des Projektteams müssen beginnen, sich gegenseitig zu akzeptieren.

SCHWARZ: Die konkreten Anläufe liegen schon drei Jahre zurück. Wir haben in unserer Abteilung die wichtigsten Vorarbeiten geleistet. Außenstehende haben unsere Gedanken bestätigt. Der Wunschkandidat von unserer Seite für die Projektleitung ist nicht zum Zug gekommen. Wir wissen bis heute nicht, warum.

FRÖHLICH: Unsere Abteilung ist gewohnt, sich die Projekte selbst zu machen.

SCHWARZ: Wir brauchen einen Projektleiter, der die Sache vorantreibt. Meier ist für uns ein Fremder geblieben. Zudem sehe ich jetzt wenig Chancen für Meier, sich in dieser Situation in unsere Abteilung hineinzuarbeiten.

FRÖHLICH: Ich glaube, Schwarz will eigentlich noch weniger Kompetenzen abgeben als ich. Ich persönlich brauche keinen Projektleiter, sondern mehr Fußvolk.

SCHWARZ: Durch die starke Belastung in der Vorbereitung und Mitarbeit in diesem Projekt ist meine Funktion als Abteilungsleiter in A bereits gefährdet. Irgendwann wird da noch etwas passieren.

FRÖHLICH: Ich kann die Wartungsaufgaben nicht mehr so nebenbei mitlaufen lassen, ich glaube auch, daß da noch einmal irgend etwas passieren wird.

MEIER: Wenn Fröhlich und Schwarz nichts abgeben wollen, kann ich ihnen auch nicht helfen.

ZACH: Die laufenden Arbeiten in A leiden bereits durch die Projektarbeit.

BERGMANN: (zu Fröhlich und Schwarz): Sie beide wissen halt immer Bescheid, können Sie überhaupt jemanden anderen akzeptieren?

An diesem Punkt unterbrechen die Berater die Sitzung. Während einer Viertelstunde Abwesenheit bereiten sie eine Intervention vor. Als Grundlage für diese Intervention haben sie die folgenden wichtigen Merkmale zum derzeitigen Stand des Projektes genützt:

— Überbetonung der Linienfunktion;
— Entlastung der Linie hat ihren Preis;

- die Projektgruppe wird nicht als solche gesehen;
- die Abteilung A will sich ihr Kind nicht wegnehmen lassen;
- Anerkennung kann man hier nur in der Linie kriegen, nur in der Linie ist der Erhalt von Anerkennung geregelt, in der Projektorganisation ist das unklar; bei Zeitdruck entsteht eine Vitalisierung der vorgeregelten Strukturen (das sind die Linienstrukturen);
- es besteht eine Überbewertung der Sachfrage, Managementfunktionen werden abgewertet;
- Zach vermeidet sorgfältig klärende Eingriffe in die Projektstruktur und verwischt damit die Konturen der Hierarchie.

Die Intervention, die dann von einem Berater vorgetragen wird, hat etwa den folgenden Inhalt: „Das Projekt und die Linienfunktionen stehen sich in ihren Bedeutungen konkurrierend gegenüber. Zum derzeitigen Zeitpunkt ist die Bewertung der Linienaufgaben klar übergewichtig. Durch die Arbeit für das Projekt ist bei den Linienverantwortlichen eine große Belastung entstanden. Wenn man sich hier entlasten wollte, hätte das allerdings einen hohen Preis. Existiert hier eine Projektgruppe? Wir sehen derzeit keine. Wie steht es um die Bedeutung der Koordinationsaufgaben? Es gibt hier informelle und formelle Wege. Wir haben den Eindruck, daß in dem Augenblick, wo Zeitdruck entsteht, die Koordinationsaufgaben durch die vorgeregelten Bahnen getätigt werden. Diese vorgeregelten Bahnen sind die formellen und informellen Linienbeziehungen. Damit stellt sich für uns die Frage, was in diesem Projekt eigentlich ein Neuer soll."

Nach dieser Intervention schlagen die Berater den Herren Zach, Bergmann, Frisch die folgende Aufgabe vor: „Erarbeiten Sie einen klaren Auftrag bezüglich der gewünschten Ergebnisse dieser Klausur und definieren Sie die Rahmenbedingungen für die Erarbeitung der Ergebnisse." Gleichzeitig schlagen die Berater für alle Teilnehmer vor, als noch notwendige Klärungsphase für die Durchführung sich etwa 45 Minuten Zeit zu nehmen, um die dazu existierenden Fragen zu klären. Dieser Vorschlag wird von den Teilnehmern akzeptiert. Daraufhin ziehen sich die Berater in den Hintergrund des Raumes zur Beobachtung zurück.

In der nun folgenden Klärungsphase können die Berater etwa das folgende wahrnehmen: Alles, was bisher von den einzelnen Teilnehmern schon besprochen und eingebracht wurde, wird nochmals schlagwortartig wiederholt. Der strukturell angelegte Spaltungsaspekt intensiviert sich. Im Zuge dieses Gesprächs wird zudem ein Stellvertreterkonflikt transparent. Die eigentlichen Konfliktpartner sind der zuständige Vorstandsdirektor auf der einen Seite und der zuständige Bereichsleiter auf der anderen Seite. Als Stellvertreter für diese Konfliktpartner fungierten: Fröhlich als Stellvertreter des Vorstandsdirektors; Meier als Stellvertreter des Bereichsleiters. Die Positionen, die konflikthaft aufeinandertrafen, sind auf der einen Seite das Bewahren der traditionellen technischen Projektkultur, auf der anderen Seite der Versuch, die Kultur eines neuen Projektmanagements einzuführen.

Die Berater ziehen sich erneut zur Vorbereitung einer Intervention zurück. Diese, an alle Teilnehmer gerichtet, hat folgenden Inhalt: „Ungeklärt ist erstens, wer sich für das Projekt verantwortlich fühlen darf oder soll (Zach ist gegenüber der Abteilung A doppeldeutig; er sagt auf der einen Seite: ihr müßt was abgeben; und gleichzeitig: ihr müßt euch voll verantwortlich fühlen; zweitens, wie das Projekt abzuwickeln ist, und drittens was die Rolle des faktischen Projektleiters ist. Eine Klärung dieses Punktes kann auf der Ebene Schwarz, Fröhlich, Meier nicht ausgestritten werden." Unmittelbar nach dieser Intervention fordern die Berater die Herren Zach, Bergmann und Frisch auf, sich zur Durchführung der zu Beginn des Nachmittages vorgeschlagenen Aufgaben zurückzuziehen.

Zum vereinbarten Zeitpunkt treffen sich alle Teilnehmer und die Berater wieder im Raum. Direktor Zach formuliert die Aufgaben an diese Klausur wie folgt:

- Die Übernahme der Gesamtverantwortung für das Projekt ist durch ein Team vorzunehmen.
- Es ist gleichzeitig dafür Sorge zu tragen, daß das Team arbeitsfähig wird.
- Bezüglich der Abgrenzung zum übergeordneten Umweltschutzprojekt wird UW 3 als eigenständiges Projekt definiert. Nur inso-

weit es aus formalbehördlichen Gründen notwendig ist, das Projekt UW 3 als Teil des übergeordneten Umweltschutzprojektes auszuweisen, hat dies zu geschehen. Die formalen Abläufe müssen mit dem übergeordneten Umweltschutzprojekt abgestimmt werden, der Projektleiter des übergeordneten Projektes muß über alle wichtigen Ereignisse informiert werden, er hat jedoch bezüglich UW 3 weder kontrollierende noch intervenierende Kompetenz. Die formale Verankerung des Teams in der Hierarchie sei noch nicht festgelegt. Hier sei vom Team selbst zu entscheiden, ob es sich mehr in der Linie eingliedert, oder sich stärker als Projektorganisation etablieren will.

Zu dieser Mitteilung gibt ein Berater die Stellungnahme ab: „Wenn das von allen Anwesenden so verstanden und akzeptiert wird, wie es eben von Direktor Zach vorgetragen wurde, bedeutet das, daß die Beziehung von UW 3 zum Gesamtprojekt geklärt ist und die Herren Gesamtprojektleiter Bergmann und Frisch ab jetzt nicht mehr dabeisein müssen." Diese Stellungnahme soll die Projektidentität durch den Rückzug der bis jetzt übergeordneten Projektleiter verstärken. Zwar sind die Projektgrenzen jetzt abgesteckt, innerhalb dieser Grenzen ist aber hinsichtlich Organisation und Arbeitsstil alles offen geblieben. Das bedeutet, daß jederzeit eine Verlängerung des oben beschriebenen Stellvertreterkrieges möglich ist.

Unmittelbar nach der Berater-Stellungnahme beginnt eine intensive Diskussion, sowohl über das von Zach Mitgeteilte als auch das von den Beratern Eingebrachte. In dieser Diskussionsphase entwickelt Meier eine ausgeprägte Symptomatik: Er wird verbal unklar, verheddert sich ständig in seinen eigenen Gedanken, wirkt extrem belastet, kann sich offensichtlich von den widersprüchlichen Erwartungen an ihn nicht distanzieren. (Damit macht er es wiederum möglich, die Projektproblematik zu einem „Problem Meier" zu machen.) Als die Zeit für das Abendessen erreicht ist, reisen Bergmann und Frisch ab.

Zu Beginn der Arbeit am zweiten Tag weisen die Berater auf die noch ausstehenden Aufgaben hin. Einmal sei es noch notwendig, die offenen Fragen zur internen Struktur des Projektes zu besprechen, zum zweiten seien die Vorbereitungen auf das erwartete Eintreffen der weiteren Teammitglieder am Nachmittag zu treffen.

Im darauffolgenden Gespräch appelliert Zach intensiv an die Notwendigkeit und Bedeutung des Projektes, verweigert jedoch gleichzeitig eine klare Stellungnahme bezüglich seiner Vorstellungen zur internen Struktur, insbesondere zu Beginn dieser Gesprächsphase. Dies führt zu einem Streitgespräch über die Funktion der Projektorganisation, das etwa so verläuft: Zach zieht zunehmend seine Managerfunktion zurück. Daraus entsteht ein Streit um die innerhalb der Projektarbeit gültigen Werte und Normen. Die Funktion des Streites ist es, die eigenen Werte und Normen im Team zu etablieren, daß sich die Darstellung des inneren Kreises gegenüber den bereits erwarteten weiteren Mitgliedern des Projektes möglichst an diesen orientieren wird. Dabei beginnt Fröhlich zunehmend den Kommunikationsprozeß zu strukturieren (*feedback* geben, Normen aufstellen, Beiträge bewerten, Anerkennung geben, wichtige Informationen einbringen), womit es ihm gelingt, ein latentes Bedürfnis der Teilnehmer abzudecken und gleichzeitig wichtige Standards hinsichtlich notwendiger Beiträge einzelner zu etablieren. Die Berater entziehen sich seinen Versuchen, sie inhaltlich in das Gespräch zu integrieren, und verweisen auf die noch offenen Aufgaben, indem sie unterstellen, daß sich die Teammitglieder gerade über diese Aufgabenstellung hinwegzuschwindeln versuchen. Als Folge dieser Gesprächsphase deutet sich eine erste interne Strukturierung des Teams an, die stark von den Intentionen, Werten und Normen des stellvertretenden Abteilungsleiters Fröhlich getragen ist.

An dem Punkt, an dem die Berater dies erkennen, ziehen sie sich zur Vorbereitung einer Zusammenfassung zurück. Deren Grundlage ist folgende Überlegung: Es beginnen interne Strukturen zu entstehen. Gleichzeitig wird die Chance, durch die Verflüssigung, die stattgefunden hat, neue, kreative Lösungen der Strukturprobleme zu finden, sehr schnell von Fröhlich gestoppt. Es ist daher notwendig, durch eine Intervention die Verflüssigung weiter voranzutreiben oder offenzuhalten, um damit eine zu schnelle (jetzt formelle) Herstellung der (bisher informellen) Position der Linienvorgesetzten zu blockieren.

Die Berater kehren zurück, und einer von ihnen sagt (in getragenem Tonfall): „Wir sind sehr unsicher." (Lange Pause.) „Einerseits haben Sie direkt und ernsthaft an den Abgrenzungsfragen gearbeitet. Andererseits formulieren Sie zu drei wichtigen Fragen Lösungen oder deuten solche an, die Sie gleichzeitig, während Sie sie formulieren, durch durchklingende persönliche Intentionen oder den Verweis auf die herrschende Praxis ad absurdum führen. So machen Sie die Frage, ob Herr Meier sich an der Konzeptionsarbeit beteiligen soll, zu einer Sache von Meier, obwohl Sie natürlich alle ganz genau wissen, daß dies eine Sache des gesamten Projektes ist."

Dann zu Schwarz: „Sie sagen, Sie können sich nur auf die übergeordnete Kontrollfunktion zurückziehen, wenn Sie die volle Gewißheit über die fachlichen Fähigkeiten der Leute hätten. Sei dies nicht möglich, bleibe man durch gegenseitige Kontrolle eng aneinander gebunden. Oder: Formal haben Sie soeben die Rolle von Fröhlich auf eine Fachaufgabe begrenzt, in Wirklichkeit übt aber Fröhlich, wie Sie genau wissen, die wichtigsten Management-Funktionen für das gesamte Projekt aus. Dies geht so weit, daß die Aufgabenverteilung im Projekt derzeit faktisch durch Fröhlich erfolgt.

Wie gesagt, uns verunsichert dies sehr. Uns erscheint im Augenblick nur eines sicher: dieses Ringen mit Fröhlich macht die Arbeit für Sie alle erst so richtig spannend."

Als Folge versuchen die Teilnehmer, den in ihrem Kreis sitzenden Berater zu bewertenden Stellungnahmen gegenüber dem Projekt zu bewegen. Dieser gibt natürlich keine ab, sondern verweist die Gruppe auch jetzt wieder auf die zu entscheidenden Themen.

An dieser Stelle scheint es angebracht, festzuhalten, an welchem Ort sich aus der Sicht der Berater das Projekt zu diesem Zeitpunkt befand:

- Die Kompetenz des designierten Projektleiters, Meier, ist in vielfältiger Weise in Frage gestellt worden.
- Zach hat seine explizite Unterstützung von Meier nicht fortgesetzt, jedoch auf einer latenten Ebene mit diesem eine Koalition gegründet.

- Zach delegiert die Funktion der Projektleitung an ein abstrakt definiertes Handlungssystem (Team).
- Es existiert ein hohes Ausmaß an Irritation. Identität ist in Bewegung geraten, sowohl hinsichtlich der notwendigen Funktionen der Linie, als auch der Funktionen des Projektes generell.

Es ist nun deutlich, was es heißt: „Die Grenze der Handlungssysteme Projekt und Linienorganisation geht quer durch die einzelnen Personen hindurch". Daher rührt die aufgetretene Irritation. Außerdem ist an diesem Punkt der Projektentwicklung das Prinzip der Koevolution virulent geworden, was hier bedeutet, daß sich das Projekt nur weiterentwickeln läßt, wenn sich auch die Identität der Linienfunktion verändert. Die Teilnehmer spüren, daß vom Identitätsgewinn des Projektes auch ihre Funktion in der Linie betroffen wird. Das ist nicht uneingeschränkt willkommen. Schwarz und Fröhlich versuchen derzeit immer noch mit aller Kraft, dieses Prinzip der Koevolution, dessen Wirksamkeit sie intensiv spüren, für sich selbst außer Kraft zu setzen. Den Beratern ist zu diesen beiden Teilnehmern ein emotionell getöntes Bild eingefallen, das zu diesem Zeitpunkt für beide handlungsorientierende Kraft besessen hatte und etwa so ausgesehen haben dürfte: „...wir verlassen jetzt unser Haus (in der Linie) und ziehen in das Projekt ein. Wenn wir dereinst nach Hause zurückkehren (mit dem Projekterfolg in der Tasche), werden wir dort mit Freuden und Anerkennung empfangen. Die Mitarbeiter werden uns an unsere alten Plätze zurückführen; wir werden uns dort niederlassen, und es wird alles noch so sein, wie es war, als wir ausgezogen sind..."

Differenzierung und Integration — ein Projektteam zieht sich am eigenen Schopf aus dem Sumpf

Am zweiten Tag um 15.00 Uhr treffen die weiteren Mitarbeiter des Projektes (Vertreter diverser betroffener Fachabteilungen) am Seminarort ein. Nach einem Bericht über den Stand des *workshops* durch Fröhlich, Schwarz und Meier und Klärungsfragen der neuen Teilnehmer stellen die Berater folgende Aufgaben: Für Meier, Schwarz und

Fröhlich: In welcher Weise soll die Leitungsfunktion im Projekt UW 3 realisiert werden? Für die neuen Teilnehmer, die parallel dazu arbeiten sollen:

- Welche Projektstruktur halten Sie für sinnvoll?
- Wie sehen Sie das Verhältnis von Vollmitgliedschaft und Teilmitgliedschaft?
- Wie sehen Sie Ihren persönlichen Beitrag?
- Welche Anforderung haben Sie an die Kooperationsform und an das Informationswesen?

In der dritten Nachmittagseinheit stellen Schwarz, Meier und Fröhlich ihr Arbeitsergebnis den anderen Teilnehmern vor. Fröhlich (zu den neuen Teilnehmern): „Wir haben uns gefragt, ob wir zu dritt ausreichend sind. Im Hinblick auf die vorgegebene Beschreibung der Aufgaben lautet unsere Antwort 'Ja'. Gleichzeitig bleiben Sie weiterhin für die Aufgaben aus Ihrem Bereich verantwortlich und zuständig. Es fehlt noch eine Aktivitätenliste und ein Gesamtterminplan; offen sind auch noch die interne Kooperationsform und die gegenseitige Vertretung. Wir glauben, es ist zudem noch ein Vollzeitmitglied aus dem Baubereich notwendig. Außerdem ist noch ein Vollzeitkonzept bezüglich der Abläufe, Kosten und Termine zu erstellen; das wird durch Herrn Meier geschehen. Wir denken, daß Herr Meier durch unseren AV-Mann, der sich im Unternehmen gut auskennt, unterstützt werden sollte." Mit diesem Ergebnis, muß man interpretierend hinzufügen, ist die Dreiergruppe nach wie vor von der impliziten Annahme geprägt, man könne sich die „Koevolution" ersparen. Die zentralen Projektfragen sollen nach wie vor über die Linie organisiert werden, mit Meier als administrativem Zuarbeiter. Um diese Struktur durch Kosmetik zu verdecken, spricht man von einem Dreierteam.

Am Beginn des dritten Tages werden die sehr eigenständigen Vorstellungen der anderen Projektmitarbeiter präsentiert und diskutiert:

Fachabteilung B: „Ich möchte im Projekt mehr mitreden, als nur meinen fachlichen Beitrag leisten."
Fachabteilung E: „Ich will nicht nur eine Serviceleistung für das Projekt einbringen, sondern mitbestimmen."

Arbeitsvorbereitung: „Wir müssen ja letztlich alle nachher die Anlage betreuen, daher ist Mitbestimmung und Mitplanung notwendig."
Fachabteilung E (in Richtung Leitungsteam): „Wollt Ihr überhaupt, daß wir mitbestimmen?"
Dazu sich in Beziehung setzend:
Fröhlich: „Ich schon."
Schwarz: „Eine Mehrheit an Entscheidungsfindung ist notwendig, es geht nur, wenn die Fachabteilungen bei den Konzepterstellungen mitwirken, und zwar differenziert nach ihren Aufgaben."
Meier: „Team heißt immer Zusammenarbeit."

Im Verlauf der anschließenden Diskussion wird von Schwarz und Fröhlich versucht, den oben beschriebenen Identitätswiderspruch zu verdecken. Einerseits wird die Teamstrukturierung des Leitungsgremiums angekündigt, zugleich aber latent weiterhin versucht, das Projekt in die Linienorganisation einzubinden; deutlich wird das durch die permanente Reduzierung, teilweise sogar Abwertung von Meier, dem Feigenblatt des Projektteams. Die Vertreter der einzelnen Fachabteilungen beginnen jedoch nun, Zug um Zug diesen Widerspruch aufzulösen, indem sie sich eine neue Identität im Projekt definieren, die die Eigenständigkeit des Projektes und dessen Teamstruktur forciert. Sie wollen sich nicht mit einer Lieferantenrolle zufrieden geben, sondern am Planungs-, Verantwortungs- und letztlich Anerkennungskuchen teilhaben. Diese unterschwellige Gemeinsamkeit aller Anwesenden – Teilhabenkönnen am Projekt und der damit möglich werdende Anerkennungsgewinn – belebt den Gesamtprozeß in einer Intensität, der sich letztlich auch Fröhlich, Schwarz und Meier nicht mehr entziehen können. An diesem Punkt wollen die Berater das Potential, das in der Klausurdynamik entsteht, nutzen, um die Blockade – formal Teamstruktur, real ein Linienprojekt von Schwarz und Fröhlich, die Fachabteilungen als Zulieferer und Meier als Assistent – endgültig aufzulösen, um Platz für eine neue, pragmatische Lösung des Strukturproblems zu schaffen, die nach diesen Beratungstagen in der Unternehmenswirklichkeit wirksam werden soll. Sie wollen hier in der Klausur Anstöße geben, welche die sich hier ankündigende Koevolution dort im Unternehmen möglich machen wird. Es gilt, die traditionelle Projektidentität und die Identität des Liniensystems in seiner Beziehung zu Projekten soweit zu verändern, daß eine anerkannte und funktionale Rollenteilung sowohl im Leitungsgremium als auch im Team möglich wird, und dies, ohne das bestehende Sozialsystem (Hauptabteilung) zu überfordern. Die Berater wollen aus dem Widerspruch von Linie und Projekt etwas Neues entwickeln, ohne daß in dem Augenblick, wenn die Teilnehmer das Seminarhotel verlassen, eine Seite die andere einzuverleiben beginnt.

Sie versuchen diesen Plan zu realisieren, indem sie den beiden Arbeitsgruppen die Aufgabe stellen, zwei Fragenkomplexe zu klären:

– Wer ist Mitglied des UW 3-Teams, und was bedeutet dies?
– Wie soll die Zusammenarbeit im Projekt stattfinden? Wie sollen Planung, Entscheidung, Kontrolle stattfinden? Wie soll das Projekt nach außen auftreten?

Die Aufgabenstellung erfolgt mit Kommentar: „Nur wenn das Team sich selbst ernst nimmt, was bedeutet, Entscheidungen zu Ende zu führen und auch zu dokumentieren, vorhandene Unterschiede im Hierarchischen oder auch in der Qualifikation zu akzeptieren und die Funktion eines Projektleitungsteams zu benützen, können die angemeldeten Ansprüche nach Mitbestimmung und Mitplanung wirksam werden. Sonst setzt sich die informell angelegte Struktur wieder durch, und die Teambedeutung sinkt."

Die Teilnehmer ziehen sich zur Bearbeitung der Fragen zurück; danach werden im Plenum die Arbeitsgruppenergebnisse ausgetauscht und einer gemeinsamen Entscheidung zugeführt, die von einem Teilnehmer für das ganze Team folgendermaßen dokumentiert wird:

– Wir haben ein Projektteam, in dem alle anwesenden Teilnehmer Mitglieder sind.
– Die Projektleitung übernimmt Herr Schwarz.
– Er tut dies in enger Kooperation mit Herrn Meier als Fachmann für Termin und Kostensteuerung.
– AV-Mitarbeiter werden Herrn Meier anfangs mit ihrem unternehmensspezifischen Fach-Know-how unterstützen.

- Herr Fröhlich übernimmt die Montageleitung.
- Es gibt fixe Besprechungstermine für das Gesamtteam.

Die Berater verweisen nun auf die aus ihrer Sicht noch zu leistenden Aufgaben:

- Die noch ausstehenden Entscheidungen sind zu fällen und zu dokumentieren,
- die schon geklärten, aber noch nicht aufgeschriebenen Fragen und Probleme sind zu identifizieren und zu dokumentieren, und
- zuletzt ist eine zusammenfassende Präsentation der derzeit existierenden Projektstruktur für den Auftraggeber, Direktor Zach, dessen Eintreffen am Nachmittag erwartet wird, vorzubereiten.

Gleichzeitig kündigen die Berater an, daß damit ihr Auftrag zu Ende geht. Sie werden jetzt ihre Schlußüberlegung zu diesen drei Tagen vorbereiten und anschließend vortragen.

Während die Teilnehmer an den noch offenen Fragen arbeiten, bereiten die beiden Berater ihre letzte Handlung, eine Schlußerklärung vor, die mehreres berücksichtigen muß:

- Der reale Kontext der Arbeit des Projektes ist die Organisation, dort findet das Leben statt; deshalb darf die Schlußerklärung Entwicklungsprozesse, nur weil der Beratungsauftrag zu Ende geht, nicht abschließen.
- Die wirklichen Veränderungen können sich nur außerhalb der Beratungszeit ereignen; daher muß auf die zukünftigen Widersprüche und Probleme verwiesen, und diese müssen positiv bewertet werden.
- Zugleich muß jedoch die Arbeit hier in der Klausur abgeschlossen werden, um dadurch die Möglichkeit zu eröffnen, die hier erarbeiteten Ergebnisse als „Paket" mitnehmen zu können.
- Das heißt, daß auf Abschied und Neubeginn verwiesen werden soll, auch als Synonym für den im Projekt selbst laufenden Prozeß, der im Sinne der Koevolution Abschied, Trauerarbeit und Neubeginn verlangt.

Der folgende Text wird vorbereitet und von einem Berater vorgetragen: „Die Arbeit mit ihnen war für uns interessant und herausfordernd, weil Sie mit großer Ernsthaftigkeit an Probleme herangegangen und einander mit Respekt begegnet sind. Sie sind nicht nur vorsichtig geblieben, sondern haben auch, durchaus zutreffend, direkt und offen gesprochen. Das war in der Anfangssituation viel schwieriger; da haben Sie es vorgezogen, eventuell Unangenehmes indirekt oder über die Person hinweg zu sagen. Sie haben Unklarheiten hinsichtlich der Fragen der fachlichen Steuerung und der Managementsteuerung, das heißt Fragen der fachlichen Autorität und der Managementautorität beseitigt. Sie haben Unklarheiten hinsichtlich der Fragen von Belastung und Entlastung, Überforderung, Vertrauen und Qualifikation beseitigt. Sie haben einen stark von Herrn Fröhlich getragenen Kommunikationsstil entwickelt, mit dem Unsicherheiten, Einschätzungen von Personen oder Situationen angesprochen werden, gleichzeitig aber auch die anderen ihre Chance haben. Jetzt wird dieser Stil von Herrn Z und teilweise von Herrn S mitgetragen. Die anderen Teammitglieder akzeptieren den Stil und überlassen das Voraussprechen den Genannten.

Die Frage, welche Projektstruktur allen vom Projekt Betroffenen, der Hierarchie und den sich verantwortlich Fühlenden entspricht, wurde durch die gestern neu Hinzugekommenen und deren Wunsch nach Mitplanung und Mitkonzeption wesentlich dynamisiert und heute zur Entscheidung gebracht. Abgesichert ist diese Entscheidung durch die Rahmenbedingungen, die von Direktor Zach vorgegeben worden sind.

Die Identifikation der einzelnen Teilnehmer, die über das Einbringen der eigenen Fachkompetenz hinaus Gesamtverantwortung für den Projektfortschritt übernehmen wollen, kann das Team lebensfähig machen. Es wird am Leitungsteam liegen, diese Bereitschaft nicht nur als Einschränkung seiner Autonomie, sondern als Hilfe wahrzunehmen. Wobei die Frage der Anerkennung, wem der Projekterfolg zuzuschreiben sein wird, jetzt neu zu verhandeln sein wird.

Es wird sicher nicht einfach und nahtlos möglich sein, das, was Sie sich hier vorgenommen haben, in der Praxis umzusetzen. Sie haben erkannt, daß Projektteams eine eigene Struktur entwickeln müssen, die andere, gewachsene Strukturen durchbricht und verändert. Sie sind fast alle alte Hasen und würden genug Wege kennen, die Kompetenz des Projektteams links liegen zu lassen, um auf andere Art und Weise die Sache voranzutreiben. Daran, ob Sie das tun werden oder nicht, wird sich entscheiden, ob sich das Projektteam, das Sie jetzt sehr ernst nehmen und an das Sie sich zugleich erst gewöhnen müssen, auch im Unternehmen seine Wirkung haben wird."

Nach dieser Erklärung verabschieden sich die Berater und verlassen den Arbeitsraum.

Bericht an die Hierarchie

Anschließend trifft Direktor Zach ein. Die Berater begrüßen ihn und erläutern, daß ihr Auftrag nun abgeschlossen sei und die Projektmitglieder einen Bericht über die Arbeitsergebnisse vorbereitet hätten. Sie teilen ihm auch mit, daß ihre Anwesenheit während der Berichterstattung als übergeordnete Kontrolle erlebt werden könne und damit die reale hierarchische Struktur der Organisation verwischen würde, weshalb sich ihre Abwesenheit bei der Präsentation empfiehlt.

Ein Jahr später

Das Projekt UW 3 steht nun in seiner Abschlußphase. Es gibt ein funktionierendes Leitungsteam (!), bestehend aus Schwarz (verantwortlich für Behördenkontakte, Verhandlungen und Vertragsgestaltung mit Zulieferfirmen), Fröhlich (verantwortlich für die technische Abwicklung der Montage und den späteren Betrieb der neuen Anlage) und Meier (verantwortlich für die Durchführung aller administrativen Aufgaben sowie für die Termin- und Kostenüberwachung). Die Fachabteilungen sind in den Projektablauf inhaltlich einbezogen; es gibt alle sechs bis acht Wochen eine Projektfortschrittsbesprechung des gesamten Projektteams. Die Gesamtüberwachung des Projekts wird von

Direktor Zach wahrgenommen. Um Schwarz und Fröhlich hinsichtlich ihrer Linienfunktion zu entlasten und ihnen damit ihre Tätigkeit im Projekt zu erleichtern, wurde der Abteilung A ein zusätzlicher qualifizierter Mitarbeiter zur Verfügung gestellt. Laut Direktor Zach ist die entstandene und gelebte Projektorganisation eine Kombination aus der früher üblichen technischen Projektform und Elementen des neuen Projektmanagement-Systems.

Neue Technologie - alte Organisation

Systemische Fachberatung am Beispiel der Einführung eines flexiblen Fertigungs-Systems

von Alfred Janes

Das Projekt, von dem ich hier berichte, ist in zweifacher Hinsicht ein Pilotprojekt. Von der inhaltlichen Seite her geht es darum, daß in einem großen Maschinenbauunternehmen erstmals ein robotergestütztes flexibles Fertigungssytem als technische Großinvestition eingerichtet wird; das Unternehmen selbst verwendet daher den Begriff Pilotprojekt. Von der Beratungsseite her bezieht sich die Formulierung Pilotprojekt auf die Tatsache, daß wir als Berater erstmals versucht haben, unsere Erfahrungen aus der systemischen Beratung und die dort angewendeten Methoden bei einer Fachberatung einzusetzen.

Systemische Fachberatung

Das beauftragende Unternehmen hat eine ausgeprägte Fachberatungstradition. Es ist dort üblich, etwa die Planung innovativer technischer Investitionen – zum Beispiel eines EDV-gesteuerten Hochregallagers – an außenstehende Planungsfirmen zu übertragen. Die Arbeitsteilung intern/extern wird dabei grundsätzlich so gehandhabt: Die externen Planer arbeiten konzeptiv und schlagen eine bestimmte optimale Lösung vor; der Auftraggeber beschließt daraufhin diese Lösung oder verfügt Abänderungen; die externen Planer führen sodann diese Lösung bis zur Ausführungsreife und übergeben die Planung dem Auftraggeber; zuletzt führt der Auftraggeber die Investition durch, indem er selbst tätig wird oder Herstellerfirmen beauftragt. Die so beschriebene Arbeitsteilung funktioniert nicht problemlos. Es existiert dazu im Unternehmen auch eine mehr oder minder intensive und auch mehr oder minder reflektierte Leidensgeschichte. Wohl am wenigsten erfolgreich waren die von externen Beratern oder Planern „eingekauften" Organisationslösungen.

Eine grundlegende Problematik bei Fachberatungsprojekten liegt darin, daß sozusagen die Rechnung ohne den Wirt gemacht wird. Externe planen, Interne müssen mit diesem Geplanten leben. Sie tun es mehr oder weniger gern und mehr oder weniger ausgiebig. So ist etwa der Nutzungsgrad einer technischen Investition im Fertigungsbereich in hohem Maß schlicht davon abhängig, in welchem Ausmaß die vorgesehenen Nutzer bereit sind, die Investition zu nutzen. Überlegungen dieser Art führen zu einer Strategie für die systemische Fachberatung im Fertigungsbereich mit folgenden Grundannahmen:

- Ein Fertigungssystem als technisches System zu betrachten, ist eine unzulässige Vereinfachung. Die neuen, hochentwickelten Fertigungssysteme sind technisch-soziale Systeme mit den Elementen Hardware, Software und „Humanware". Der Begriff Humanware dient hier zur abstrakten Beschreibung von Qualifikationspotential, Motivationspotential und Organisationsstruktur.
- Die konkrete Leistungsfähigkeit eines technisch-sozialen Systems läßt sich durch Hardware und Software alleine nicht ausreichend beschreiben. Sie wird wesentlich dadurch festgelegt, inwieweit sich die drei Elemente Hardware, Software und Humanware in der Praxis positiv verknüpfen.
- Bei der Konzeption und Einführung eines technisch-sozialen Systems stellen das Wissen und die Erfahrung der betroffenen Mitarbeiter und Führungsträger eine unverzichtbare Ressource dar. Diese nicht zu nützen bedeutet, die potentielle Leistungsfähigkeit des technisch-sozialen Systems nicht auszuschöpfen.
- Jede Veränderung an einem der drei Systemelemente verändert die Beziehungen zwischen den Elementen und bewirkt Anpassungsnotwendigkeiten. Konkret bedeutet eine tiefgreifende Hard- und Software-Änderung – und eine solche stellt ein neues, hochentwickeltes Fertigungssystem dar – die Notwendigkeit einer ebenso tiefgreifenden Humanware-Änderung, um das Gesamtsystem leistungsfähig zu machen.
- Eine Planung, die den genannten Grundsätzen folgt, ist ein kooperativer, offener und rekursiver Planungsprozeß. Kooperation ist notwendig, aber nur dann sinnvoll, wenn genügend „Freiheitsgra-

de" für eine Bezugnahme auf neue, unvorhersehbare Inputs in den Planungsprozeß gewährleistet sind. Planungsprozesse sind rekursiv, wenn sie sich permanent an definierten Zielen orientieren, diese jedoch an veränderte Planungsbedingungen anpassen.

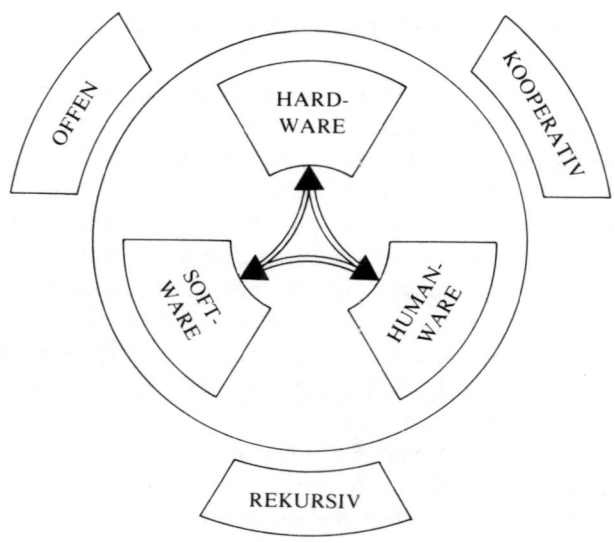

Abbildung 4: Struktur technisch-sozialer System

Einführung eines flexiblen Fertigungssystems

Der technisch betriebswirtschaftliche Kontext

Das Produkt ist ein Absperrorgan zum dichten Verschluß flüssigkeits- und gasführender Rohrsysteme im Bereich hoher Drucke, extremer, klimatisch bedingter Temperaturschwankungen und aggressiver Medien. Die Leistungsfähigkeit des Produktes läßt sich im wesentlichen durch drei Parameter bestimmen:

- höchste Dichtigkeit: leckende Absperrorgane stellen ein beträchtliches und schwer kalkulierbares Explosionsrisiko dar;
- hohe Korrosionsbeständigkeit: ein möglicher hoher Anteil aggressiver Komponenten in den geführten Medien macht es notwendig, die Kontaktteile aus hoch korrosionsbeständigen (und damit schwer zerspanbaren) Materialien zu fertigen, um die notwendige Lebensdauer sicher zu stellen;
- Variantenreichtum: aufgrund unterschiedlichster Anforderungen an Nenndrucke, Präzisionsklassen, Korrosionsbeständigkeit und Nenndurchmesser ergibt sich die Notwendigkeit eines beträchtlichen Variantentreichtums.

Der Markt ist durch zwei sehr unterschiedlich strukturierte Bereiche bestimmt. Der eine ist der Bereich der staatlich gesteuerten, großen Importgesellschaften; dort sind die Bestellmengen pro Type relativ hoch (30-50 Stück), die Lieferzeiten relativ lang (4-8 Monate), die Preise relativ niedrig. Der zweite Bereich ist der Investitionsgütermarkt westlicher Prägung mit kleineren Bestellmengen (bis zur Einzelbestellung), kurzen Lieferzeiten und höheren Preisen. Die Qualitätsanforderungen sind identisch, extrem hoch und durch ein weltweit verbindlich gehandhabtes Normenwerk definiert. Um betriebswirtschaftlich erfolgreich zu produzieren, ist es notwendig, beide Märkte zu beliefern.

Die Produktion: Aus den eben beschriebenen Bestimmungsgrößen von Produkt und Markt leiten sich konsequent folgende Anforderungen an das zu planende Fertigungssystem ab:

- hohe bis höchste Präzision (bis hin zur verläßlichen Fertigung im μ-Bereich);
- ständig wechselnde Losgrößen zwischen Kleinserien und Einzelfertigung;
- niedrige Gestehungskosten.

Als betriebswirtschaftlich klar überlegene Lösung der so definierten Produktionsaufgabe ergibt sich ein personalarmes, hochautomatisiertes, flexibles Fertigungssystem.

Die technische Struktur der zu errichtenden Fertigungsanlage ist wie folgt definiert:

- NC-gesteuerte, robotergestützte, spanabhebende, flexible Zellen im DNC-Betrieb (direct numerical control);
- NC-gesteuerte, roboterisierte Schleif- und Schweißsysteme;
- teilmechanisierte Montage;
- elektronisch gesteuerte, roboterisierte Lackieranlage;
- elektronisch gesteuertes und verwaltetes Hochregallager;
- konventionelle Verknüpfung der einzelnen Stadien des Produktionsprozesses.

Ausgangslage: Die Aufgabenstellung für die Berater

In klassischer Weise waren Produkt, Marktbezug und technologische Struktur auf der Basis fachlicher Expertise durch die zuständigen internen Planungsabteilungen vordefiniert. Nun ging es darum, die vorweg festgelegte technisch-ökonomische Einheit in die existierende Organisations-, Personal- und Qualifikationsstruktur des Maschinenbauunternehmens zu integrieren. Diese Aufgabe war insofern nicht einfach, als es mit der Einführung eines flexiblen Fertigungssystems galt, Neuland zu betreten. Klar war nur − und darüber bestand auch auf seiten der betroffenen Führungskräfte und Stäbe Einigkeit − , daß die Einführung dieser Technologie-Generation in den drei genannten Bereichen tiefgreifende Veränderungen bewirken würde.

In einer Reihe von Gesprächen zwischen den betroffenen betrieblichen Funktionsträgern und den Beratern wurden folgende Beratungsaufgaben vereinbart:

- Konzeption und fachliche sowie prozeßhafte Betreuung eines internen Projekts „Aufbau einer funktionalen Fertigungsorganisation", im Rahmen dieses Projekts

- Beratung des Produktionsleiters bei der Durchführung notwendiger Personalentscheidungen sowie
- Konzeption und Betreuung notwendiger Qualifizierungsmaßnahmen für die betroffenen Mitarbeiter und Führungskräfte.

Ein Projektteam, bestehend aus vier Vertretern der zuständigen Fachabteilungen und dem Projektleiter, wurde eingerichtet. Dieses Projektteam übernahm für uns Berater die Funktion des Klienten. Das Beraterteam bestand aus zwei externen Beratern und einem Mitarbeiter der zentralen Ausbildungsabteilung des Unternehmens. Parallel zum Verlauf der Projektarbeit erfolgte die Installation der technischen Systeme und der sukzessive Produktionsstart.

Phase I: Konzeptionsarbeit

Zunächst waren Unterlagen für die Gestaltung der Fertigungsorganisation und der Personalplanung zu erarbeiten. Dabei zeigte sich bald, daß die herkömmlichen Mittel der quantitativen Personalbemessung schlichtweg versagten; aus zwei Gründen: einmal konnte das Bedienungspersonal die Outputleistung der Zellen (abhängig vom Los-Mix und der Art der verwendeten Spanvorrichtungen auf den flexiblen Fertigungszellen) nur während 20 bis 60 Prozent der Maschinenbelegungszeit beeinflussen; damit war das traditionell in diesem Unternehmen eingesetzte REFA-Instrumentarium zur Leistungs- und Personalbemessung – basierend auf einem hohen Beeinflussungsgrad der Systemleistung durch den Arbeiter – nicht mehr verwendbar. Zum anderen waren grundsätzliche Entscheidungen über die Art der horizontalen und vertikalen Arbeitsteilung zu fällen, die sich auf die Auslastung einzelner Mitarbeiter auswirkten.

Als Konsequenz wurde die quantitative Personalplanung in diesem Projektstadium zugunsten der Gestaltung der grundsätzlichen Organisationsparameter zurückgestellt. Um für die hier zu fällenden Entscheidungen eine tragfähige Basis zu ermöglichen, wurde ein zweitägiger *workshop* veranstaltet, zu dem insgesamt 13 Arbeiter, Meister,

AV-Mitarbeiter, Vertreter der beteiligten Planungsabteilungen, Vertreter des Betriebsrates und der Produktionsleiter eingeladen waren. Definiertes Ziel diese Klausur war es, die Grundlagen für die Fertigungsorganisation zu erarbeiten. Wir Berater sollten dies durch die Gestaltung des *workshops* ermöglichen und legten zu diesem Zweck dem Projektteam zwei Varianten vor:

- Das Beraterteam präsentiert grundsätzliche Lösungsvorschläge, die am *workshop* adaptiert und konkretisiert werden (Variante A).
- Das Beraterteam leitet einen offenen kooperativen Planungsprozeß, der sich an den Projektzielen orientiert, diese aber auch auf ihre Problemadäquatheit hin überprüfen und anpassen kann (Variante B).

Das Projektteam wollte Variante B. Unsere Arbeit bestand nun darin, alle jene Fragen zu formulieren, auf die Antworten gefunden werden mußten, diese Fragen so zu formulieren, daß alle Teilnehmer mit ihnen arbeiten konnten, und die Arbeit der Teilnehmer so zu organisieren und zu unterstützen, daß ein qualitativ hochstehendes Arbeitsergebnis zu erwarten war. Folgende Fragen wurden von uns gestellt:

- Wie und in welchem Ausmaß sollen die Mitarbeiter in der neuen Fertigung für die Übernahme neuer Tätigkeitsanteile freigespielt werden? Welche technische Unterstützung soll es dabei geben?
- Wie sollen die Aufgaben zwischen den Mitarbeitern in der Fertigung und der Qualitätssicherung verteilt werden?
- Sollen die Aufgaben an einer flexiblen Zelle ganzheitlich (Mengenteilung) oder arbeitsteilig (Artteilung) verteilt werden? Soll ein Mitarbeiter für eine Fertigungszelle oder für mehrere verantwortlich sein, allein oder im Team?

Zu jeder der gestellten Fragen wurden zwei extreme Lösungsvarianten vorgetragen. Die in drei gemischte Arbeitsgruppen aufgeteilten Teilnehmer wurden eingeladen, Lösungen innerhalb des durch die vorgestellten Extreme definierten Kontinuums zu erarbeiten. Jede Arbeitsgruppe bekam einen internen oder externen Berater in moderierender

Funktion zugewiesen; die Behandlung der Arbeitsgruppenergebnisse im Plenum erfolgte durch einen der beiden externen Berater (die nicht in den Arbeitsgruppen mitarbeiteten).

Der *workshop* war äußerst erfolgreich. Die hoch übereinstimmenden Arbeitsgruppenergebnisse wurden von uns komprimiert, vom Produktionsleiter in einigen Details verändert, offiziell genehmigt und der gesamten Belegschaft durch den Produktionsleiter im Rahmen eines kleinen Festes in der Werkhalle vorgestellt. Nachstehend die Ergebnisse des Planungs-*workshops* in Schlagworten:

– Thema Qualitätssicherung: Aufbau eines höchstmöglichen Ausmaßes von Eigenkontrolle durch das Fertigungspersonal (von der Fremdkontrolle zur Eigenkontrolle);
– Thema Werkzeugbewirtschaftung: Übergabe der Verantwortung für die Werkzeuglieferung und Standzeitplanung an das Zellenpersonal;
– Thema kurzfristige Fertigungsplanung und Fertigungssteuerung: kurzfristige Disposition der Maschinenbelegung (im Rahmen einer Woche) liegt in der Verantwortung des Zellenpersonals;
– Thema kurzfristige Materialwirtschaft: Zellenpersonal veranlaßt, überprüft und quittiert die Materialanlieferung zur Fertigungszelle;
– Thema Arbeitsteilung/Verantwortungsbereich: keine qualitative Arbeitsteilung (Artteilung) beim Zellenpersonal, nur ein Typus eines qualifizierten Facharbeiters; Einzellenverantwortung in der Anlaufphase; Übergang zu Mehrzellenverantwortung im Team (Mehrfachqualifikation mit zunehmender Systemerfahrung).

Phase II: Umsetzung des Konzeptes

Die Realisierung der Ergebnisse des *workshops* bedeutete einen tiefgreifenden Wandel der im Unternehmen etablierten Fertigungsorganisation und zwar erwartungsgemäß der schwierigere Teil des mit dem *workshop* eingeleiteten Veränderungsprozesses, ging es doch dabei um ein Sich-Lösen von festgefügten Berufsbildern, um persönliche Haltungen und letztendlich um die Angst betrieblicher Funktionsträger (etwa der Kontrolleure), überflüssig zu werden. Es war allen Beteiligten klar, daß ein Erfolg nur gemeinsam, nur bei wirkungsvoller Unterstützung durch Ausbildungsmaßnahmen und durch Bereitstellung von genügend Zeit erreichbar war.

Folgendermaßen war die Vorgangsweise: Die Steuerung und Koordination des Veränderungsprozesses lag ab nun in der Verantwortung des Produktionsleiters. Zu diesem Zeitpunkt wurde das Projektteam aufgelöst und das Beraterteam um einen externen Berater reduziert. Klient des Beratungsteams war ab jetzt der Produktionsleiter.

Zur Vorbereitung der faktischen Veränderungen wurde zu den ersten vier Themen der *workshop*-Ergebnisse jeweils ein Planungsteam eingesetzt. Mitglieder dieses Planungsteams waren drei bis vier Arbeiter, der zuständige Meister und ein bis zwei Vertreter der betroffenen Fachabteilungen. Die Arbeit dieser Teams wurde durch die Berater moderiert. In zwei oder drei je eineinhalbstündigen Sitzungen, die während der Arbeitszeit durchgeführt wurden, wurde der angestrebte Endzustand detailliert beschrieben, die notwendigen Voraussetzungen definiert und ein Stufenplan für die Realisierung entworfen. Die Ergebnisse wurden dem Produktionsleiter vorgetragen, von diesem in Details abgeändert, das Ergebnis sodann schriftlich festgehalten und in dieser Form an alle Planungsteammitglieder übergeben. Die Verantwortung für die Veranlassung und Kontrolle der vorgesehenen Schritte wurde vom Produktionsleiter übernommen.

Parallel zur Arbeit der Planungsteams entwarfen wir in Zusammenarbeit mit dem Produktionsleiter ein integratives Ausbildungskonzept. Die Verantwortung für die Durchführung dieses Konzeptes lag bei der zentralen Ausbildungsabteilung; die Aufgabe, den Know-how-Transfer in den Bereichen gemeinsames Basiswissen und Spezialwissen und -fähigkeiten zu besorgen, wurde zum Großteil an Mitarbeiter des Unternehmens delegiert, bei methodisch-didaktischer Unterstützung durch die Ausbildungsabteilung.

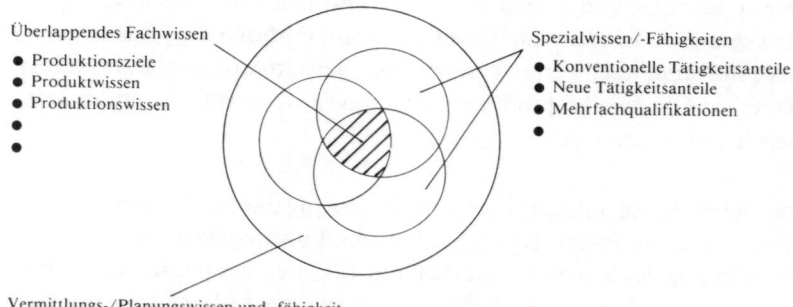

Überlappendes Fachwissen
- Produktionsziele
- Produktwissen
- Produktionswissen
-
-

Spezialwissen/-Fähigkeiten
- Konventionelle Tätigkeitsanteile
- Neue Tätigkeitsanteile
- Mehrfachqualifikationen
-

Vermittlungs-/Planungswissen und -fähigkeit
- Kommunikative Kompetenz/Teamfähigkeit
- Planung und Organisation von Optimierungsprozessen
- Moderationstechniken
-

Abbildung 5: Struktur eines integrativen Ausbildungskonzepts zur Einführung eines flexiblen Fertigungssystems

Rekursivität im Projektverlauf

Im ersten Abschnitt dieses Beitrages habe ich als Konsequenz meiner theoretischen und praktischen Erfahrungen bei der Einführung neuer Fertigungssysteme die Notwendigkeit offener und rekursiver Planung formuliert. Im Zuge des hier beschriebenen Projekts ist uns diese Notwendigkeit und ihre Konsequenz beständig, sozusagen auf Schritt und Tritt, begegnet. Ich will dies hier an Beispielen verdeutlichen, die zugleich – im nachhinein betrachtet – Schlüsselstellen des Projekts waren.

Die eine betraf das Versagen der traditionell im Unternehmen eingesetzten quantitativen Personal- und Leistungsbemessungsinstrumente. Gerade diese frühzeitige quantitative Personalbemessung und Leistungsbeurteilung war jedoch als Projektziel definiert worden. Rekursivität hat hier einmal bedeutet, dieses Projektziel aufzuheben und diese Entscheidung gegenüber der Projektumwelt zu vertreten. Zum anderen hat Rekursivität hier bedeutet, die Grenzen der Wirksamkeit eines bewährten Instrumentariums zu erkennen und zu akzeptieren und damit gleichzeitig die Identität einer zentralen Planungsabteilung in Bewegung zu bringen. Gleichzeitig war nur dadurch die Chance gegeben, die dann auch genutzt wurde, zur Bewältigung neuer Aufgaben neue, wirkungsvolle qualitative Planungsinstrumente zu entwickeln oder zu übernehmen.

Die zweite Schlüsselstelle betraf die Änderung der Produktionspalette und daraus resultierend die Änderung des Führungssystems. Als nach Beendigung der Konzeptionsarbeit die Tätigkeit des Projektteams beendet und die Verantwortung für die Umsetzung des beschlossenen Organisationskonzeptes dem Produktionsleiter übertragen wurde, ging zeitlich parallel dazu eine Veränderung der Produktionspalette vor sich. Durch Marktveränderungen war die Notwendigkeit aufgetreten, in der neuen Fertigungsstätte auch andere Produkte als geplant zu fertigen. Durch die Gleichzeitigkeit beider Ereignisse entstand eine extrem hohe Komplexität. Beide Ereignisse waren nicht geplant, trotzdem aber einschneidend. Um die gestiegene Komplexität zu bewältigen, wurde ein völlig neues Führungssystem aufgebaut. Der Werkstättenmeister wurde als Führungskraft auch faktisch etabliert. Ein Führungskreis wurde eingerichtet, wobei man sich wöchentlich traf, um die notwendigen Delegationen und Koordinationen zu realisieren; ein *management-by-objectives*-Konzept, untermauert durch formal gestützte Mitarbeitergespräche mit Entlohnungskonsequenz, ist derzeit im Aufbau. Der Produktionsleiter bekam durch dieses neue Führungssystem Raum und Zeit, die neu entstandenen und notwendig gewordenen übergeordneten Aufgaben wahrzunehmen.

Offen und rekursiv planen heißt somit dreierlei:

1. Ungeplant auftretende Randbedingungen müssen in den Planungsprozeß einbezogen und dürfen auch dann nicht abgewehrt werden, wenn tiefgreifende Veränderungen des Planungsprozesses die Folge sind.

2. Die definierten Ziele müssen ständig im Auge behalten werden, um das Zielsystem dann offiziell und öffentlich zu verändern, wenn ursprüngliche Ziele obsolet geworden und andere als notwendig erkannt worden sind.
3. Die notwendige Stabilität bezieht eine offene und rekursive Planung nicht aus einem einmal definierten Gerüst endgültiger Ziele und Randbedingungen, sondern aus dem Bewußtsein, einen Planungsprozeß professionell voranzutreiben, der deswegen realitätsbezogen ist, weil er durch Veränderungen auf sich verändernde Umwelten Bezug nimmt und diese Veränderungen nicht als Unglück auffaßt, sondern als Option auf Realität.

Konfliktintervention

von Bernhard Pesendorfer

Vorgeschichte

Vier Unternehmungen einer Dienstleistungsbranche sahen sich durch gesetzlichen Auftrag genötigt, eine von Grund auf neue EDV-Lösung gewaltigen Ausmaßes zu erarbeiten, schlossen sich auf Initiative eines Universitätsinstituts zusammen und gingen eine Kooperation mit einem Software-Unternehmen ein, so daß sich auf der einen Seite die vier Unternehmungen, auf der anderen die Arbeitsgemeinschaft zwischen Universitätsinstitut und Software-Unternehmen gegenüberstanden. Anfangs (und auch später immer wieder) drängte die Zeit; also schloß man rasch einen Vertrag mit Produktbeschreibung, Fixpreis und Fixtermin, und nannte das Ganze „Rapido" (der echte Name wird hier in diesem Bericht durch einen Phantasienamen ersetzt). Die ersten drei bis vier Jahre hindurch wurde das Projekt zügig in Angriff genommen. Aber als sich trotz großartiger Leistung und Zahlungen weder der Fixpreis, noch der Termin, noch der Inhalt, noch der Rahmen des Projekts halten ließen, kam es zu ernsthaften Konflikten. Daraufhin wurde ein Beraterteam beigezogen (Gabi Sigrist und Ber Pesendorfer).

Diagnose

Nach ausführlichen Interviewgesprächen mit Repräsentanten aller sechs beteiligten Gruppen ergab sich das Bild, daß schon in der Anlage des Projekts klare Interessenpolarisierungen steckten.

- So hatte jede Gesellschaft verständlicherweise nur die Kostenersparnis für das eigene Unternehmen im Auge und insofern die Motivation, die man hat, wenn man einem Notkartell beitritt. Das Software-Institut sollte nur als Zulieferer fungieren, dessen Arbeit durch die Qualitätsgarantie des Universitätsinstituts als abgesi-

chert galt. Die Beteiligten der Arbeitsgemeinschaft hingegen wollten eine Heldentat für die ganze Branche vollbringen und dafür auch den entsprechenden Ruhm ernten.
- Die vier Unternehmungen wollten den Rahmen so klein und maßgeschneidert wie möglich halten, nicht viel experimentieren und rasch über ein fertiges Werkzeug verfügen. Die Arbeitsgemeinschaft hingegen träumte von einem universellen Projekt und Investitionsrahmen, und insbesondere das Software-Team war von der Pioniertat des Prototypings in einen förmlichen Komplexitätsrausch geraten und hatte aus dieser Faszination die Motivation gezogen.
- Die Unternehmungen wiederum standen dieser Art pionierhafter Software-Entwicklung teils skeptisch, teils bewundernd gegenüber und kamen bei der Gelegenheit auch auf alle möglichen Sonderwünsche, die auf der anderen Seite mit großer Lust aufgenommen wurden, weil dadurch das Projekt komplexer, reizvoller und auch teurer wurde.
- Die Unternehmungen wollten das Projekt klar nach Zeitumfang, Geld und Inhalt begrenzen. Das Software-Institut meinte hingegen, diese Art von Entwicklungsarbeit sei geradezu endlos.
- Die Unternehmungen dachten, es würde sich um eine vorübergehende Abhängigkeit von Spezialisten handeln, während die Software-Entwickler von einer permanenten Abhängigkeit ausgingen.
- War die Überbrückung verschiedener EDV-Hardware-Systeme ursprünglich als Selbstverständlichkeit angepriesen worden, so gab es in Wirklichkeit außerordentliche Schwierigkeiten, um diese Systembrücken tatsächlich zu schlagen.

Man wird leicht verstehen, daß das Projekt als Folge dieser Anlage eine kräftige Eigendynamik entwickelte, der einige Aporien zugrunde lagen. Eine Aporie ist ein fundamentaler Widerspruch, ein Einerseits-Andererseits, von dem beide Teile einander logisch widersprechen, trotzdem aber richtig sind. Aufgrund der Unmöglichkeit, einem Teil auf Kosten des anderen alleinige Geltung zu verschaffen, treibt eine Aporie zu einer dialektischen Konfliktlösung - bei Strafe dysfunktionaler Entwicklungen des Gesamten. Die Grundwidersprüche in diesem Projekt lassen sich folgendermaßen charakterisieren:

Die Kartellaporie

Konkurrenten (wie die vier Unternehmungen) können einerseits nicht kooperieren, andererseits müssen sie kooperieren. Die vier Unternehmungen dachten natürlich nicht nur ans Gemeinsame. Also entstand jeweils das Gefühl, für die Marotten der anderen zahlen zu müssen. Die Nichtaustragung der Konflikte zwischen den Vieren blähte das Projekt auf, was den Komplexitäts-Höhenflügen der Software-Entwickler entgegenkam. Da aber generell gesehen ein Kartell neben den inneren Feind-Freunden auch noch andere Feinde hat, nämlich den Markt, ergab sich eine weitere Facette der Kartellaporie: daß das Software-Produkt um so besser wäre, je mehr Unternehmungen der Branche mitmachten. Andererseits aber wäre es aus der Sicht einer einzelnen Unternehmung im Sinne des Konkurrenzvorteils natürlich am besten, wenn nur sie selbst dieses Produkt hat (beziehungsweise maximal alle vier beteiligten Unternehmungen).

Die Expertenaporie

Einerseits muß man Experten vertrauen, andererseits kann man das nicht wirklich, weil man ja nicht beurteilen kann, was sie können, tun und verrechnen. Oder anders formuliert: Experten werden einerseits gebraucht, weil ohne sie die entsprechende Leistung nicht erbracht werden kann, andererseits aber, damit man dies möglichst bald ohne sie kann. Das hatte schwerwiegende Folgen für das Produkt. Denn während die einen sich als Auftraggeber sahen, die ein fertiges oder zu entwickelndes Produkt kauften, das damit in ihrem Besitz überging, sahen sich Software-Entwickler allein schon vom Copyright her bis ans Ende der Tage als eigentliche Besitzer des Produkts, das die Unternehmungen nur zu vertreiben hätten.

Die Abhängigkeitsaporie als allgemeinere Form der Expertenaporie

Man macht sich einerseits abhängig, weil man irgend etwas nicht kann, und wird andererseits dadurch frei. Man kann auch sagen, je abhängiger im Zustand des Nichtkönnens, desto freier dann im Zustande des Könnens. Konkret offenbarte sich dieser Grundwiderspruch dadurch, daß sich die vier Unternehmungen, die sich bei der Software-Entwicklung aus Expertenabhängigkeit nicht gut einmischen konnten, an anderen Punkten für diese Abhängigkeit zu rächen suchten, um dadurch das Gleichgewicht in diesem Grundwiderspruch wieder herzustellen.

Die besondere Produktdialektik des Produkts Software:

Während die vier Unternehmungen in der Vorstellung lebten, es handle sich bei der Software um ein normales Produkt, das im Rahmen und nach den Eigengesetzlichkeiten von Tausch und Verkauf erworben werden könne, sahen die Experten in der Software-Entwicklung einen völlig neuartigen Prozeß, der sowohl von der Kommunikation her als auch von der Eigentumsfrage her ganz anders gesehen werden mußte als normale Kaufakte. Diese Aporie trat zutage, als es darum ging, den Beitrag der Unternehmungen abzuwägen, der darin bestand, daß sie ihr technisches Produkt-Know-how in den Entwicklungsprozeß einbrachten. Während sie selbst diesen Anteil mit etwa 50 Prozent veranschlagten, hatten ihn die Software-Entwickler bei etwa 10 Prozent angesiedelt. Verständlicherweise kamen in diesem Zusammenhang Debatten über die Bezahlung auf und nicht zuletzt darüber, wann denn das Projektziel eigentlich erreicht sei.

Die Dialektik der Interessenvertretung

Hier ging es um die Vielfalt der Gremien, die die jeweilige Arbeit verrichten sollten: auf der einen Seite die obere Managementebene, die die Entscheidungen zu treffen hatte, dann die sogenannten Fachgremien, wo man das besondere Wissen der spezifischen Dienstleistung einzubringen gedachte, sowie die EDV- und Mathematiker-Gruppen. In all diesen Gruppen saßen von den vier Unternehmungen her verschiedene Leute, während von der Software-Unternehmung und dem Universitätsinstitut jeweils dieselben Personen teilnahmen, was auf seiten der Software-Leute bald zu einem Dominanzüberhang aus Kontinuitätsgründen führte. Zitat von einem der Top-Manager der Unternehmungen: „Wir sind nicht fähig, zu formulieren, was wir eigentlich brauchen."

Zusammenfassung

Im Projekt-Management war man sich der geradezu unausweichlichen Widersprüche nicht bewußt, die in der Anlage schon begründet waren, sich in der Eigendynamik dann entfaltet und zu den großen Konflikten geführt hatten. Denn wie auch sonst vielerorts üblich, hatten sich die Interessenkonflikte hinter sachlichen Argumentationen versteckt, so daß sie als solche nicht unmittelbar greifbar und auszutragen gewesen waren.

Konfliktlösung

Nachdem die Diagnose auf einer ausführlichen Klausurtagung genau besprochen, diskutiert, kritisiert und akzeptiert worden war, ging man daran, die wirklichen Interessensgegensätze, die entweder aus den notwendigen Grundwidersprüchen oder aus irgendwelchen Unzulänglichkeiten der Organisation entstanden waren, zu bearbeiten. Auf diese Weise kam man zu neuen Verträgen bezüglich verschiedener Grenzen: erstens der Grenzen der Ansprüche, die die vier Unternehmungen an das Projekt stellen wollten, zweitens der Grenzen des Einflusses, den die Software-Entwickler auf die Organisation des Projektes haben sollten, und drittens auf die Funktion des Universitätsinstituts, das als unparteiischer Dritter für einen gerechten Interessenausgleich zwischen den vier Unternehmungen und andererseits zwischen diesen und dem Software-Unternehmen sorgen sollte. Bei der dreitägigen Klausur konnten die Grundzüge der neuen Verträge entworfen werden, wobei Subkomitees genaue Vorschläge erarbeiteten, die dann in den turnusmäßigen Sitzungen der entscheidenden Gremien innerhalb weniger Monate nach dieser Klausurtagung zu einem befriedigenden Abschluß gebracht werden konnten. Diese zweiten und überlegteren Verträge erlaubten es den Unternehmungen, rechtlich und vertraglich abgesichert, verstärkt die Stufen der Software-Entwicklung zu begleiten, so daß ihnen die Konzepte der Software-Entwickler nicht davonlaufen konnten und sie am Schluß womöglich ein ganz anderes Resultat erhalten hätten als bestellt. Andererseits konnte das Software-Institut mit größerer Sicherheit den Bedürfnissen der Unternehmungen entsprechen und sie rechtzeitig auf überdimensionierte Wünsche, sei es bezüglich der Kosten, sei es bezüglich der Entwicklungsdauer, hinweisen. Dem Universitätsinstitut wurde mit den neuen Verträgen ein Mittel in die Hand gegeben, seine unparteiische Funktion mit größerem Nachdruck wahrnehmen zu können.

Strategisches Personalmanagement –
ein internes Entwicklungsprojekt

von Barbara Heitger und Gerardo Drossos

Einleitung

Bei dieser Fallstudie geht es um die Darstellung eines Projekts, das innerhalb eines Unternehmens Maßnahmen zur Erhöhung des Leistungspotentials aller Mitarbeiter („Motivationsprojekt") entwickeln sollte. Unmittelbarer Anlaß dafür war ein vorausgehendes umfangreiches Projekt zur strategischen Planung im Gesamtunternehmen, das mit externen Beratern durchgeführt wurde. Ziel der strategischen Planung war insbesondere die Entwicklung langfristiger Geschäftsziele und eine entsprechende Umgestaltung der Organisationsstruktur gewesen.

Bei der Analyse des Motivationsprojektes wollen wir folgende Fragen behandeln, wobei es uns auch besonders um das „Drumherum" interner Beratungsprojekte geht:

— Wie und aus welchen Gründen wurde das Motivationsprojekt installiert?
— Welche Funktionen waren dem Projekt im Gesamtgefüge des Unternehmens zugedacht?
— Welche unausgesprochenen Erwartungen gab es neben den expliziten?
— Was bedeutete die Inanspruchnahme betriebsinterner Berater, und wie wirkte sie sich aus?

Bei dem betreffenden Unternehmen handelt es sich um eine Bank mit rund 1500 Mitarbeitern. Die Organisation gliedert sich in Geschäftsführung und acht Sektionen, denen wiederum Abteilungen zugeordnet sind. Die Personalabteilung der Bank – nach eigenem Verständnis eine Abteilung interner Berater – beschäftigt sich mit der Personalaufnahme, entwickelt und veranstaltet interne Seminare und entwickelt personalpolitische Instrumente, die die Führungskräfte im Rahmen ihrer dezentralen Personalverantwortung wahrnehmen (zum Beispiel Leistungsbewertungssysteme und Ausbildungspläne). Soziale Führungsaufgaben werden von den Führungskräften auch gerne an diese Abteilung delegiert.

Für die einzelnen Mitarbeiter ist die Personalabteilung auch Bearbeitungszone und Auffanglager der emotionalen Seite des organisatorischen Geschehens (Klagemauer für Enttäuschungen in der Laufbahn, für problematische Arbeitsbeziehungen u. a. m.). Institutionell gesehen übt die Abteilung auch eine Feigenblatt- oder Alibifunktion aus. Dieser in vielen Betrieben verbreiteten Aufspaltung entsprechen auch die üblichen Antworten auf Problemdruck: Entweder wird psychologisiert (Personalisierung von Schwierigkeiten, Schuldzuschreibung) oder auf schnelle Sachlösungen gedrängt (über Zahlen, technische Änderungen und so weiter). Was auch seine Vorteile hat – es sichert die „unbefleckte Empfängnis" des reinen Geschäftes auf der einen Seite und die des reinen Gefühls auf der anderen Seite. Soviel zur Ausgangslage.

Wie kam es zum Projekt „Motivation"?

Beim Strategieprojekt wurden bis dahin unangetastete Grenzen in Bewegung gebracht: Es gab regelmäßige Treffen von Arbeitsgruppen, an denen nicht nur Führungskräfte, sondern auch Mitarbeiter aus verschiedenen Sektionen teilnahmen. Dieser organisatorische Rahmen schaffte zum ersten Mal die Möglichkeit zum koordinierten Erfahrungsaustausch und gab Gelegenheit, das unternehmerische Geschehen von verschiedenen Perspektiven aus zu beleuchten. In den Arbeitsgruppen „Personalmanagement", „Unternehmensanalyse" und „Konkurrenzanalyse" wurden unter anderem folgende Strategieansätze entwickelt: Qualifikation der Mitarbeiter, Führungssystem durch Zielvereinbarung, klare Leistungskriterien und *incentives,* Karrierepläne für Spezialisten, Ausbildung für Führungskräfte, dezentrale Personalfunktionen. Als ein Ergebnis der strategischen Planung beauftragte die Geschäftsleitung die Personalsektion, diese Strategieansätze zu einem integrierten Gesamtkonzept des Personalmanagements zu verarbeiten und für dessen Implementierung zu sorgen. Diese Aufgabe wurde dann an die „internen Berater" als zuständige Spezialisten weiter delegiert; zwei von ihnen wurden mit der Projektleitung betraut.

Da die Führungskräfte eine wichtige Zielgruppe dieser Aktivitäten war, schlugen die internen Berater vor, das Vorhaben als Projekt zu installieren. Ziele des Projektes sollten sein:

- die Bedeutung und Verteilung verschiedener Motivationsfaktoren im Zusammenhang mit bestehenden Instrumenten der Führung und des Personalmanagements zu erheben;
- Maßnahmen zur Erhöhung der Motivation zu erarbeiten, und zwar zielgerichtet nach Geschäftssektionen und Mitarbeitergruppen (Führungskräfte, Spezialisten und Sachbearbeiter), und
- die Umsetzung dieser Maßnahmen in den Sektionen und Abteilungen zu aktivieren und zu fördern.

Neben den offiziellen gab es eine Reihe nicht ausgesprochener, aber dennoch wirksamer Erwartungen an das Projekt. Mit den Ergebnissen der strategischen Planung waren zum einen Karrieresprünge verbunden, zum anderen kam es zu einer organisatorischen Umstrukturierung (Matrix). Diese hätte zwar andere Kooperations- und Entscheidungsstile erfordert, dennoch wurde sie von einem Tag auf den anderen eingeführt. Die „begleitenden" Maßnahmen dazu sollten im nachhinein realisiert werden, und die Geschäftsleitung sah im Projekt eine Möglichkeit dazu. Seitens der Personalabteilung bestand die Erwartung, mit Hilfe des Projektes mehr Orientierung für integrierte Maßnahmen der Personalentwicklung zu gewinnen.

Die Leiter des Projektteams waren als Spezialisten ohne Führungsfunktionen auch selbst Betroffene mit deutlichen Wünschen und Forderungen an die Organisation und die Führung. Zwischen Spezialisten und Führungskräften hatte sich im Unternehmen ein durchaus produktives Spannungsverhältnis entwickelt. Ein wesentlicher Grund dafür war der wachsende Innovationsdruck vom Markt her. Vor allem die jungen Spezialisten wurden sehr oft für Innovationsaufgaben eingesetzt, während die Führungskräfte stärker die Kontinuität vertraten und auf die Einhaltung der Sektionsgrenzen bedacht waren. Da die Expertenschaft der internen Berater auf dem Gebiet der Betriebsklimaerhebung anerkannt war, unterlagen ihre rollenbedingten Sichtweisen als Spezialisten im Projektverlauf keinem Korrektiv. Das sprach im Grunde gegen die internen Berater, da sie implizit und zum Teil unbewußt ihre eigene „Sache" verfolgten. Sie waren selbst auch Vertreter der „Spezialistenideologie" im Unternehmen, also „Fraktion", und setzten sich dadurch stärker mit den Führungskräften auseinander.

Bei Vorgesprächen der internen Berater mit dem Betriebsrat wurde dessen Befürchtung deutlich, daß sich die Personalabteilung in traditionell dem Betriebsrat zufallende Aufgaben einmischen könnte, nämlich den Bereich der Verwaltung bestimmter Emotionen und individueller Mitarbeiterbedürfnisse. Bei den Mitarbeitern wiederum stand die Möglichkeit im Vordergrund, Enttäuschungen loswerden und veröffentlichen zu können. Durch eine Weiterentwicklung in der unmittelbaren Arbeitsumgebung versprach man sich wohl auch eine Stärkung der eigenen Position.

Die Führungskräfte erwarteten sich adäquate und marktgerechte Instrumente des Personalmanagements. Bis zu diesem Projekt wurden Fragen des Klimas und der Motivation oft dadurch abgewehrt, daß sie auf die Persönlichkeit der Mitarbeiter oder das „schicksalhafte" System reduziert wurden. Außerdem war der Wunsch nach einem koordinierten Erfahrungsaustausch unter den Führungskräften selbst spürbar. Zugleich gab es ein vorsichtiges Interesse an Rückmeldungen über die eigene Führungspraxis.

Vom Auftrag zum Projekt

Die Unsicherheit und die Aufbruchstimmung, die der Auftrag in der Personalabteilung auslöste, führte dazu, daß sich die internen Berater sehr ausführlich mit planerischen und methodischen Fragen beschäftigen. Um zielgerechtes Personalmanagement zu ermöglichen, sollte folgendes mit folgenden Methoden geklärt werden:

- Wie wirkten sich die derzeitigen Instrumente des Personalmanagements auf Motivation und Leistung aus? (Konzept: Interviews, Fragebogen)
- Analyse getrennt nach Geschäftssektionen und Mitarbeitergruppen als Basis für zielorientierte Personal- und Führungsinstrumente. (Konzept: *workshops*)
- Wie konnte bei diesem Projekt die geplante Dezentralisierung von Personalmanagement an die Geschäftssektionen vorbereitet werden? (Konzept: Installierung des Auftrages als Projekt, *workshops*)

Aufgrund der Erfahrungen vom Projekt zur strategischen Planung war klar, daß eine wesentliche Erfolgsvoraussetzung des Projekts in der Bereitstellung von Zeit und Raum für die Entwicklung von Problembewußtsein in Fragen der Motivation und des Personalmanagements bestand, vor allem in den Geschäftsabteilungen.

Daher schlugen die Berater eine zweistufige Projektorganisation vor, ein Entscheidungsgremium und ein Projektteam.

- Geschäftsführung, Personalchef und Vertreter des Betriebsrates bildeten das Entscheidungsgremium. Ihre Entscheidungen hatten eher formalen Charakter und betrafen die Erhebungsform und die Vorgangsweise. Außerdem fungierte das Gremium als Sprachrohr nach außen.
- Das Projektteam bestand aus acht Führungskräften der zweiten und dritten Ebene aus verschiedenen Sektionen, zwei Mitarbeitern der Abteilung Personal (als Projektleiter) und den internen Beratern. Das Projektteam entwickelte und gestaltete die verschiedenen Phasen des Projektes. Seine Aufgabe war es, sicherzustellen, daß das Projekt an die Organisationsrealität anknüpfte.

Diese Organisationsform und der grobe Fahrplan des Projektes wurde von der Geschäftsleitung genehmigt. Das Projekt wurde de facto aus der Linie herausgezogen und zur befristeten Stabsstelle für die Geschäftsleitung transponiert. Das Projekt war insofern ein Pioniervorhaben, als es potentiell die bisher nicht „gestörten Kreise" der Motivationslage und Führungspraxis innerhalb der Sektionen berührte. Deshalb war die Integration von Führungskräften besonders wichtig. Es war auch klar, daß die Grenzen der „Sektions-Herzogtümer" in Bewegung kommen würden; es bestand ja die „Gefahr", daß nun Dinge offiziell besprochen würden, nicht nur wie bisher durch Tratsch, man also weit weniger Distanzierungsmöglichkeiten davon hätte.

Projektablauf

Im folgenden schildern wir schlagwortartig die Phasen des Projektes „Motivation" einschließlich der Rollenverteilungen in den verschiedenen Phasen.

Interviewphase, Fragebogenentwurf

Interne Berater: Halbstrukturierte Interviews mit rund 30 Mitarbeitern aus allen Hierarchieebenen und Sektionen als Orientierungshilfe für die Fragebogenentwicklung; Interview mit Betriebsrat. Ziel der Interviews war es, Hypothesen über das Zusammenwirken verschiedener Motivationsfaktoren zu entwickeln. Daraus sollte ein Fragebogen entwickelt werden. Außerdem sollten mögliche Widerstände für die auf breiter Basis geplante Auswertung deutlich werden, zu denen im Projektteam Strategien entwickelt wurden.

Projektteam: Gemeinsames Entwickeln von Hypothesen zum derzeitigen Personalmanagement und zu Motivation und Leistungsanreizen im Betrieb (Moderation durch Projektleiter). Erarbeiten eines Fragebogenentwurfes; Konzept zu weiterer konkreter Vorgangsweise.

Entscheidungsgremium: Entscheidung über Einsatz des Fragebogens und Art der Veröffentlichung der Ergebnisse nach Präsentation des Fragebogens durch interne Berater.

Fragebogenerhebung (Vollerhebung, anonym, freiwillig)

Themenbereiche des Fragebogens: Tätigkeit, Führungsstil, Entlohnung, Information, Kooperation, Karriere, Weiterbildung, Motivationsfaktoren, Organisationskultur insgesamt.

Auswertungsphase

Auswertung der Daten durch Projektteam: Insgesamt und nach unterschiedlichen Mitarbeitergruppen und Sektionen, Thesen zum Zusammenwirken dieser Ergebnisse.

Entscheidungsgremium: Präsentation und Diskussion der Erstauswertung.

Präsentation der Gesamtauswertung für Führungskräfte der zweiten Ebene; schriftliche Information über Gesamtauswertung und die weitere Vorgangsweise an alle Mitarbeiter durch Geschäftsleitung und Betriebsrat (Entscheidungsgremium). *Workshops* in den Sektionen: Interpretation und Diskussion der sektionsspezifischen Daten mit allen Führungskräften in jeder Sektion durch interne Berater. Auf Anfrage abteilungsinterne Moderation der Ergebnisse. Dieser Schritt war sehr effizient: Noch nie vorher wurden Fragen des Zusammenwirkens zwischen Geschäftszielen und Personalmanagement so deutlich und differenziert diskutiert. Als Ergebnis wurden sektionsspezifische Maßnahmen vereinbart.

Die Folgemaßnahmen für den Gesamtbetrieb betrafen sowohl die Personalsektion als auch die Führungskräfte in den Sektionen und waren Ergebnis eines erweiterten Entscheidungsgremiums einschließlich der Sektionschefs:

- Arbeitskreis zur Neugestaltung des Gehaltssystems mit stärkerer Leistungsorientierung,
- Dezentralisierung von Entscheidungen der Personalentwicklung an die Sektionen,
- Neue Ausbildungspläne für (Nachwuchs-)Führungskräfte,
- Karrierepläne für Spezialisten,
- Weiterentwicklung eines für das Unternehmen optimalen Führungsstiles und geeigneter Führungsinstrumente nach *management by objectives*.

Was löste die organisatorische Einordnung des Motivationsprojektes aus?

Zunächst blieb die Personalabteilung davon nicht unberührt. Die enge Kooperation der beiden Projektleiter miteinander und mit dem Projektteam sowie ihre Kontakt- und Gestaltungsmöglichkeiten im Haus führten zu einem internen Abteilungskonflikt, weil sich die Kollegen teilweise ausgeschlossen fühlten. Der plötzliche intensive Kontakt zu anderen Bereichen im Unternehmen verunsicherte die wechselseitige Loyalität und förderte Rivalität. Auch die Vorgesetzten der beiden Projektleiter waren über deren starke Präsenz im Unternehmen beunruhigt. Hier wäre sicherlich ein Ansatz für externe Projektsupervision gewesen.

Für die Führungskräfte bedeutete das Engagement der internen Berater eine Entlastung von ihren Führungsaufgaben und die Fortsetzung der Delegationspolitik an das Personalwesen, aber auch Unterstützung, weil Fragen der Mitarbeiterführung besprochen und ausgetauscht wurden. Ein sensibler Teil ihrer Führungsfunktionen wurde jetzt offiziell von anderer Stelle übernommen. Dadurch rückte der latente Konflikt, was denn zu den Führungsaufgaben zähle und wofür das Personalwesen zuständig sei, stark in den Mittelpunkt.

Das wurde besonders bei der Erarbeitung der Maßnahmen deutlich: Das Anliegen der internen Berater war es, als Moderatoren eine Arbeitsstruktur vorzuschlagen, durch welche geschäftliche und emotionale Dimensionen miteinander verbunden werden konnten. Zugleich ging es ihnen um die Abgrenzung der Verantwortung und um die Klärung, welche Funktionen die Personalsektion zu erfüllen hat und was Aufgabe der Führungskräfte ist. Soweit der Plan der internen Berater.

Ganz anders waren die Erwartungen der teilnehmenden Führungskräfte gelagert. Sie erwarteten schnelle Lösungen, identifizierten die Berater sehr stark mit der Personalsektion, die bekanntlich schnell in die Rolle des institutionellen Sündenbocks gedrängt wird, frei nach dem Motto: „Da müßt ihr endlich etwas machen." Hier saßen die Führungskräfte am längeren Ast. Sie konnten es sich von ihrer Position her aussuchen, ob sie die Moderatoren nun als Fachautoritäten betrachteten oder als Mitarbeiter der Personalsektion. Es entstand ein Ping-Pong Spiel mit den vielen heißen Kartoffeln, bis sie allmählich auskühlten. Die Doppelrolle der Moderatoren − hier interne Berater, Spezialisten und Projektleiter, dort Zugehörige der Personalsektion und Mitarbeiter (nicht Führungskräfte) − war äußerst schwer zu gestalten und zum Teil wohl auch eine Überforderung für sie. Die Frage der Abgrenzung der Aufgabenverteilung zwischen Personalsektion und Führungskräften wurde damit akut, was ja auch beabsichtigt war und eine sinnvolle Vorbereitung für die geplante Dezentralisierung von Kompetenzen im Personalmanagement darstellte.

Resümee

Aus der Sicht der internen Berater war ein wesentliches Ergebnis, daß über „weiche" Unternehmensdaten wie Führungsstil, Kooperation, Information im gesamten Unternehmen offiziell gesprochen wurde, insbesondere über den Zusammenhang von Geschäftsstrategien und Gestaltung von Personalinstrumenten. Da die Unternehmenssprache stark von Zahlen geprägt war, waren die Prozentsätze und Mittelwerte der Erhebungsauswertung ein probates Mittel dazu. Das Projekt löste auch Fragen nach der Funktion der Personalabteilung im Betrieb aus. Dadurch wurde klarer, in welchen Bereichen die Dezentralisierung von

Personalkompetenz sinnvoll sein könnte und was weiterhin von der Personalsektion übernommen werden sollte.

Der Wunsch nach mehr Akzeptanz im Unternehmen auf seiten der Berater war für das Projekt nicht immer funktional und schmälerte ihre Auseinandersetzungsbereitschaft. Außerdem verhinderte dieses Akzeptanzbedürfnis notwendige Rollenabgrenzungen. Als Interner kann man solche Motive wohl nicht ganz ausschließen, zumal das Handeln ja davon geprägt ist, daß man weiterhin im Unternehmen bleiben will. Was hatte, im nachhinein betrachtet, für eine interne Vorgangsweise gesprochen? Zunächst die Tatsache, daß man nach der strategischen Planung bis zu einem gewissen Grad froh war, die externen Berater wieder los zu sein. Auch die Kostenfrage spielte hier eine Rolle und wohl auch die stärkere Kontrollierbarkeit der Berater. Zwar kannten die internen Berater das Unternehmen gut, dafür waren sie aber vorsichtiger, die „heilige Ordnung" in Frage zu stellen.

Der „passive Widerstand" von seiten der Führungskräfte bei den Umsetzungsmaßnahmen verdeutlichte gut das Dilemma des internen Beraters: Er kann sich nur während seiner Funktion als Projektmitglied zurückziehen, um aus dieser Rolle heraus zu intervenieren. Nach Projektabschluß aber tritt er als „Betreuer" mit denselben Abteilungen in Kontakt und „muß" möglicherweise jetzt das machen, was er als „Berater" nicht gemacht hätte. Diese Aussicht kann schon vorwegnehmend zu einer Konfusion von Rollen führen. Die Chance, als Interner zu bestehen, ist wahrscheinlich dann eher gegeben, wenn interne und externe Berater gemeinsam an einem solchen Entwicklungsprojekt arbeiten. Hier könnten die internen Berater ihre Erfahrungen mit dem Betrieb einbringen und für Kontinuität sorgen, während die externen mehr Spielraum hätten, tabuisierte Themen anzusprechen. Eine zweite Voraussetzung für das erfolgreiche Arbeiten als interner Berater wäre eine klarere Kompetenzaufteilung zwischen Personalsektion und Führungskräften gewesen. Sie hätte verhindert, daß die Verantwortung hin und her geschoben wird und lange Zeit nichts passierte.

Das Projekt endete mit der Vereinbarung von Folgemaßnahmen mit der Auffassung, daß die einzelnen Schritte Zeit brauchen, um wirksam zu werden. Vielleicht war das mit ein Grund, warum im Abschlußpapier zu finden war, daß die Maßnahmen „verabschiedet" (und nicht: „vereinbart") wurden. Die Stärke des Projekts lag darin, quasi eine interne Forschung über das Zusammenwirken von Geschäftszielen und Personalmanagement entwickelt zu haben – mit Inputs aus allen Perspektiven und differenzierter Rückkopplung sowie gemeinsamer Maßnahmenentwicklung. Diese Vorgangsweise ermöglichte die aufgaben- und mitarbeiteradäquate Entwicklung von Personalinstrumenten.

Das „REORG"-Projekt

von Alfred Wimmer

Ein Zinnteller mit der Gravur „Zur Erinnerung an die Blut-, Schweiß- und Tränendiskussionen der REORG-Gruppe" war das Abschiedsgeschenk für ein Projektmitglied, überreicht anläßlich seines Eintritts in den „wohlverdienten" Ruhestand. Dem Projektleiter und Schreiber dieser Zeilen oblag es auch, im Rahmen dieser kleinen Abschiedsfeier Worte des Dankes auszusprechen und auf die Höhen und Tiefen der Projektarbeit einzugehen. Wenngleich Blut außer manchmal unter erhöhten Druckverhältnissen nicht direkt sichtbar geflossen ist, Schweiß und Tränen hat es gegeben. Ein Projektmitglied, sonst durchaus der deutschen Sprache kundig, ergänzte die Laudatio mit der Bemerkung: „Der REORG wird Dich sehr vermissen." Endlich klärte er uns über den vermeintlich falsch gewählten Artikel auf: „Ich vergleiche das Projektteam mit einem Reaktor. Es löst Kettenreaktionen aus und strahlt ab."

Er hatte recht. Für die „Kettenreaktionen" standen und stehen noch zum Teil über 20 REORG-Detailprojekte. Die „Abstrahlung" bewirkte schließlich die Einführung der Matrixorganisation in unserem Unternehmen mit all den „vorprogrammierten positiven Konflikten". Die REORG-Gruppe hat es erreicht, Resonanzphänomene zu erzeugen. Das Team REORG ist inzwischen als Arbeitsgruppe „Organisation" vom MFO-Ausschuß zur Steuerung der noch durchzuführenden REORG-Detailprojekte eingesetzt. „MFO" steht für „Marketing, Führung und Organisation" und ist der Überbegriff für den vor mehr als fünf Jahren eingeleiteten Organisationsentwicklungsprozeß. Dieser Prozeß, begleitet von einer externen Beratergruppe, in welcher ein Autor (P.H.) dieses Buches eine wesentliche Rolle einnimmt, hatte und hat letztlich die langfristige Unternehmenssicherung, aufbauend auf strategischem Planen und Handeln, zum Ziel.

Es galt also, Voraussetzungen zu schaffen, um sich den ständig ändernden wirtschaftlichen Rahmenbedingungen rascher anpassen zu können. Eine entsprechend flexible Organisation und Denkweise, die

Einbindung der Führungskräfte aller hierarchischen Ebenen in die Unternehmens-Entscheidungsprozesse, das Führen nach Zielen, Delegieren auf ausgeprägter Vertrauensbasis und kooperativem Verhalten, bei gleichzeitig möglichst emotionsfreier Kommunikation auch mit der bereichsübergreifenden Fachkompetenz, diese Voraussetzungen wurden für die Zielerreichung als wesentlich erkannt.

Am Anfang des OE-Prozesses stand eine Mängelanalyse. Diese wurde vom Vorstand und allen Hauptabteilungsleitern unseres Unternehmens durchgeführt. Als ein bedeutender Problemkreis kristallisierte sich dabei die damals bestehende Organisationsstruktur heraus. Die weitere Verfeinerung dieser Grobanalyse durch Einbindung aller Hierarchieebenen bestätigte, daß die organisatorischen Abläufe – bezogen auf die geänderten Marktanforderungen und das diversifizierende Unternehmen – zu schwerfällig waren. Es war daher naheliegend, ein Reorganisationsprojekt („REORG") zu initiieren und durchzuziehen. Die zum Teil negativen Erfahrungen sowohl unseres Unternehmens als auch die anderer Firmen im Hinblick auf die Erarbeitung derartiger Konzepte durch externe Beratungsfirmen veranlaßte uns, dieses Projekt möglichst aus eigener Kraft zu entwickeln, um auf diesem Wege auch die Umsetzung weitestgehend zu garantieren.

Es war auch naheliegend, diese Aufgabe hierarchisch möglichst hoch anzusiedeln. Das Projektteam rekrutierte sich schließlich aus sechs Hauptabteilungsleitern (Sparten- und Servicebereichsleitern) sowie einem externen Organisationsfachmann. Darüber hinaus wurde ein Betriebsrat als ständiger Projektbegleiter in das Team kooptiert, um von Anbeginn an Informationsdefiziten, die erfahrungsgemäß langwierige Verhandlungen nach sich ziehen, vorzubeugen.

Zu Beginn des Projektes, das die Verbesserung der Organisationsstruktur und Absenkung der *overhead*-Kosten durch entsprechende Ablauforganisationsänderungen zum Ziel hatte, stand die Information. Betriebsversammlungen, Gespräche mit den Belegschaftsvertretern, Gewerkschaftsvertretern sowie Mitteilungen über die Werkszeitung setzten naturgemäß die REORG-Diskussion sehr schnell in Bewegung. Großes Interesse, Unbehagen, Engagement, aber auch Reserviertheit bestimmten die anschließende werksweite Ist-Zustands-Analyse, in die praktisch alle Angestellten des Unternehmens eingebunden waren. Das REORG-Team wertete diese Unterlagen aus und erarbeitete in Zusammenarbeit mit den zuständigen Bereichs- und Abteilungsleitern das Soll-Konzept.

Dies führte schließlich zu den von allen Entscheidungsinstanzen getragenen, einleitend erwähnten und inzwischen vollzogenen Änderungen der Organisationsstruktur in Richtung Matrixorganisation. Die Matrixorganisation wurde – ausgehend von der Betriebsgröße und der Produktstruktur sowie der teilweise schon gepflegten „Hobby-Matrix" – als der vernünftigste Kompromiß zwischen einer funktionalen Organisationsform (früher überwiegend vorhanden) und einer reinen Spartenorganisation erkannt. Eine Betriebsvereinbarung inklusive eines Sozialplanes sicherte die Zustimmung des Betriebsrates zur Durchführung der vorgeschlagenen notwendigen Umsetzungsmaßnahmen. Ohne darauf näher eingehen zu wollen, sei ergänzend noch erwähnt, daß die Verwirklichung einiger Teilprojekte noch nicht abgeschlossen ist. Das Vertragsverhältnis mit dem externen Organisationsfachmann wurde mit dem Abschluß des Grobkonzeptes gelöst. Das „Pionier-Projektteam" steht aber nach wie vor und nimmt die Koordinierung der verschiedenen, zum Teil sehr komplexen REORG-Projekte wahr.

Ein Blick zurück in die Zeit der Konzepterstellung ruft die Erinnerung an die Teamentwicklung wach. Da treffen sich einige, von Ehrgeiz erfüllte „Häuptlinge", um über eine notwendige Organisationsänderung nachzudenken. Der durch die Teamzusammensetzung vorprogrammierte Konflikt war naturgemäß nicht zu vermeiden. Die Organisation der im Team vertretenen eigenen Bereiche schien anfangs tabu zu sein. Die Arbeit der Projektgruppe, mehr außerhalb des Betriebes und auch außerhalb der normalen Dienstzeit, bestand zunächst daher primär darin, diesen Konflikt zu bereinigen und durch einen mühsamen Selbstfindungsprozeß Teamfähigkeit herbeizuführen. Mit großer Geduld und allseits ehrlichem Bemühen wurde argumentiert, die sachliche Diskussion verdrängte schließlich die Emotionen. Die Projektgruppe wurde „konfliktfähig". „Der REORG" präsentierte sich als ein homogenes Team, bewundert und teilweise gefürchtet zugleich.

„Sind Sie nicht auch ein REORGler?", fragte der Werksarzt, als er eine Spritze für ein Teammitglied aufzog und mit dieser schier unheimlich lächelnd und nachdenklich zugleich, zuletzt natürlich scherzhaft, vor der Nase des Kollegen herumfuchtelte. „Ich verstehe diese Leute nicht", bemerkte ein Hotelbesitzer, in dessen Seminarräumlichkeiten das Projektteam am Konzept arbeitete, während man im Ballsaal − es waren gerade die Hochtage des Faschings − Boogie tanzte. „Die sind ja verrückt, was werden sich deren Frauen und Kinder denken?"

Diese durchaus berechtigte Frage stellten wir uns natürlich auch. Die Kapazität der Hauptabteilungsleiter ist nun einmal auch nicht unerschöpflich. Wir erbrachten also den Hauptanteil an dieser Projektarbeit, effektiv − wie schon erwähnt − außerhalb der Dienstzeit. Vielleicht haben uns tatsächlich einige für verrückt gehalten. Immerhin kam es zu über 200 Arbeitssitzungen, deren Resultat für andere entsprechend verständlich zu dokumentieren war. Es war sicher kein Job für bequeme Leute. Aber die Arbeit faszinierte uns, und die spürbare Homogenität der Gruppe motivierte uns dementsprechend. Das Rauchen von Friedenspfeifen wurde immer seltener notwendig, was zwangsläufig die Effizienz unserer Arbeit erhöhte. Natürlich kristallisierte sich auch ein „harter Kern" innerhalb der Gruppe heraus, der aus Mitgliedern bestand, bei denen die „normale", im Betrieb auszuführende Funktion (Organisations- und Personalleitung) auch mit der Projektarbeit leicht vereinbar war, was seitens der übrigen Projektmitglieder volle Anerkennung fand und begrüßt wurde. Der harte Kern sorgte zugleich dafür, daß in der „regulären Arbeitszeit" am Projekt gearbeitet werden konnte, und integrierte in die Detailarbeit selbstverständlich auch die eigentliche Organisationsabteilung in zunehmendem Maße.

Der durchschlagende Erfolg unseres Konzeptes war schließlich der Lohn für alle Mühen. Die Präsentation erfolgte überzeugend, die erarbeitete Grundkonzeption hält auch heute noch für die in Durchführung stehenden Umsetzungsprojekte stand. Werksweit spiegelt sich nunmehr in anderen Projektteams, die mit der Aufarbeitung der Detailprojekte befaßt sind, der gleiche Teamgeist wider. Der Weg zur Zielerreichung ist geebnet. „Der REORG" ist als Organisationsautorität anerkannt.

Aus dem zeitlich begrenzten und abgeschlossenen Grundprojekt ist eine – in die Zukunft weisende – Organisationskultur hervorgegangen, mit der wir im Sinne unserer im wesentlichen durch REORG neugefundenen Unternehmensidentität umzugehen gelernt haben. Das Projektteam ist sich dessen bewußt, dazu einen Beitrag geleistet zu haben; es freut sich darüber und sieht darin eine Genugtuung für viele, zum Teil sehr hart geführte Diskussionen. „Blut, Schweiß und Tränen" sind allerdings auch für die Zukunft nicht auszuschließen.

3. Zur Wirtschaftlichkeit von Projektmanagement

Die Frage nach den Kosten

Selbst unter „hartem", betriebswirtschaftlich-nüchternem Blickwinkel sind sich die Fachleute im Grunde darüber einig, daß die Wirtschaftlichkeit des Projektmanagements nicht „exakt" berechnet werden kann[3], und zwar aus zwei Gründen: Zum einen liegen die Schwierigkeiten in nicht oder nur schwer meßbaren Parametern, zum anderen endet die Vergleichbarkeit von Projekten an ihrer jeweiligen Einmaligkeit. Unsere Arbeit ist vor allem eine Darstellung des ersten Problemkreises; in der einschlägigen Fachliteratur gibt es zwar vereinzelte Hinweise darauf, differenziertere organisationsanalytische Untersuchungen fehlen aber weitgehend. Wir haben uns bemüht, diese Lücke zu schließen. Bezieht man das von uns Ausgeführte in die Überlegungen zur Wirtschaftlichkeit von Projektmanagement mit ein, wird die Unmöglichkeit einer exakten Berechnung sofort klar. Erstens gibt es eine derart große Anzahl kostenwirksamer Faktoren, daß die mathematische Komplexität geeigneter Berechnungsmodelle ganze wissenschaftliche Fakultäten beschäftigen müßte; zweitens lassen sich kostenverursachende Faktoren nicht vorhersagen, weil auch sie prozeß- und verlaufsabhängig sind. Insbesondere die organisationsdynamischen und -psychologischen „Reibungsverluste", aber auch im Gegenteil dazu „Engagementverdichtungen" sind zwar kostenwirksam, jedoch kaum überhaupt kalkulierbar. Die Behauptung, Projektmanagement sei zahlenmäßig exakt nachweisbar wirtschaftlicher als andere Managementformen, geht entweder von einem eingeschränkten Modell von Projektmanagement aus oder wäre wissenschaftlich nicht ehrlich. Und was die Vergleichbarkeit betrifft, so ist es aus wirtschaftlichen Gründen schwer möglich, ein und dasselbe Projekt parallel laufend mit zwei verschiedenen Managementtechniken zu „behandeln", einmal im Projektmanagement, das andere Mal durch die hierarchische Linienorganisation.

Die Frage nach der Wirtschaftlichkeit ist daher anders, und wie uns scheint, radikaler zu stellen. Die Frage ist, ob eine bestehende Organisation, ein Unternehmen, zur Erfüllung bestimmter Aufgaben gezwungen ist, Projektmanagement einzuführen, weil es anders gar nicht geht, oder ob diese Organisation, dieses Unternehmen, aus sich heraus mit den Anforderungen zurechtkommt. Dann nämlich sollte gut überlegt werden, ob man sich auf das „Experiment" Projektmanagement, das so viele Ungewißheiten mit sich bringt, überhaupt einläßt. Wir sind uns bewußt, daß wir damit in gewisser Weise gegen die Gesamtintention des Buches sprechen, meinen aber aus Erfahrung sagen zu können, daß man nicht leichtsinnig etwas „lostreten" soll. Die Kosten-Nutzen-Frage läßt sich natürlich nach getroffener Entscheidung für die Gestaltung und die Organisation innerhalb des Projektmanagements sehr wohl stellen. Hier hat sie aber eine andere Gestalt, geht es doch darum, jene optimale Organisationsform zu finden und dazu jene Vereinbarungen terminlicher und finanzieller Art zu treffen, die Kostenerweiterungen oder -explosionen (wie zuletzt vor allem im Bauwesen bemerkbar) vermeiden helfen. Die Möglichkeit und Handhabung derartiger, in der Alltagsroutine des Betriebes nicht vorgesehener Festlegungen haben manche Unternehmungen ohnehin erst durch Projektmanagement (wieder) entdeckt. Selbstverständlich macht es auch einen wesentlichen Unterschied, ob ein Unternehmen im Projektmanagement schon eingeübt ist oder damit erst beginnt. Im allgemeinen – aber auch hier haben wir schon Gegenteiliges erlebt – müssen Neueinrichtungen mit mehr indirekt verursachten Kosten rechnen, als zunächst erwartet. Ließe sich Projektmanagement von A bis Z durchrechnen, wäre es überflüssig; seine Einrichtung dient ja gerade dazu, zu erwartende Probleme, für die die Hierarchie keine effiziente Handhabe hat, aus sich heraus zu lösen. Dafür muß einem Projekt aber auch Autonomie gegeben werden; man muß sich auf Projektleitung und Team verlassen können, muß in gewissem Sinn Projektsteuerung und Kontrolle aus der Hand geben – alles Voraussetzungen, die vorweggenommene Berechnungsversuche zunichte machen. Ebenso wie sich ein Projekt nicht von vornherein formal „durchplanen" läßt, kann man es nicht von vornherein genau durchrechnen. Es gehört nun einmal zum Projektmanagement, daß sich in ihm Menschen in Organisationswidersprüchen beschriebener Art bewegen und nicht mathematische Funktionen.

Wir konnten auch schon beobachten, daß in manchen Betrieben die Einführung von Projektmanagement die Kosten-Nutzen-Überlegungen auf eine neue Qualitätsebene gehoben hat. Faktoren, die früher einfach „mitliefen", wurden zur Diskussion gestellt, überhaupt wurden die Sinne für ein intensiveres Kostenbewußtsein geschärft. Der Anlaß dafür war zwar manchmal ein negativer: das Projektmanagement mußte seine Berechtigung erst unter Beweis stellen und mit „Zahlen" der permanenten Skepsis der Organisation begegnen; der Effekt dieser Beargwöhnung war aber, daß man damit auch Abläufe der bestehenden Organisation kritischer betrachten lernte. Über den sachlichen Anlaß für die Einrichtung eines Projekts hinausgehend gibt es organisatorische Notwendigkeiten, welche Projektmanagement zu genauerem Kosten-Nutzen-Denken zwingen als herkömmliches Management: die Aufgabenstellung ist klar abgegrenzt, die Hierarchie stellt einen bestimmten Budgetrahmen zur Verfügung; allein dies bedarf genauer Kalkulationen, die bereits Prozeß- und Organisationselemente zur Diskussion stellen oder diese sogar determinieren; hinzu kommt der verlangte Begründungszwang für Kostenüberschreitungen; Projektmanagement steht innerhalb eines Betriebes viel direkter im „Rampenlicht der Öffentlichkeit"; es muß über manches peinlich genau Auskunft gegeben werden, was sonst die Hierarchie in ihrer „Heiligkeit" schluckt.

Das besagt nun nicht, daß die Projektkosten absolut niedriger sind, sondern lediglich, daß durch intensive Planungsarbeit die endgültigen Kosten von Anfang an genauer und den Realitäten entsprechender geschätzt würden. Die größere Zuverlässigkeit liegt einmal in der sorgfältigeren Beurteilung der Wirtschaftlichkeit des Projektes vor Beginn seiner Abwicklung, zum zweiten in der besseren Kontrolle während der Durchführung und der Verminderung des Planungsaufwandes. Denn bei ungenügender Kostenschätzung ist nach jeder Überschreitung eines Teilbudgets die zusätzliche Planung korrektiver Maßnahmen notwendig.

Allgemein kann gesagt werden: Die Kosten sind um so geringer, je besser es dem Projektmanagement gelingt, die von uns beschriebenen Management-Aufgaben zu lösen. Die beste Kostenvorausschau wird hinfällig, wenn Konflikte, die sich im Projekt oder mit der bestehenden Organisation ergeben, nicht adäquat gelöst werden oder wenn einzelne Gruppen ihr „eigenes Süppchen kochen". Kaum anderswo hängt daher die Kostenfrage so intensiv mit geglücktem Management zusammen wie hier. Dies gilt zwar heute in zunehmendem Maße auch für die Funktionstüchtigkeit der Hierarchie; nur gibt es in ihr festgefügte Absicherungen, die Managementhandlungen quasi „vorschreiben" und sowohl gute wie schlechte Eigeninitiativen beschränken. Funktional-bürokratische Organisationsformen vertragen viel, was im Projektmanagement für Turbulenzen sorgen würde. Der Umgang damit verlangt eine höhere Managementkunst, die sich natürlich kostensparend auswirkt. Steuerungskosten etwa ergeben sich im wesentlichen aus Personalkosten, die durch das Abhalten von Sitzungen, Konferenzen, durch das Koordinieren von Einzel-Projektarbeiten, Abfassen von Berichten, Informationsleistungen usw. entstehen. Wie viele Sitzungen man für das Erreichen eines adäquaten Gruppenergebnisses, wieviel Zeit man für die Vorbereitung einer Information an die Geschäftsleitung braucht, hängt sehr stark davon ab, welche Stellung das Projektmanagement im Betrieb hat und wie es der Projektleitung gelingt, mit dieser umzugehen. Wir haben die vielen Widersprüche dargestellt, denen sich Projektmanagement gegenüber sieht; zur Kostenfrage kommt damit ein neues Element dazu: es kann billiger sein, in Einschulungen und Beratungen zu investieren, als ungeübte, hierarchiegewöhnte Mitarbeiter unvorbereitet ins Projektmanagement zu schicken.

Direktnutzen

Wenn ein Unternehmen Projektmanagement beherrscht, verfügt es über eine Reihe von Vorteilen, die in der Summe eine Erhöhung der Steuerungskompetenz bedeuten. Ein direkter Nutzen läßt sich durch das Gesamtbewußtsein gegenüber komplexeren Aufgabenstellungen ausmachen, mit Projektmanagement hat man ein Instrument mehr und kann es nach Bedarf verwenden. Nun können auch Zielsetzungen ins Auge gefaßt werden, die früher außer Reichweite lagen, man bekommt ein freieres Verhältnis zur Komplexität und muß diese nicht mehr verdrängen oder gewaltsam reduzieren. Man wird flexibler und unternehmungslustiger gegenüber den immer häufiger werdenden neuen Aufgabenstellungen, hat für sie ein Organisationsmittel zur Hand, mit dem man sich sicher und den Anforderungen gewachsen fühlen kann. Es sinkt der Anteil jener komplexen und wichtigen Probleme, die unbearbeitet auf die lange Bank geschoben werden, weil sich niemand sie anzufassen traut oder für sie die Verantwortung übernehmen will. Daß dies erhebliche Kosten einsparen kann, ist evident; manches Unternehmen mußte oft kräftige Einbußen erfahren, weil es nicht rechtzeitig ein anstehendes Problem aufgriff oder sich die nötige Organisationsform zu seiner Bearbeitung nicht schaffen konnte. Auftraggeber und Aufgabenstellung verlangen für bestimmte Vorhaben Projektmanagement, sei es, weil sie eine spezifische Durchführungstransparenz wollen, sei es, weil sie firmenübergreifende Projektteams bilden müssen. Unternehmen mit Erfahrung im Projektmanagement sind hier einfach konkurrenzfähiger.

Daß im Projektmanagement Planung ernster genommen wird, verbessert sowohl die Definition der Aufgabenstellung als auch das Gefühl für komplexe Koordinationsnotwendigkeiten. Bereits im Planungsstadium wird weit mehr an zukünftigen Details überlegt als normalerweise üblich. Damit werden Gegenstand und Entwicklung eines Projekts transparenter. Transparenz erhöht aber nicht nur die Sicherheit, sie minimiert auch Entwicklungsrisiko.

Projektmanagement verleiht seinem Gegenstand eine „institutionelle Würde". Dies kann zwar den Nachteil haben, daß sich Rangordnungen der Wichtigkeit unverhältnismäßig verschieben, wenn etwa allzu viele um ein Projekt wie um das „goldene Kalb" herumtanzen; es hat aber zweifellos den Vorteil überlegter, beobachteter Auszeichnung, die mehr Mühewaltung und Sorgfalt erwarten läßt. Es macht einen großen Unterschied, ob innerhalb der Hierarchie ein Auftrag erteilt oder ob eigens ein Projekt eingesetzt wird. Unter der Voraussetzung, daß das Projektmanagement tatsächlich funktioniert, können Besonderheit und institutionalisierte Öffentlichkeit einem Projekt in mehrfacher Hinsicht von Nutzen sein. Es gibt mehr öffentliche Information über das Projekt, seinen Stand, seine Probleme usw. Es gibt mehr Identifikation mit der Aufgabe; mit dem Gegenstand werden auch Personen ausgezeichnet. Man kann rascher auf unvorhersehbare Umstände reagieren und hat bessere Möglichkeiten, Fehlentwicklungen zu korrigieren oder bestimmte Schritte gar nicht mehr durchzuführen. (Was Hierarchien oft jahrelang mitziehen und aus Prestigegründen nicht fallen lassen dürfen, kann im Projektmanagement ohne Prestigeeinbuße relativ rasch aufgegeben werden.)

Die aufmerksamere Koordination registriert ständig auffällige Schwierigkeiten im Projektablauf. Deren Einfluß auf Termine und Kosten ist dadurch oft früher erkennbar als sonst. Aufgrund der flexibleren Organisationsstruktur sind geeignete Maßnahmen schneller und leichter zu treffen. Terminüberschreitungen sind eher voraussehbar und können mit dem Auftraggeber besprochen werden; unliebsame Überraschungen für letzteren können damit ebenso vermieden werden wie Konventionalstrafen.

Umwegrentabilität

Den auf lange Sicht größten Nutzen sehen wir in der steigenden Organisationsbewußtheit, die in und mit Projektmanagement erworben wird. Die Entwicklung neuer Organisationsformen als Antwort auf die Krise der Hierarchie bedeutet ein zunehmendes Ausmaß an „Widerspruchsmanagement", für das sich die meisten Organisationen erst qualifizieren müssen. Wir glauben, daß zur Lösung der Probleme der Zukunft weniger technisch-funktionelles Spezialwissen, sondern vor allem Organisationskompetenz gebraucht werden wird. Unternehmungen, die sich auf Projektmanagement einlassen, kommen nicht umhin, sich darin zu üben. Mit dem, was wir Organisationsbewußtheit und Organisationskompetenz nennen, überschreiten wir die Möglichkeiten quantitativer Kosten-Nutzen-Überlegungen. Zwar kann man den Aufwand für ein Projekt quantifizieren, und niemand wird bestreiten, daß sich Investitionen irgendwie rechnen müssen, Organisationskompetenz und Organisationsbewußtheit sind jedoch qualitative Dimensionen, deren Rentabilitätsbedeutung in ihrem Ausmaß kaum abzuschätzen ist. Genau auf diesen schwer quantifizierbaren Qualitätsgewinn verweist das Wort Umwegrentabilität.

Im positiven Sinn kann Umwegrentabilität heißen: Projektmanagement mag dort und da auf die jeweiligen Aufgaben bezogen ökonomische Vorteile bringen, jedenfalls zusätzlich, und darüber hinaus bringt es Erfahrungen für Individuen und Gruppen, die weiter verwertbar sind. Sehen wir nun aber auch die negative Seite von „Umwegen" an. Es kann durchaus sein, daß ein Projekt für eine Firma rentabel ist, zu einem verkaufbaren Produkt führt, daß aber die „Nebenkosten" gesamtwirtschaftlich gesehen das Produkt als unrentabel ausweisen (siehe etwa die Subventionspolitik gegenüber landwirtschaftlicher Produktion). Phänomene dieser Art sind Folge traditioneller Institutions- und Arbeitsteilungen. Jedes einzelne System kümmert sich um seine Rentabilität: ein Produktionsbetrieb um ein Produkt, die Unfallversicherung um die Arbeitsunfälle dabei, der Staat um die Umweltfolgen usw. Auf die Interdependenz der einzelnen Systeme werden wir erst dann aufmerksam, wenn die Nebenkosten entweder nicht mehr finanzierbar sind oder jede Folgekostenbehandlung sich erübrigt, weil das eine System die anderen zerstört. Auf vielen Gebieten scheinen wir heute diesen Zustand erreicht zu haben. Dieser kurze Exkurs macht uns deutlich, daß Rentabilitätsberechnungsmodelle einzelsystembezogen, interessengeleitet und ideologiegestützt sind. Die sogenannten „nüchternen Zahlen" geben eine Objektivität vor, die keineswegs besteht. Wenn man die Systemgrenzen nur ein wenig erweitert, geraten sie in ein „trunkenes Taumeln". Je stärker abgegrenzt und übersichtlicher das System, um so einfacher die Rechnung. Wohl sind die Dinge in den letzten Jahrzehnten für betriebswirtschaftliche Berechnungen komplizierter geworden; sollte nun gar noch das „Verursacherprinzip" in Umweltangelegenheiten mit ins betriebswirtschaftliche Kalkül hinein müssen, würde auch die traditionelle Systemteilung und -eingrenzung aufgehoben. Einzelberechnungen gingen damit einer höchst ungewissen Zukunft entgegen. (Würde man die Folgen des Reaktor-Unfalls von Tschernobyl in die betriebswirtschaftliche Berechnung dieses einen Reaktors mit aufnehmen, wäre der dort erzeugte Strom vielleicht bereits das „Unrentabelste", was Menschen je erzeugt haben.)

Aber auch von anderer Seite her geschehen Einbrüche. Die alten Grundkategorien der systembezogenen Rentabilitätsberechnung stimmen nur noch sehr beschränkt, die Automatisierung hebt weite Teile des früher auf Menschen und ihre Funktionen bezogenen Arbeitsbegriffes auf. Die Folge: „Innere Rentabilität" ist da mit einer volkswirtschaftlich kaum zu vertretenden Arbeitslosigkeit konfrontiert. Leistung ließ sich auf Zeiteinheiten beziehen und gab der Akkordarbeit rentable Einkünfte. Wo maschinelle „Kollektivgedächtnisse" in Sekundenschnelle Leistungen vollbringen, für die man früher Tage oder Wochen brauchte, wenn man sie überhaupt durchführen konnte, wird dieser Bezug problematisch. Andererseits bräuchte man zeitintensive Leistungen (Dauerbrenner in der Diskussion zur Krankenkassenvergütung ärztlicher Betreuungsleistung), vor allem für Dienstleistungen an Mensch und mittlerweile auch Natur, für die jede Rentabilitätsberechnung aussetzt.

Je komplexer die Wirklichkeit, desto unübersichtlicher die mathematisch-wissenschaftlichen Modelle und desto unpraktikabler ihre Anwendbarkeit. Es gibt zum Beispiel Entscheidungsmodelle, die für alle denkbaren Eventualitäten Empfehlungen bereithalten, die aber den Nachteil haben, daß sich niemand nach ihnen richten kann, um seine Entscheidung zu treffen. Modelle sind der Selbstschutz von Systemen, die ihre Grenzen gegenüber einer noch komplexeren Wirklichkeit nicht aufweichen lassen. Projektmanagement steht nun genau im Schnittpunkt dieser Verlegenheiten. Seine Einrichtung muß wirtschaftlich ausweisbar sein; wenn sie mehr kostet als traditionelle Managementformen, ist sie unrentabel und erschwert die Konkurrenzposition. Man wird daher den sicher vorhandenen Kostenaufwand (Zeit, Personen, Organisationsreibungsverluste, Konfliktfolgen usw.) nicht in Kauf nehmen, würde er sich nicht „rechnen". Nur: Vieles ist gar nicht berechenbar! Wohl kann man vorweg einen „Bewegungsrahmen" fixieren (nach dem Motto: „Auch wenn ihr noch so viele Schwierigkeiten und

Konflikte haben solltet, mehr als diese bestimmte Zeit dürft ihr für ihre Lösung nicht aufbringen"), was das Ganze aber wirklich gekostet hat, weiß man erst nachher. So kann es positive, aber auch negative Erfahrungen geben. In der Fachliteratur werden meist die positiven hervorgehoben; wir kennen aber durchaus auch Projekte, die aufgrund von nicht bewältigbaren Arbeits- und Organisationsproblemen „explodierten" und mehr kosteten, als alles letztlich wert war. Insbesondere bei systemüberschreitenden Großprojekten ist hier Vorsicht am Platz: Es kann durchaus ein „gutes Geschäft" für einzelne Teilhaber sein, wenn aus einem Projekt nichts wird oder wenigstens der Abschluß verzögert wird.

Die grundsätzliche „Unberechenbarkeit" von Projektmanagement liegt in seiner Selbststeuerung und Teilautonomie. Für soziale Beziehungen gilt, daß ihre Kalkulierbarkeit von ihrer Festgelegtheit abhängt. Die Hierarchie versucht, Menschen auf eine Weise miteinander zu verknüpfen, daß sie gewissermaßen „mathematisierbar" sind. Auf Hierarchie ist sozusagen eben Verlaß. Projektmanagement dagegen ist gezwungen, Hierarchie teilweise aufzuheben und noch dazu *feedback* und prozeßbezogene Selbstreflexionsschleifen einzurichten, die in Gestalt und Auswirkung nie vorherzubestimmen sind.

Gesamtwirtschaftlichkeit

Da also die Rentabilität eines Projektes im konsequenten Projektmanagement erst im nachhinein feststellbar ist, läßt man sich mit Projektmanagement auf ein Risiko ein, das im Grunde durch zwei Maßnahmen minimiert werden kann: Erstens empfiehlt sich die Festlegung eines Gesamtrahmens („mehr ist nicht drin"), zweitens die Einführung von etappenweisen Kontrollen und Überprüfungen, die die Möglichkeit schaffen, ein Projekt auch rechtzeitig zu stoppen. Ist das erste schon schwer genug – so manche Projekte überschreiten den ursprünglich angenommenen Rahmen (allerdings auch in normalen hierarchischen Arbeitszusammenhängen) –, wird das zweite durch verschiedene Faktoren belastet, die vielfach auf psychologischem Gebiet liegen. Wer will schon „rechtzeitig" zugeben, daß ein Projekt gescheitert ist, nicht noch dies und jenes zur „Rettung" versuchen? Oder wenn Prestige daranhängt – manches Projekt muß dann durchgezogen werden, auf „Teufel-komm-raus", egal was wirklich dabei herauskommt. Dazu kommen Koordinationsprobleme im Projekt selbst; manchmal muß eine Gruppe auf die andere warten, was die Gesamtmotivation nachteilig beeinflußt und oft schwer entscheiden läßt, wie lange man warten soll. Wer weiß nun auch so ganz genau, wo das Projekt steht? Die Projektleitung selbst hat vielleicht die Übersicht, neigt aber der Hierarchie gegenüber dazu, „geschönte" Darstellungen zu geben. Wegen ihrer Abwesenheit im Prozeß sind die Hierarchien selbst aus notwendigem Mangel an Informationen mißtrauisch und unsicher und wissen erst recht nicht, wann man ein Projekt „abbrechen" oder wieviel Vertrauen man ins Management des Projekts stecken soll. Wir sehen: Aus der bestimmten Organisationsform Projektmanagement leiten sich Verhaltensformen ab, die der kritischen, etappenweisen Selbstüberprüfung nicht günstig sind. (Katastrophale Auswirkungen davon sehen wir bei starken Interessenverfilzungen, zum Beispiel bei Großaufträgen der öffentlichen Hand.) Kritische Selbstkontrolle aber – und sie allein ist das effektivste Steuerungsmittel im Projektmanagement – ist nicht gerade eine Tugend, die man in Hierarchien lernt; hier übt man eher Verhaltensweisen wie Vertuschen, Abschieben und Laufen-Lassen.

Zur Krise der Hierarchie gehört auch das Nicht-mehr-Funktionieren der rein exekutiven Organisation. „Dienst nach Vorschrift" ist schon seit langem eine Streikdrohung. Schon die gegenwärtige Hierarchie braucht, um als solche überhaupt noch zu überleben, einen „neuen Menschen" (derzeit scheint man ihn im „Land der aufgehenden Sonne" zu suchen). Man hat sich bereits angewöhnt, vom „Human-Kapital" einer Firma zu sprechen. Es gibt kaum eine Managementzeitschrift, die nicht darauf hinweist und die Überlebensfähigkeit eines Betriebes mit der Qualifikation seiner Mitarbeiter in Verbindung bringt, und zwar nicht nur mit der „fachlichen", funktionellen Qualifikation. „Die besondere Bedeutung der Personalentwicklungsarbeit bei den Banken macht schließlich die gestiegenen Anforderungen an die Führungskräfte deutlich. 'Amtsautorität' der Vorgesetzten zählt immer weniger, entscheidend sind heute 'Sozialkompetenz' und im besonderen Maße Kommunikations- und Motivationsfähigkeit, Einfühlungsvermögen sowie Kooperationsbereitschaft. Nur wer seine Mitarbeiter kennt, mit konstruktiver Kritik begleitet und 'vorbildlich' fördert und führt, wird mit seinem Team auf Dauer erfolgreich sein können. Entscheidende Fortschritte bei diesem Veränderungsprozeß im Führungsverhalten sind in den kommenden Jahren wahrscheinlich die wichtigste Voraussetzung für das Bestehen im Wettbewerb."[4] Der dies schrieb, ist immerhin Vorstandsmitglied der Deutschen Bank. Auch wenn hier noch mit einigen Anführungszeichen und 'wahrscheinlich' gearbeitet wird, ist die Richtung klar.

Projektmanagement kann als ausgezeichnetes Feld betrachtet werden, die neugeforderten Qualifikationen zu erwerben und zu üben – nicht aus Luxus und Übermut, sondern aus organisatorischer Notwendigkeit. Projektmanagement erfordert Qualifikationen, die schon die gegenwärtige Hierarchie bitter braucht – auch wenn ihr diese nicht immer bequem sind.

Wir fassen noch einmal zusammen: Von der neuen „Organisationsbewußtheit" war schon die Rede. Die neu zu entwickelnden Sozial-und Organisationskompetenzen lassen uns bewußter mit den Arbeitsanforderungen und den in ihnen beteiligten Personen umgehen. Attraktive, autonome, mitbestimmte Arbeit fördert Motivation, Identifikation und darüber hinaus die Haltung, auch andernorts die Arbeit auf diese Weise gestalten zu wollen. Man lernt Teamarbeit in der Projektgruppe ebenso wie das Steuern von Gruppenprozessen; man lernt, Gruppen zu koordinieren und dem hierarchieüblichen Abteilungsegoismus entgegenzuarbeiten. Man lernt, „das Ganze" im Auge zu behalten und dessen Konsequenzen im Detail sichtbar zu machen. Notwendige Konflikte können von Pannen unterschieden werden, erstere „kultiviert", letztere vermieden werden. Dazu bedarf es einer Übung im Konfliktmanagement, einer Überwindung des Denkens in Kategorien von gut und böse, schwarz und weiß, von Schuldzuweisungen und Lagerdenken. Man kann Projektmanagement auch mit aller gebotenen Vorsicht als Instrument der Personalentwicklung verwenden, jungen Mitarbeitern neue Betätigungs- und Lernfelder eröffnen, *job rotation* sinnvoll gestalten, gezielt Profilierungsmöglichkeiten eröffnen und damit neue Selektionskriterien für Führungskräfte gewinnen. Alle diese Fähigkeiten, Fertigkeiten, Einstellungen und Haltungen – von uns unter dem Überbegriff „Organisationsbewußtheit" versammelt – bereichern das „Human-Kapital" eines Unternehmens.

Dem bisher gültigen Wirtschaftlichkeitsdenken ist seine Produkt-und Produktionsfixiertheit vorzuhalten. Weniger „greifbare" Produkte, angefangen bei den Dienstleistungen bis hin zu „immateriellen Produkten", wie zum Beispiel künstlerischen Einfällen, einem Fest, einer „Sinnerklärung", sind kaum im Blick – hier muß die traditionelle Rentabilitätsrechnung schon gewaltige „Purzelbäume" schlagen, um solcherlei nach Wert und Preis einordnen zu können. Aber auch hier erleben wir gerade einen gewaltigen Einbruch ins „klassische System", Software wird gegenüber Hardware immer teurer. Man kann vermuten, daß im Projektmanagement erworbene Zusatzqualifikationen in Zukunft in Unternehmen ihren „Preis" haben werden, auch wenn sie sich nicht wie bisherige Produktionsfaktoren am Menschen berechnen lassen.

Anmerkungen

Teil I

1. Daß Projektmanagement „ein Umorientieren von bisher gewohntem Abteilungsdenken zugunsten eines übergeordneten Gesamtbewußtseins für das Unternehmen" erfordert, sagt sich leicht und ist auch nicht falsch, muß aber im Sinne des Ausgeführten relativiert werden. Peter Rinza: Projektmanagement. Planung, Überwachung und Steuerung von technischen und nichttechnischen Vorhaben. Düsseldorf, 2. Auflage 1985, S. 148
2. Vgl. stellvertretend Rinza a.a.O., S. 147 f.
3. Eine gute Übersicht bei Rinza a.a.O., S. 7 f.
4. Hasso Reschke / Michael Svoboda: Projektmanagement. Konzeptionelle Grundlagen. München, 2. Auflage 1984, S. 56
5. Reschke/Svoboda a.a.O., S. 56
6. Peter Heintel / Alfred Janes: Unterlagen zur Begründung der Errichtung eines Ludwig-Boltzmann-Instituts für technisch-soziale Innovation. Klagenfurt/Wien, unveröffentlichtes Manuskript 1986
7. Reschke/Svoboda a.a.O., S. 56
8. Reschke/Svoboda a.a.O., S. 56

Teil II

1. Besonders hervorheben möchten wir die Veröffentlichung von B. Pesendorfer: Organisationsdynamik. In: IBM-Management-Symposium, Wien 1983, S. 39-50, die klar macht, aus welchen Elementen sich eine Organisation aufbaut – vom Individuum über das Paar und die Gruppe zur Organisation – und welche notwendigen Konflikte sich an den Schnittstellen dieser Elemente ergeben müssen; ihre Analyse ergibt erst die Möglichkeit, sie erfolgreich zu „behandeln". Weiter verweisen wir auf Gerhard Schwarz: Die „heilige Ordnung" der Männer. Patriarchalische Hierarchie und Gruppendynamik, Opladen 1985.
2. Wir beschränken uns auf die Bereiche, die für Projektmanagement von Bedeutung sind. Detaillierte Überlegungen bei Peter Heintel (Hrsg.): Das ist Gruppendynamik. München 1974, sowie G. Schwarz a.a.O.
3. Allgemein zum Thema Entscheidung siehe Stefan Titscher / Roswita Königswieser: Entscheidungen in Unternehmen. Wien 1985, sowie Peter Heintel / Ewald E. Krainz: Über Entscheidung. In: Gruppendynamik 17. Jg., Nr. 2/1986, S. 117-133.
4. B. Pesendorfer a.a.O.

Teil III

1. P. Heintel (Hrsg.) a.a.O.; Peter Heintel / Thomas H. Macho: Zeit und Arbeit. Wien 1985
2. Axel Exner / Roswita Königswieser / Stefan Titscher, in: ECO Journal, Beilage zu „Die Presse", Wien, 5.9.1986
3. „... dies kommt deshalb vor, weil der Nutzen nicht direkt meßbar ist, hierin viele nicht qualifizierte Parameter enthalten sind und die Einmaligkeit der Durchführung eines Projektes die Ermittlung des Projektmanagementnutzens so schwierig macht." Rinza a.a.O., S. 154, stellvertretend für andere, die sich in gleichem Sinn äußern.
4. H. Burgard, in der „Zeitschrift für das gesamte Kreditwesen", Nr. 18 vom 15.9.1986

Weiterführende Literatur

P. Heintel/E. E. Krainz: Führungsprobleme im Projektmanagement. In: L. v. Rosenstiel, E. Regnet & M. Domsch (Hrsg.): Führung von Mitarbeitern. Stuttgart, Schäffer-Poeschel, 4. Aufl. 1999, S. 455-464.

P. Heintel/E. E. Krainz: Was bedeutet „Systemabwehr". In: K. Götz (Hrsg.): Theoretische Zumutungen. Vom Nutzen der systemischen Theorie für die Managementpraxis. Heidelberg, Carl-Auer, 2. Auflage 1998, S. 160-193.

P. Heintel/E. E. Krainz: Veränderungswiderstand von Organisationen. In: V. Dalheimer, E. E. Kranz & M. Oswald (Hrsg.): Change Management auf Biegen und Brechen? Revolutionäre und evolutionäre Strategien der Organisationsveränderung. Wiesbaden, Gabler 1998, S. 201-233.

P. Heintel/E. E. Krainz: Beratung als Projekt. Zur Bedeutung des Projektmanagements in Beratungsprojekten. In: R. Wimmer (Hrsg.): Organisationsberatung. Neue Wege und Konzepte. Wiesbaden, Gabler 1995, S. 128-150.

P. Heintel: Teamentwicklung. In: B. Voß (Hrsg.): Kommunikations- und Verhaltenstrainings. Göttingen, Verlag für angewandte Psychologie 1995, S. 193-205.

E. E. Krainz: Steuern von Gruppen. In: B. Voß (Hrsg.): Kommunikations- und Verhaltenstrainings. Göttingen, Verlag für angewandte Psychologie 1995, S. 206-220.

Stichwortverzeichnis

A

Ausbeutung 131 f.
Außenfeind 73, 74, 75, 100, 137
Autonomie 50, 96
autoritär, Autorität 16, 17, 31, 33, 68, 98, 106 f., 109, 127 f., 151, 158, 161

B

Beratung 5, 10, 12, 31, 53, 105, 121, 141, 145, 147, 153, 164 ff.
B. als Alibi 164
Ansätze von B. 169 f.
externe B. 174 ff.
interne B. 171 f., 218 ff.
systemische B. 166 f., 168, 170, 174 ff., 200 ff.
Bürokratie, bürokratisch 19, 28, 56, 60, 102, 122, 124, 133

D

Delegierte 133 ff.
Demokratie 111 f., 144, 152
Basisdemokratie, 134
Demokratisierung 142

E

Eigenleben, Eigensinn, Egoismus
von Abteilungen 124
von Gruppen 75, 85, 133, 137
von Organisationen 13, 65
von Projekten 146
von Unternehmen 24, 41

Entfremdung 88
Entscheidung 9, 10, 14 ff., 18, 19, 20, 26, 30, 81, 86, 92 ff., 108 ff., 147, 157, 161, 178, 241
Experten 18, 112, 168, 177

F

feedback 13, 35, 61, 107, 156, 168, 190, 242
Fluktuation 123
Forschung und Entwicklung 37
Fragehaltung 154 f.
Führungsaufgaben 94 ff.
Führungskräfte 5, 78, 106

G

Geheimbünde 69, 103, 122
Gewerkschaft 22, 122 ff.
Gruppendynamik 160, 98, 176
Gruppenfunktionen 105 f., 154

H

Handel 75 f.
Hochkulturen 70, 77

I

Ich-Stärke 158
Identifikation 55, 89, 92, 103, 120, 127, 129, 161, 239, 244
Identität 157
Individualisierung von Organisationsproblemen 12, 32

Individuum 159
Imperialismus 75
informelle Gruppen 20, 21, 22, 103, 122 ff.
Interesse 22 f., 120, 124, 128, 139, 164, 171, 243
  Gesamtinteresse einer Organisation 73, 74, 75
  von Gruppen (s. auch Eigenleben ...) 73
Intergruppenprozesse 29, 71, 133 ff.
Intuition 99

K

Karriere 135
Klima 15, 21, 35, 55, 82, 85, 86, 88 f., 91, 124
Koevolution 194
kollektiv Unbewußtes 4, 13, 60, 65 ff.
Kompetenzen 5, 10, 14, 17 ff., 30 ff., 54, 65, 71, 79, 96, 121, 151 ff.
Komplexität 10, 16, 26 f., 38, 40, 42, 52, 55, 57, 77, 97 f., 109 f., 112, 162, 234, 238
Kompromiß 139
Konflikt, Konfliktmanagement 13, 18, 23, 31, 41, 60 f., 83, 99 f., 102, 104 f., 110, 114, 127, 132, 139, 155, 159 f., 176, 212 ff., 244
Konsens 104, 110, 113 ff.
Konterdependenz 107
Kreativität 121
Krieg (und Frieden) 73, 75, 76
Kultur 65

L

Linienorganisation 45, 46, 52, 78, 184, 192, 234
Loyalität 110, 159

M

Macht 45, 46, 47, 65, 67, 72, 82, 123, 129, 134, 139, 144, 164
management by Bienenstock 92
management by Herzinfarkt 97
management by objectives 23, 210
Matrixorganisation 41, 52, 54 ff.
Motivation 27, 33, 46, 51, 86 ff., 161, 244

O

Organisationsanalyse 57, 60, 67, 234
Organisationsbewußtsein, Organisationsbewußtheit 5, 12 ff., 35, 55, 56, 67, 77, 167 f., 239, 244, 245
Organisationsdiagnose 81
Organisationsentwicklung 42, 145, 170

P

Personalentwicklung 22, 135, 244
Personenkult 103
Peterprinzip 93
Produktentwicklung 17, 26, 38, 118
Produkt-Ethik 74
Projektgruppen 22, 23, 41, 47, 49, 60, 66, 68, 78 ff., 90, 91, 102, 104, 127, 132
  Anfang von Projektgruppen 31 ff., 84, 90, 105 ff.
  Außenpolitik von Projektgruppen 85
Gruppenentwicklung 105
Projektleitung 44, 49, 58, 91, 107, 185
Psychoboom 98

Q

Qualitätszirkel 151

R

Regeln 19 ff., 24 f., 55, 56
Religion 144
Rentabilität 234 ff.
Revolution 69
Rollenflexibilität 158

S

Schulung 5, 10, 38, 121, 153
Selbst- und Fremdbild 165
Selbstreflexion 4, 5, 10, 12, 35 f., 60, 108, 153, 157, 168
selektive Wahrnehmung 92
Spezialisten 106, 185
Stabsstellen 45, 46
Stammesgesellschaften 69, 74 f., 76
strategische Planung 23
Systemabwehr 3, 5, 9 ff., 24, 27, 32, 37, 42, 47 f., 142, 145, 151, 165
Systeme 141

T

Taylorismus 88

U

Umwelt 147 f., 184
Utopie 143

V

Verantwortung 119, 161
Verhandlungsspielraum 139
Vernunft 144
Vertrauen 55, 56, 66, 72, 74, 91, 103, 104, 243

W

Wissenschaft 11, 17, 24, 27, 30, 141, 143, 168

Z

Zeitdruck 109, 162

Die Autoren

Dr. Peter Heintel

Professor für Philosophie und Gruppendynamik an der Universität Klagenfurt, Lehrtätigkeit an verschiedenen Universitäten und außeruniversitären Fortbildungsinstitutionen, zahlreiche Publikationen, Berater bedeutender Unternehmen

Dr. Ewald E. Krainz

Professor für Gruppendynamik und Organisationsentwicklung an der Universität Klagenfurt, einschlägige Lehr- und Forschungstätigkeit (Projektmanagement, Teamentwicklung, Konfliktmanagement, Führung), zahlreiche Publikationen, Trainer und Berater

Konzepte für das neue Jahrtausend

Erfolgsgeschichten im Mittelstand

Erstmals berichten mittelständische Unternehmer von ihren Erfahrungen, ihrer Philosophie, den Herausforderungen, sich im Wettbewerb zu behaupten und den Schlüsselfaktoren ihres Erfolges.
Die Portraits zwölf herausragender Unternehmerpersönlichkeiten sind besonders nützlich für Unternehmer, Existenzgründer und Führungskräfte.

Brun-Hagen Hennerkes,
Christopher Pleister (Hrsg.)
Erfolgsmodell Mittelstand
12 Unternehmer geben Einblicke in ihr Denken und Handeln
1999. 381 S. Geb. DM 58,00
ISBN 3-409-11449-1

Strategien für Megawachstum

Wachstum und neue Geschäfte sind die großen Herausforderungen aller Unternehmen. Einige besonders erfolgreiche Unternehmen zeigen, wie es gehen kann.
Die Spielregeln werden neu definiert.
Das Buch beschreibt die Erfolgsfaktoren sowie den Weg zu überdurchschnittlichen Wachstumsraten und zeigt praxisorientiert, was diese Unternehmen auszeichnet.

Rainer Lindenau,
Thomas Helbig
Exploding Markets
Wachstumsstrategien für das 21. Jahrhundert
1999. 237 S. Geb. DM 68,00
ISBN 3-409-11516-1

Mit Speed zum Fusionserfolg

Akquirieren ist nicht schwer, Eigner sein dagegen sehr. Unternehmensveränderungen wie Fusionen bergen immer das Risiko hoher Verluste. Schnelles Lernen, Handeln und Anpassen an die neuen Gegebenheiten vermindern dieses Risiko.
Das erste Buch zum Thema Speedmanagement bei Fusionen; kompetent und nützlich!

Mark L. Feldman,
Michael F. Spratt
Speedmanagement für Fusionen
Schnell entscheiden, handeln, integrieren – Über Frösche, Hasenfüße und Hasardeure
2000. 214 S. Geb. DM 68,00
ISBN 3-409-11541-2

Änderungen vorbehalten. Stand: April 2000.

Gabler Verlag · Abraham-Lincoln-Str. 46 · 65189 Wiesbaden · www.gabler.de

Gigabytes für Ihren Erfolg

Chancen im Electronic Shopping

Die Zukunft des Handels wird „online" sein. Erfolgreiches Electronic Shopping verlangt mehr als nur die Abbildung eines Kataloges im Netz als neuen Vertriebskanal, nämlich neue Marketing-Instrumente und -Methoden sowie das Schritt halten mit den neuesten Entwicklungen. Dieses Buch ist die richtige Navigationshilfe.

Dirk Schneider, Philipp Gerbert
E-Shopping
Erfolgsstrategien
im E-Commerce:
Marken schaffen – Shops
gestalten – Kunden binden
1999. 285 S. Geb.
DM 78,00
ISBN 3-409-11521-8

Der neue Hagel-Bestseller

Die beiden Net Gain-Erfolgsautoren entwerfen in ihrem US-Bestseller ein fesselndes Szenario, in dem die Gewinnung von Kundeninformationen im Internet zunehmend von den Kunden selbst gesteuert und kontrolliert wird. Sie zeigen, welche Chancen sich Unternehmen bieten, die als Informationen-Händler agieren und dazu beitragen, für Kunden den Wert der eigenen Informationen zu maximieren.

John Hagel III., Marc Singer
Net Value
Der Wert des digitalen Kunden
2000. 283 S. Geb.
DM 78,00
ISBN 3-409-11539-0

Ideen zu Geld machen

„*Eine ausgezeichnete und hautnahe Darstellung dieses einzigartigen Innovations-Zentrums. Gleichzeitig ein hervorragender Leitfaden für potenzielle Hightech-Unternehmer, die eine Wagnisfinanzierung in Erwägung ziehen. Dieses Know-how kann deutschen Existenzgründern wie auch Venture Capitalists entscheidend beim schnellen Erfolg mit Startups helfen.*"
Eckhard Pfeiffer, Vorsitzender des Aufsichtsrats, Intershop und Ricardo

Wolf K. Müller-Scholz
Inside Silicon Valley
Ideen zu Geld machen
2000. 248 S. Geb.
DM 58,00
ISBN 3-409-11543-9

Änderungen vorbehalten. Stand: April 2000.

Gabler Verlag · Abraham-Lincoln-Str. 46 · 65189 Wiesbaden · www.gabler.de

Die Personalarbeit der Zukunft

Neuer Trend: Personalrisikomanagement und People Value

Das erste Buch zu einem neuen Konzept: Personalrisikomanagement und Steigerung des People Value. Es eröffnet einen neuen Blick auf Wissensmanagement und Personalarbeit von morgen.

Jean-Marcel Kobi
Personalrisikomanagement
Eine neue Dimension im Human Resource Management: Strategien zur Steigerung des People Value
1999. 179 S. Br. DM 68,00
ISBN 3-409-11468-8

Die besten Nachwuchskräfte

Gute Führungskräfte und Fachspezialisten sind auf dem Arbeitsmarkt immer schwieriger zu finden. Dieses Buch beschreibt wie Sie systematisch junge Potentialträger gewinnen und entwickeln können.
Eine echte Bereicherung auf dem großen Markt der Bücher zur Personalentwicklung.

Peter Wollsching-Strobel
Managementnachwuchs erfolgreich machen
Personalentwicklung für High Potentials
1999. 219 S. Geb. DM 68,00
ISBN 3-409-18986-6

Personalarbeit im 21. Jahrhundert

Eine neue Qualität von Arbeitnehmerloyalität, Unternehmenskultur und Wissenskapital sind die Herausforderungen eines strategischen Managements der Humanressourcen. Sattelberger beleuchtet diese Herausforderung der Personalarbeit und zeigt die Voraussetzungen in Unternehmen für den Erhalt von Loyalität, Wissen und Identität.

Thomas Sattelberger
Wissenskapitalisten oder Söldner?
Personalarbeit in Unternehmensnetzwerken des 21. Jahrhunderts
1999. 362 S. Br. DM 89,00
ISBN 3-409-18994-7

Änderungen vorbehalten. Stand: April 2000.

Gabler Verlag · Abraham-Lincoln-Str. 46 · 65189 Wiesbaden · www.gabler.de **GABLER**